KB105960

자유, 너는 자유다

자유, 너는 자유다

발행일   2021년 10월 6일

지은이   이웅석
펴낸이   손형국
펴낸곳   (주)북랩
편집인   선일영   편집   정두철, 배진용, 김현아, 박준, 장하영
디자인   이현수, 한수희, 김윤주, 허지혜   제작   박기성, 황동현, 구성우, 권태련
마케팅   김회란, 박진관
출판등록 2004. 12. 1(제2012-000051호)
주소   서울특별시 금천구 가산디지털 1로 168, 우림라이온스밸리 B동 B113~114호, C동 B101호
홈페이지 www.book.co.kr
전화번호 (02)2026-5777   팩스   (02)2026-5747

ISBN   979-11-6539-986-3 03100 (종이책)   979-11-6539-987-0 05100 (전자책)

지혜의 산책

자유,
너는
자유다

돌솔 이응석

자유는 자유다

 내가 잘하는 게 뭘까? 과연 있기나 한가? 평생 자신에게 던져진 완고한 질문이다. 그러다 우연히 책 한 권을 만난다. 바로『나는 걷는다(베르나르 올리비에)』라는 책이다. 이 책 한 권이 뭘 잘하는지도 모르고 헤맨 나를 도보여행가로 만들었다. 내 나이 60이 되던 해다. 걷는 거 못하는 사람이 어디 있어? 그냥 걸으면 되지. 그렇다. 필자는 보통의 모든 사람처럼 보통의 걷기를 할 뿐이다. 그런데 이 정도일 줄은 몰랐다. 87일 동안 전국일주를 하고 44일간 6대강 자전거길을 걸으며 야호를 외쳤다. 2년여에 걸쳐 400여 개 유인도를 답사하며 쾌재를 불렀다. 매일 1만 5천 보를 걷는다. 돌아보니 17년 동안 1억 보를 걸었다. 아, 나도 잘하는 게 있구나. 드디어 찾았구나 하는 기쁨이 밀려왔다. 그간 잘 쓰지도 못하는 글 쓴다며 얼마나 많은 고통을 겪었는가. 왜 진작 몰랐을까.

 여기 실린 아포리즘 1,001개는 시속 4㎞로 걸으면 보이는 지혜들이다. 이곳에서 맘껏 지혜의 산책을 하라. 나무늘보처럼, 달팽이처럼 천천히 아주 천천히. 그러면 세상도 세계도 적나라하게 보인다.

이 좋은 가을을 그렇게 빨리 걸으면 어쩌나, 당신의 발이 재촉하면 할수록 가을은 서둘러 도망간다. 걷기는 돈이 없어도 돈 없는 태 안 나 좋다. 괜찮은 운동화 한 켤레만 있으면 된다. 헐렁한 바지에 티셔츠 하나와 작은 배낭 한 개만 있으면 준비물 끝이다. 이 세계를 꽉 채우고 있는 찬란하게 핀 들꽃과 잡초들, 꼼지락대는 곤충을 맘껏 볼 수 있으니 행복하다. 오늘부터 주말엔 차가 없다고 생각하라. 아이들 손 잡고 주변의 산책길, 공원길부터 걸어라. 허벅지와 장딴지가 탱글탱글해지면 경춘선을 타고 가다 강촌역에서 내려 북한강을 걸어라. 다리 아프면 버스 타고 되돌아오면 된다. 우선 그렇게 시작하라. 종점 신매대교까지는 허벅지에 힘 붙으면 그때 가라.

훗날 허벅지가 탱탱해지면 아름다운 섬진강을 걸어라. 섬진강 댐에서부터 화개장터, 홍쌍리의 매화마을까지 걸어라. 봄은 봄대로, 여름은 여름대로 좋다. 가을은 가을이어서 좋고 겨울은 겨울이어서 좋다. 당신은 금세 멀미 나는 황홀경에 빠져 지금까지의 삶을 안타까워할 것이다. 이건 오직 걸음으로써만 얻을 수 있는 보물이다. 당신은 왜 태어났는지 왜 지금까지 살아 있는지 그 이유와 행복감으로 온몸에 전율을 느낄 것이다. 이제 죽어도 여한이 없다, 지금까지 살아 있기를 잘했다며 자신에게 상 줄 것이다. 걷기는 돈이 있으면 좋지만 없어도 별 문제 되지 않는다. 돈 없이도 이토록 행복할 수 있단 말인가. 이렇게 행복을 진탕 누려도 되는가. 누군가가 질투할 것 같다는 생각도 든다. 덤으로 건강상태는 양호해진다. 비만이란 단어는 사전에만 존재한다. 당신의 근육과 뇌세포는 팽팽한 연줄 같으며 심장은 장마철 계곡물처럼 쿵쾅댈 것이다. 이보다 더 좋을 수는 없다. 이 즐거움과 행복감은 어떤 것과 비교될 수도, 채워질 수도 없다.

길은 곧 도(道)다. 길엔 모든 진리와 사상과 배움과 이치가 있다. 흔들리는 마음을 잡아주는 곳도, 빈 곳을 채워주는 곳도 길이다. 내면을 채울 수 있는 것으로 길만한 것은 없다. 우리는 이 이치를 몰라 다른 곳을 헤맨다. 천천히 걷게 되면 지구는 내 것이 된다. 지금까지 지구의 나그네로 왔으면서 기계나 탈 것에만 의존하고 산 삶이다. 지구의 나그네임을 느껴보라. 행복을 포기할 것인가, 향유할 것인가. 내면을 채울 것인가, 비워둘 것인가. 천천히, 아주 천천히 걷기가 그 답이다.

이 책은 아포리즘을 모아놓은 것이지만 걷기에서 모든 지혜를 얻었다. 모든 행, 불행은 걸을 수 있느냐의 여부에 달렸다. 걷기는 현대인의 삶의 본령이다. 이것을 떠나면 불행해지고 걷기와 함께하면 행복하다. 다른 모든 것은 핑계며 허울이다. 1억 보의 주인공이 자신 있게 말한다. 야망을 이루고 싶다면 걷기부터 하라. 해결책은 집의 안이 아니라 밖이다. 철저한 걷기만이 당신의 야망과 당신의 인생, 특히 노후 행복을 담보한다. 걷는 요령은 주변을 두리번대며 사부작사부작 걷는 것이다. 그러면서 세계의 사물과 눈을 맞추고 이야기하라. 전문가 이야기도 중요하지만 경험자의 이야기가 더 중요함을 알아야 한다.

걷는 것은 길 위에서 금을 줍는 행위다. 엉뚱한 데서 금을 찾아봐야 그곳에는 없다. 길에서 금이 보일 때까지 걸음을 멈추면 안 된다. 필자는 길에서 금을 줍고 그 금을 팔아 이 책을 만들었다. 이 이상 어떻게 더 확실한 증거가 있는가. 길에서 얻는 금을 위해서는 욕심을 부려도 된다. 다른 욕심은 부작용이 따르지만 길에서 캐는 욕심은 부작용이 없다. 당신은 평생 동안 건강 노래, 행복 노래를 소리 높여 부르게 된다. 걷는 것은 일상의 번잡함과의 결별이며 탈출이며 자유며 해방이다. 걷고 또 걸어라. 세상을 호흡하며 세계를 품으며 느리게 아주 느리게 오늘도 내일도 자유를 맘껏 구가하라.

자유는 원래 울퉁불퉁하다. 정리된 자유는 제약된 자유다. 자연의 흐트러진 질서가 자유의 으뜸이다. 이곳의 모든 열매는 자유의 소산이다. 자유는 자유를 숭배한다. 그리고 확대재생산한다. 자유는 콘도르처럼 창공을 힘껏 날갯짓한다. 자유 중의 자유는 걷는 자유다. 여기 실린 모든 글은 자유가 탄생시켰다. 육신과 영혼의 자유가 그 모태 역할을 했다. 특히 시간의 자유와 영혼의 자유가 큰 몫을 했다. 자유는 모든 생산의 원자재다. 자유는 자유를 침범하지 않는다. 그 자유가 알짜 자유다. 어떤 자유가 어떤 자유를 제한하면 그 자유는 가짜 자유다. 자유는 창조적이며 생산적이다. 자유는 행복이며 인간의 고귀한 가치다. 자유는 잠재된 가치를 끌어올리는 두레박이다. 자유의 가치가 얼마나 큰일을 할 수 있는지를 알리고 싶어 책 제목으로 정했다.

자유는 가장 큰 생산 공장이다. 자유는 부지 없이 공장을 짓고 설비 없이도 제품을 생산한다. 이 책에 실린 아포리즘 1,001개는 자유에서 탄생되었다. 필자는 자유, 특히 길 위에서 걷는 자유를 사랑한다. 필자는 글을 쓰는 사람이면서 도보여행가다. 걷기를 좋아하는 자유로운 영혼의 소유자이며 방랑자다. 이 책은 자유가 낳은 가치이기도 하지만 자유의 가치가 낳은 열매이기도 하다. 그 열매 1,001개를 오롯이 담았다. 자유는 행복을 능가한다. 자유 없는 행복은 상상이 가지 않지만 행복 없는 자유는 견딜 만하다. 이 책은 필자가 온몸을 갈아 산화하며 곡괭이로 캐낸 결정체다. 몸체는 부서지고 허물어지고 닳고 해졌지만 길 위에서의 지독한 육체적 고통과 가슴 저리는 고독을 체험하며 캐낸 참의 뭉치들이다.

필자는 자유를 끔찍이 사랑한다. 자유에 의해 어떤 가치가 탄생하였는지 이 책을 통해 확인할 수 있다. 이것이 자유 본래의 가치다. 이곳에서 새 아포리즘 찾아 자유롭게 헤맨 필자의 종횡무진 활약상을 맘껏 만끽하라. 소나무의 상처가 송진이 되고 향유고래의 내상(內傷)이 용연향이 되듯 필자의 고통과 고난의 체험들이 관찰, 통찰, 직관, 상상력과 버무려져 금쪽같은 아포리즘을 탄생시켰다.

물론 여기 실린 모든 아포리즘이 모든 사람들로부터 공감을 얻을 수는 없다. 각자가 갖고 있는 관점과 정서와 체험과 지적 소양과 시점과 선입견과 나이에 따라 얼마든지 다른 관점을 가질 수 있고 견해를 가질 수 있다. 공감이 적은 아포리즘도 분명 있을 것이다. 그러나 그것조차도 그 속에 지혜가 들어 있다는 점이다. 이것이 아포리즘을 만든 필자의 솔직한 마음 이며 자부심이기도 하다. 이곳에 실린 아포리즘은 어떤 절대적 참이 아니다. 참은 애초부터 있던 것이 아니라 인간이 삶에서 찾아낸 것일 뿐이다. 반복적으로 일어나는 어떤 일정한 규칙과 법칙들, 현상들에 공감하는 사람이 늘어나면 그것이 곧 참인 것이다.

이 책엔 조어가 꽤 있다. 일정한 규칙과 현상에 새 이름을 달아주었다. 재미있게 또 유의미하게 읽었으면 좋겠다. 책 내용 중 2부

(인간)의 끝부분 3개 장(645장, 646장, 647장)에는 아포리즘과 무관하게 정부의 정책으로 삼았으면 좋겠다는 바람으로 필자의 의견을 덧붙였음을 밝힌다. 특히 645장은 『노인이 살아야 나라가 산다(이응석)』 제2부(336쪽)에 구체적 방법이 실려 있다.

여행은 걸으면서 하는 독서요, 독서는 앉아서 하는 여행이다. 귀뚜라미 소리 사창(紗窓) 틈새로 기웃대는 이 가을 천상의 하모니를 이루는 지혜의 산책을 그려보며 애틋한 마음으로 인사에 갈음한다.

2021년 처서 무렵
돌솔 이응석 드림

1부
자연

195장, 42절 수록

제1장. 봄은 하늘을 줄이는 힘을 가졌고 겨울은 하늘을 키우는 힘을 가졌다.

누가 더 센지는 가늠하기 쉽지도 않고 따질 의미도 없다. 봄은 힘이 세다. 마른 가지에 푸른 잎을 매달고 꽃을 피운다. 이맘때 앙상하던 나무는 통통하게 살이 오른다. 이 세계에 존재하는 많고 많은 초목들을 먹이고 입혀 헌헌장부로 만든다. 그렇게 되면 그 넓고 넓은 하늘은 몸집이 줄어든다. 참으로 기막힌 힘이다. 겨울은 그 반대다. 어쨌든 엄청난 힘으로 그 동안 입었던 옷은 훌훌 벗어던지고 혹독한 다이어트에 들어가 말라깽이로 변신한다. 다시 예전의 품 넓은 하늘로 돌아간다. 모래를 깐 씨름판이 없어 누구의 힘이 센지는 알 도리가 없다. 알아도 무의미하기에 씨름판을 만들지 않는다.

제2장. 뱀이 두려운 것은 똬리와 날름거리는 혀 때문이다.

모든 똬리는 쉼이 아니라 공격의 1단계다. 사소한 곤충도 웅크릴 때 조심해야 한다. 웅크림은 다음 단계의 준비단계이기에 그렇다. 인간이나 동물이 이빨을 드러내고 독을 뿜으며 사나와지는 것은 자신의 두려움과 놀라움의 반사 반응이다. 이에 반응해 상대에 대해 두려움과 놀라움을 주는 공격 행위로 즉각 바뀐다. 코브라는 맹독을 가진 뱀이다. 천적이 없을 것 같은 코브라에겐 독수리가 가장 두려운 상대다. 소리 없이 접근하는 독수리에게 코브라는 후드를 펴서 몸을 불리고 고개를 쳐들고 위압적 자세를 취한다. 독수리는 평소보다 훨씬 커 보이는 상대가 쉽지 않음을 알고 다른 먹이를 찾아 떠난다. 순한 초식동물도 위기에 몰리거나 놀라면 달아나거나 덤벼든다. 놀라게 하지 않는 것, 신경 쓰이게 하지 않는 것이 동물을 진정 사랑하는 것이다. 배낭에 작은 방울을 매다는 것도 동물 사랑의 작은 실천이다.

제3장. 길가에 벌레를 밟아 죽이는 것과 새가 쪼아 먹는 것은 벌레로 보나 생태계로 보나 그 가치는 전혀 다르다.

지구에 존재하는 모든 생명체는 존귀하다. 그런데 인간의 어이없는 착각으로 인간의 우월성, 다른 생명체를 미물로 취급하는 그릇된 생각으로 그들은 고통을 겪는다. 작은 생명체가 귀중한 존재임을 알아챌 때에만 지구의 환경과 생태계는 건강해진다. 한 마리 개미와 지렁이를 밟지 않고 돌아간다는 선한 마음이 행동으로 옮겨질 때 공존, 공영과 환경보존이라는 두 마리 토끼를 잡을 수 있다.

제4장. 비(雨)는 사회주의이고 눈(雪)은 자유주의다.

비(雨)는 상명하복과 하나를 지향하는 사회주의, 공산주의지만 눈(雪)은 자유분방과 다양성을 추구하는 자유민주주의다. 비는 변화를 거부하는 경직된 직선이지만 눈은 유연한 곡선과 변화를 주어 다양한 가치를 선물한다.

제5장. 바다는 답답한 가슴을 뚫어주는 송곳이며 산은 상처 난 가슴을 치유하는 연고다.

일망무제의 바다를 바라보면 가슴이 뻥 뚫리는 느낌을 받는다. 바다가 주는 힘이다. 대신 산은 부드럽고 따뜻한 어머니의 젖무덤이다. 어떤 상처도 낫게 해주는 힘을 얻는다. 바다의 무한성과 산의 포용성이다.

제6장. 봄비는 만물을 싹틔우는 잘 여문 씨앗이다.

봄비는 사랑이며 힘이다. 대지를 도자기 장인처럼 주무르고 어머니처럼 매만진다. 봄비의 한 방울 한 방울은 사상이며 역사다. 그 각각의 존재가 대지에 한 뭉치 되어 안착하면 역사가 시작되며 우주가 탄생하는 기적을 이룬다.

제7장. 길을 잃는 것은 여행자만이 가질 수 있는 특권이다.

어떤 일에 실패한다는 것은 어떤 일에 대한 성공을 전제로 출발한다. 아무 일도 하지 않으면 아무 일도 일어나지 않는다. 길을 잃어버린다는 것은 또 다른 세계를 볼 수 있는 훌륭한 조건이 된다. 여행자만이 그런 행운을 가진다. 길을 잃거나 실패했다면 그것이야말로 가장 큰 수확이며 경험을 한 셈이다.

제8장. 눈(雪)은 음악 없이 춤추는 1급 댄서다.

눈은 하늘하늘 나풀나풀 내린다. 몸을 살랑이며 내린다. 자유는 눈이다. 아니 눈은 자유다. 비는 경직되어 있고 상하관계다. 눈은 직선으로 하향하지 않고 평행과 횡행으로 담쟁이처럼 어깨동무한다. 그리고 끝내는 뭉친다. 그들이 아름다운 존재인 이유다. 눈은 방목하는 양이다. 제멋대로인 것 같지만 질서가 있다. 자유라는 질서다. 한데 뭉치는 질서다. 각자 또 따로지만 함께하는 것은 그들의 본질이다.

제9장. 꽃은 예술의 피사체요 사유의 거울이다.

꽃은 아름답다. 인간의 내면을 깊게 파고든다. 예술가는 인간의 내면을 파고드는 꽃의 아름다움을 절대 놓치지 않는다. 또한 꽃은 사유의 깊은 우물을 퍼올리는 튼튼하면서도 긴 줄이다.

제10장. 어둠은 가장 훌륭한 자아 피난처다.

어둠은 일부러 하얀색 옷을 입지만 않는다면 숨기에 최적화된 빛이다. 몸은 말할 것도 없지만 영혼 또한 숨기 좋다. 영혼도 가끔은 속진(俗塵)을 떠나 맑고 고요한 곳에서 휴식을 취하고 싶을 때가 있다. 그것은 바로 밤, 즉 어둠이다. 밤의 고요는 피아를 명징하게 가른다. 그 명징은 안온이며 평화다. 모든 싹을 틔우는 거름이 된다.

제11장. 장미를 얻으려면 가시를 각오해야 하고 연근을 얻기 위해서는 진흙 속으로 들어가야 하며 천년 가는 옻칠을 얻기 위해서는 옻의 부작용을 각오해야 한다.

아무리 사소한 것도 수고를 하지 않고는 얻기 어렵다. 그것이 가치 있는 것이라면 수고는 비례해서 커지기 마련이다. 그러나 대다수의 인간은 아무런 수고 없이 얻기를 바란다. 그렇게 얻어진 것들은 그 소유의 시간이 짧다는 것을 인지해야 한다.

제12장. 세계(世界)는 절대 답답하지 않으나 세상(世上)은 절대 답답하다.

세계는 흐트러진 질서다. 무질서해 보이지만 절대적 질서 속에서 움직인다. 자유분방하지만 절제된 자유분방함이다. 따라서 일목요연하고 깔끔한 정리정돈을 느낀다. 그러나 세상은 어지럽다. 무질서의 경연장이다. 각종 규제로 옭아매도 질서는 이루어지지 않고 더 많은 규제를 생산해낸다. 어떤 해결책도 보이지 않으니 답답함은 극에 달한다.

제13장. 걷기는 장수로 이어지는 가장 가까운 길이다.

모든 문명의 이기는 불편에서 편리로 바뀌는 것들이다. 그것은 하나같이 손발을 쓰지 않도록 만들어졌다. 모두들 '야호'를 외치며 편리에 취한다. 그러나 이것이 바로 큰 해독(害毒)이다. 사용하지 않으면 퇴화한다. 바로 프랑스 인류학자 라마르크의 용불용설론이다. 걷는다는 것은 우리 인간이 직립보행 인간으로 만들어진 이유와 맞닿아 있다. 직립보행 인간은 수렵시대처럼 걷고 달려야 한다. 그 원초적 이유대로 다리를 움직여준다면 비만은 자연스럽게 없어질 것이며 건강한 삶을 살 수 있을 것이다.

제14장. 모든 생성과 사멸은 고요로 시작하고 고요로 마감한다.

생성 전에 고요가 있었고 사멸 후에도 고요가 또 자리 잡는다. 세계는 고요가 그 본질이다. 그 속에서 모든 혼돈이 탄생한다.

제15장. 낙엽의 그림자는 찰나의 흔적이다.

낙엽이 떨어지는 시간은 길어봐야 3초를 넘지 않는다. 그 짧은 순간에도 그림자를 남긴다. 날씨가 서늘하면 그 그림자의 심리적 길이는 길어진다. 이어지는 낙엽은 긴 그림자를 만든다. 긴 그림자는 겨울을 재촉하는 그림자다. 모든 게 찰나의 연속일 뿐이다. 겨울이 다가올 땐 그 찰나가 심리적 긴 시간을 안긴다.

제16장. 냇물은 천의 소리를 내는 타악기며 바다는 모든 악기의 소리를 담는 그릇이다.

천의 계곡물이 흘러들어 하나의 강을 만든다. 하나의 강을 이루는데 천의 계곡은 각각의 음색을 뿜내며 모여든다. 이곳에서 나는 소리는 물소리뿐 아니라 새소리, 구름 소리, 아쟁 소리, 거문고 소리, 동물의 울음소리, 인간의 웃음소리까지 담긴다. 천의 소리가 모여 하나의 강의 소리를 만들어내며 그 강들을 담는 그릇이 바다다. 바다는 인간의 능력으로 이해할 수 없는 신묘불측의 음을 제공한다. 그 악단의 규모 또한 대단하다. 거기에서 뿜어져 나오는 영롱한 음, 미친 음은 그 어마어마한 규모와 신들린 기교에서 비롯된다.

제17장. 송장메뚜기가 착지 시 몇 바퀴 구르는 것은 속도에 비해 제동 장치 성능이 떨어져서일 것이다. 그것은 신의 실수 아니면 분명 다른 목적이 있다.

송장메뚜기는 이착륙이 자연스럽지 않다. 이륙은 날렵하나 착륙은 동체가 육지에서 몇 바퀴 구른 다음에야 정지한다. 연착륙을 위한 진화가 필요하다. 제동장치의 문제일까, 동체무게와 속도와의 불균형의 문제일까.

제18장. 바람이 부는데 흔들리지 않는 나무도 이상하지만 바람이 멈

쳤는데 흔들리는 나무도 바른 나무가 아니다.

모두는 상황에 반응하고 호응한다. 확률이 문제이지 어느 것이나 곁가지로 뻗거나 가재걸음 하는 일은 반드시 있다. 자연의 독특한 현상으로 보아야지 별개로 볼 필요는 없다.

제19장. 걷기는 최고의 강장제다.

걷는 것만큼 좋은 유산소운동은 없다. 걷는 것은 혈관을 깨끗하게 하고 튼튼하게 한다. 걸으면 뇌세포를 활성화시키는 BDNF라는 물질이 콸콸 나와 기억력이 좋아지며 치매가 오지 않는다. 이 물질은 걷지 않으면 나오지 않는 머리 좋아지는 신비의 물질이다. 심장 근육이 좋아지고 혈관 속에 LDL콜레스테롤이 없어져 피가 맑아지고 콸콸 흐른다. 체력 강장제 구실을 할 수밖에 없다. 한편 폐 용적량이 늘어나 한 번의 호흡으로 많은 산소를 흡수할 수 있다. 따라서 마라톤 선수만큼은 아니더라도 맥박수가 50대 중반으로 뚝 떨어진다. 심장의 노동은 그만큼 줄어들 수밖에 없다. 도대체 일석 몇 조인가? 비아그라 같은 발기부전 치료제에 매달리지 말고 걷기라는 발기부전 치료제에 매달려라. 공짜며 효과도 지속적이다. 몰라서인가 게으름인가. 며칠 하다 팽개치는 걷기가 아니라 죽기 직전까지 해야 하는 운동이다. 그래야 효과가 난다.

제20장. 관목 속에 우뚝 선 낙엽송은 바람을 많이 탄다.

인간의 세계나 자연의 세계는 우뚝 선 인물이나 사물이 존재한다. 우뚝 서려면 유전자가 우량해야 한다. 그만큼 많은 바람도 각오하고 충분히 이겨내야 한다. 그렇지 않으면 키가 비슷하든가 뒤로 숨든가 하면 편한 길이 된다. 기러기가 수만 킬로미터를 날아가면서 V자 대형을 이루는 것은 바람을 적게 타기 위함이다. 앞과 뒤가 무려 75%까지 저항 차가 난다. 기러기가 날면서 우는 소리는 선발대의 힘을 북돋우는 응원의 소리다. 선발, 선각, 우뚝은 그만큼 어렵다. 그만큼의 능력을 요구받는다. 그게 리더가 가는 길이다. 흔드는 사람도 흔드는 바람도 그만큼 많다. 각오가 되어 있지 않다면 그냥 뒤에서 따라가면 된다.

제21장. 봄꽃이 우월한 것은 그 다양성 때문이고 가을 단풍이 봄꽃을 능가하는 것은 그 압도적 규모 때문이다.

봄꽃은 작고 예쁘다. 봄꽃은 많고 아름답다. 그래서 꽃 대궐도 이루고 꽃동산도 이룬다. 그러나 가을 단풍의 압도적 규모를 능가할 수는 없다. 봄꽃은 가을 단풍의 압도적 규모에 비하면 그야말로 조족지혈이다. 봄꽃이 작은 개울이라면 가을단풍은 강이다.

제22장. 인간은 말장난치고 뒤집고 까불지만 자연만은 예외다.

자연은 말을 하지 않아도 말을 하고 귀가 없어도 모든 소리를 듣는다. 자연은 말 없는 웅변가요 귀 없이도 잘 듣는 청중이다. 인간은 입으로 망하고 입으로 화를 입는다. 자연의 입과 귀와 의연함을 배워야 한다.

제23장. 자연은 아무 말 없이 말하고 아무 웅변 없이 웅변한다.

들리지 않는 말은 자연이다. 자연은 입이 없지만 우리에게 말을 건넨다. 귀가 없지만 우리의 말을 듣는다. 자연의 말은 없음이면서 곧 있음이다. 우리는 자연의 말에 늘 귀 기울이고 귀를 쫑긋 세워야 한다. 자연의 말을 듣지 못한다면 우리의 무지 탓이다.

제24장. 모든 있음 전엔 고요가 그 바탕이었다.

모든 있음 전엔 당연히 고요가 바탕을 이루고 있었다. 그러다 인간의 머리로는 알 수 없는 천지개벽의 어떤 환경이 주어져 모든 있음이 만들어졌다.

제25장. 바람을 일으키고 비를 내리게 하는 것은 하늘과 땅이 하는 일이다.

농사를 지으면 하늘과 땅이 하는 일을 명백하게 알 수 있다. 좋은 바람이든 비든, 나쁜 바람이든 비든 인간이 어찌해볼 수 없는 영역이다. 그런데 그 일이 어찌 그리도 완벽한 기획하에 이루어질까, 탄성을 지르기에 충분하다. 때로는 야속할 만큼 저주스런 비와 바람을 보지만 그것마저도 어떤 의도가 숨어 있음을 나중에야 알게 된다.

제26장. 자연의 호흡은 낮고 길다.

자연의 호흡을 잘 알아차리지 못하는 이유다. 밀물과 썰물, 그리고 바람은 호흡의 대표적 징후다. 인간의 심장박동은 분당 70회 내외다. 호흡이 얕은 쥐는 1분에 600회 정도다. 거북은 2회다. 장수하는 동물은 비교적 맥박이 느리다. 자연의 맥박은 알아차리기 쉽지 않을 만큼 느리다. 큰 선박의 움직임은 거의 감지할 수 없다. 지구가 돌지만 움직이는 것을 감지할 수 없음과 같다. 자연의 호흡은 낮고 길다. 그것은 건강하다는 증거이기도 하다. 가끔 가쁜 숨을 몰아쉴 때도 있지만 그것은 정상적 호흡 맞춤을 위한 행동이다. 마치 제식훈련 때 틀린 발을 맞추려면 한발 빨리 움직여 맞추는 것과 같다. 가끔 보이는 자연의 고르지 못한 호흡은 인간이 저지른 온난화와 환경파괴에 기인한다. 인간의 우매함이 계속 반복되면 지구는 화를 참지 못하고 요동칠 것이다. 정상적 호흡을 위한 발맞춤이 있어야 하기 때문이다. 자연은 역설적이게도 무법천지(無法天地)의 엄격한 질서를 유지한다. 그걸 알아채지 못한다면 인간은 자연의 엄청난 재앙을 피하지 못한다.

제27장. 가을이면 나라 전체가 거대한 단풍 정원이다.

봄의 꽃은 아기자기한 맛으로 맘을 설레게 하지만 가을 단풍 규모를 따를 수 없다. 봄꽃은 인위적으로 꽃피울 수 있지만 가을 단풍은 창조주 외에는 만들 수 없다.

제28장. 하늘이 인간에게 주는 마지막 선물은 시간이다.

그러나 건강하지 못하면 이 선물은 재앙의 단초가 된다. 하늘은 아무 뜻 없이 인간을 이곳에 보내지 않는다. 데려갈 때도 아무 뜻 없이 데려가지 않는다. 나름대로 정리할 시간을 준다. 젊은 시절 일하고 자녀를 기르고 노동만 시켰다. 충직하게 의무를 잘 이행한 자에게 주는 보상이다. 그런데 이 보너스를 달콤하게 써보지도 못하고 허공에 날린다면 본인은 물론 하늘에 죄 짓는 행위다. 그걸 향유할 수 있는 건 바로 절대적 노후 건강이다.

제29장. 바람이 불어 물결이 거스른다고 한강이 동해로 흐르지 않는다.

비록 겉은 흔들려도 속은 본류의 흐름대로 나아갈 뿐이다. 어떤 일도 겉과 속의 이중으로 구성되어 있다. 그런데 겉은 아름답고 화려하다. 속은 보이지 않으니 색깔로 구분하기가 불가능하다. 그래서 대부분의 사람들은 겉에 속고 화려함에 빠진다. 매사에 '일단 멈춤'의 습관을 들여라. 그것이 함정에 빠지는 걸 막고 충돌을 피하게 한다. 겉 물결을 보고 속 흐름을 파악한다면 재앙이며 깊은 수렁이다.

제30장. 어둠이 자신을 가두고 새벽 첫 새가 잠긴 자신의 어둠을 푼다.

어둠은 자신을 옭아맨다. 그리고 창살 없는 방에 가둔다. 굳게 잠긴 어둠을 푸는 것은 새벽 첫 새다. 어둠을 푸는 새의 울음은 일정하다. 시간에 따라 우는 게 아니고 조도에 따라 운다. 어둠을 푸는 데는 새소리가 시계보다 한 수 위다. 시계의 동일한 시간은 동일한 밝음을 주지 못하지만 새는 동일한 밝기를 제공한다.

제31장. 시간을 부리는 사람이 되어야지 끌려가는 사람이 되어서는 안 된다.

마차를 끄는 것은 말이지만 말을 부리는 건 사람이다. 자동차가 사람을 태우고 가지만 자동차는 사람이 부린다. 만약 말이 마차를 부리고 자동차가 사람을 부린다면 어찌 될 것인가. 생각만으로도 끔찍하다. 속도를 높여보면 자동차가 운전자를 끌고 간다는 느낌을 받는다. 그런 상태가 지속되면 위험천만이다. 시간도 예외가 없다. 시간은 철저하게 내가 주인이 되어야 한다. 시간은 지금밖에 없다는 특성 때문에 그렇다. 그래서 흘러간 시간에 대한 후회는 그 후회하는 시간만큼 후회한다는 얘기가 있는 것이다. 시간을 잘 부려야 훌륭한 마부다.

제32장. 길은 모든 배움의 근원이며 가장 많은 장서를 갖고 있는 도서관이다.

집을 나서는 순간 모르는 것의 연속이며 배움의 근원임을 절감한다. 길이라는 공간은 궁금증을 해결해주는 훌륭한 도서관이 된다. 길은 말없이 말하며 말없이 교육하는 알짜배기 선생님이다. 길은 헤아릴 수 없을 만큼 많은 궁금증을 던진다. 배움은 궁금증을 캐는 작업이다. 궁금증은 캐면 캘수록 더 심해지는 속성을 가지고 있다. 바닷물을 마시면 마실수록 갈증에 더 목말라하는 것과 같다. 배움이 이어지는 중요한 이유가 된다.

제33장. 허공에 가득한 빗소리는 하늘의 소리와 땅의 소리가 부딪는 소리다.

그 소리가 크면 울음이 되고 작으면 노래가 된다. 비는 상공에 구름이 모여 만들어진다. 구름은 무게를 견디다 못하여 비를 만들어 수직으로 내리꽂는다. 내리는 속도로 허공과 대지에 부딪치며 소리가 난다. 그 소리의 크기는 무게와 속도가 좌우한다. 묵직한 녀석이 빠른 속도로 내리꽂히면 소리는 크게 날 수밖에 없다. 큰 소리는 울음을 만드는 경우가 웃는 경우를 훨씬 앞선다. 비가 대지에 연착륙할 때는 아름다운 음악 소리가 된다. 대지를 먹여 살리는 젖비(乳雨)가 된다. 비의 운명은 울음이냐 노래냐의 극과 극을 가른다.

제34장. 세계의 갈대는 순응하나 세상의 갈대는 망나니 고집을 부린다.

갈대는 허리가 낭창낭창하다. 꼿꼿해 보이지만 유연하다. 갈대는 키가 커 바람에 불리하다. 그러나 갈대는 큰 키의 약점을 매듭과 대궁의 비움으로 보완한다. 매듭은 키가 클 때 필요한 장치다. 순응의 모든 장치를 갖춘 셈이다. 그러나 세상의 갈대는 그렇지 않다. 매듭도 없는 허리를 곧추세우고 속에다 잡것으로 가득 채웠다. 거기다 목까지 빳빳하게 세운다. 고집 또한 강고(强固)하다. 모진 바람에 상처 나고 꺾일 수밖에 없는 망나니 구조다.

제35장. 태풍이란 저기압의 강력한 에너지로 긴 날개를 돌리는 바람개비 풍차다.

태풍은 왼손잡이 헤비급 복서다. 태풍은 주로 시계 반대방향으로 풍차 날개를 돌리며 덤벼든다. 핵주먹을 가진 타이슨처럼 잔뜩 웅크린 몸에 태풍의 눈을 감추고 서서히 접근한다. 웅크린 자세가 클수록 강력하다. 뱀도 적을 공격할 땐 잔뜩 웅크린다. 두루미도 고기를 잡을 땐 목을 장도리처럼 웅크렸다가 용수철처럼 펴서 낚아챈다. 개구리도 사마귀도 모두 그렇다. 이굴위신이다. 나아가기 위해 움츠린다. 그 중 가장 강한 놈이 태풍이다. 물론 토네이도, 사이클론 같은 이름표를 달고 있지만 결국 모두 태풍의 한 종류다.

가정용 선풍기와 공장용 선풍기는 날개 길이가 다르다. 태풍이라는 바람개비의 날개는 어마무시하다.

제36장. 눈과 바람에 나뭇가지가 꺾이는 것은 그것의 생존을 위한 가지치기다.

눈이 내리면 설해목이 생기고 비바람이 불면 뿌리가 뽑히고 상처 난 가지, 약한 가지는 부러진다. 이 모두는 실하지 않은 것들을 제거하는 가지치기다. 바람이 전정가위인 셈이다. 이렇게 상한 가지들을 제거함으로써 원 줄기가 살아남도록 생존 DNA가 작동한다.

제37장. 계절의 비를 구분 짓는다면 봄비는 유우(乳雨), 여름비는 망우(亡雨), 가을비는 수우(愁雨) 또는 박우(薄雨), 겨울비는 면우(眠雨)다.

봄비는 젖 비 유우다. 만물을 먹여 키운다. 양분이 담뿍 든 맛좋은 영양식 우유다. 여름비는 쓸모가 없다. 안 내려도 아쉬울 것 하나 없지만 기온상승으로 구름이 많이 만들어진다. 많고 적고의 문제이지 내리느냐 내리지 않느냐의 문제가 아니다. 대부분 만물을 망하게 하는 비다. 가을비는 얌전하다. 누군가를 기다리는 슬픔을 안고 있다. 마무리를 예고하는 애잔하고 가냘픈 비다. 겨울비는 잠에서 막 깬 비다. 비틀거리고 게슴츠레하다. 그나마 하얗게 변신을 하여 아름다움으로 치장한다. 비는 당장의 쓸모로도 유용하지만 훗날을 기약하는 예비 비 역할도 무시할 수 없다.

제38장. 지극한 고요는 사상의 씨다.

사상은 깊은 침잠에서 삐져나온다. 깊은 바다는 고요 그 자체다. 엠덴 해구나 마리아나 해구처럼 1만 미터 이상의 깊은 바닷속은 그 고요가 어떨지 상상이 가지 않는다. 우리가 만든 해미래는 겨우 6천 미터 내려갈 뿐이다. 그곳의 고요도 엄청난데 하물며 만 미터 바닷속은 어떨까. 이런 깊은 고요가 사상을 만들어낸다. 그곳이 깊으면 깊을수록 사상도 깊어진다.

제39장. 세상의 눈이 아니라 세계의 눈으로 봐야 세상의 세계가 보인다.

세상의 눈은 탁하고 오염되어 있다. 그런 눈으로 사물을 보면 명료하지 않다. 와이퍼로 닦지 않은 차창 같다. 세계의 눈은 서릿발 같이 날카롭고 예리하다. 세계의 눈으로 세상을 바라보아야 덜 속는다. 그리고 덜 탁해지며 격물치지의 눈이 떠진다.

제40장. 옻을 두려워하면 천년 가는 옻을 얻을 수 없다.

성공의 길은 언제나 어둡고 좁고 험하다. 패망의 길은 넓고 편하고 밝고 화려하다. 옻은 독성이 강하다. 옻의 진액이 살결에 닿으면 온 몸에 붉은 반점이 돋아나며 가려움과 통증으로 견디기 힘들 정도다. 그 번져나가는 속도 또한 무섭다. 그러나 이런 것들을 두려워하면 천 년 전 나전칠기의 반짝이는 윤을 상상이나 할 수 있겠는가. 모든 영광은 이러하다.

제41장. 지저귀는 새는 날지 않는다.

날면서 우는 새가 없지는 않지만 확률이 적다. 새는 나뭇가지에 앉아서 주로 운다. 날면서 어려운 음절을 반복하기란 인간이 누워서 삶은 계란을 먹는 것만큼이나 불편할 것이다. 기러기가 수만 킬로미터를 날아가면서 뚜뚜 소리를 내는 것은 선두에게 보내는 응원의 소리다. 그것은 생명과 직결된 소리이지 자연스럽게 나오는 소리가 아니다. 날면서 소리내기가 쉽지 않다는 것이다. 먹는 개가 짖지 못하는 것과 흡사하다.

제42장. 자연의 진리는 수억 년 법칙의 지배를 받아온 자연현상계의 집합이다.

자연은 진리의 보고다. 자연은 수많은 시행착오를 겪으면서 강자가 아닌 환경에 잘 적응하는 자만이 살아남는 자연선택이론과 적자생존론, 용불용설론으로 설명된다. 이런 이론들은 극히 일부다. 우주를 이루고 있는 어마어마한 진리와 법칙들 속에 이 세계는 존재한다. 이들의 존재 하나하나가 진리이며 이들의 집합체가 자연이다.

제43장. 자연은 아름다운 시다.

가장 아름다운 시는 인간의 내면을 파고드는 자연이라는 시다. 자연의 존재 자체가 시이며 그림이다. 어떤 시를 읊느냐, 어떤 그림을 감상하느냐는 전적으로 자신의 시선과 능력이 좌우한다.

제44장. 바다가 밋밋하면 큰 호수에 지나지 않는다.

으르렁거리며 집채만 한 파도가 방파제를 때릴 때 진정한 바다가 된다. '군군신신부부자자(君君臣臣父父子子)'이듯 바다는 바다다워야 바다다. 병원에서 제공되는 밥은 밥이되 밥이라 하기 어렵다. 바다가 고요하면 바다이되 바다가 아니다.

제45장. 자연은 쉬지 않는다. 인간만이 틈만 나면 쉬려고 한다.

자연은 얼핏 보면 정지되어 있는 것 같지만 운동의 연속이다. 인간은 그 운동을 눈치 채지 못할 뿐이다. 인간이 인간을 파괴하는 것은 얄팍한 잔머리 때문이다. 잔머리는 공부할 때나 인간관계에서나 효율성이 떨어진다.

제46장. 모든 진리는 고요를 깸으로서 튀어나온다.

고요가 고요로만 존재한다면 진리는 탄생하지 않는다. 진리를 탄생시키려면 고요를 뚫고 나와야 한다. 진리를 배태시키는 건 고요라는 태반에서만 가능하다. 착상과 발육만 있어선 진리는 탄생하지 않는다. 그것을 박차고 그곳을 탈출해야 한다. 진리는 착상도 어렵지만 뚫고 나오는 것이 훨씬 더 어렵다.

제47장. 누군가 세상을 볼 때 우리는 그 너머의 세계를 보아야 한다.

모두는 세상을 보는 데만 익숙해 있다. 그러나 익숙하기에 세상 속을 보는 것을 잊는다. 세상 속을 살핌으로써 세계의 세계로 들어갈 수 있다. 자신을 들여다보는 냉철함으로 세상 너머의 세계를 바라보는 눈을 가져야 한다. 그것을 바라보는 눈을 가짐으로써 한 생에서 두 생을 동시에 살 수 있는 기적을 만난다.

제48장. 우리는 세계에 질문하고 우주의 답을 들어야 한다.

우리의 삶은 지리멸렬에서 벗어나야 한다. 그러려면 세계에 끊임없이 질문하고 궁금해 해야 한다. 그 세계에 대한 질문의 답을 우주로부터 들을 수 있어야 한다.

제49장. 오아시스는 사막의 검은 눈동자이고 바다는 하늘의 연못이다.

눈은 이 세계를 바라보는 하나의 창이다. 눈이라는 창을 통하여 세계의 모두를 바라본다. 바다는 한없이 넓고 크지만 하늘에서 바라보면 작은 연못에 지나지 않는다. 이 우주와 하늘의 너른 가늠은 인간이 할 수 있는 영역 밖이다.

제50장. 먹을 갈던 허공은 결국 빗방울을 쏟고 지상에 하나 둘 수묵화를 그린다.

글을 쓰거나 그림을 그리려면 종이와 먹과 붓이 있어야 한다. 세상은 너르고 너른 종이다. 먹구름은 훌륭한 먹물감이다. 잘 갈아 쓰면 훌륭한 그림 재료가 된다. 이제 큰 붓으로 온 대지에 일필휘지 휘갈겨 설치미술의 진수를 보인다. 그들의 재주는 빼어나다. 같은 재질로 같은 그림을 그리지 않는다. 다양한 재질과 작품을 선보인다. 그래서 지리멸렬하지 않다. 얼마나 뛰어난 재주인가.

제51장. 연약한 풀이 센 바람을 이기는 것은 부드러움(軟)과 텅 빈(虛) 대궁속 때문이다.

질풍경초(疾風勁草), 모진 바람이 불어도 견디는 강한 풀을 일컫는다. 강한 풀은 키가 크거나 줄기가 굵은 풀이 아니다. 센 바람이 불어도 부러지지 않고 쓰러져도 다시 일어나는 풀이다. 강한 풀은 부드럽다. 그리고 대궁속이 비어 있다. 그래서 센 바람이 불 때 저항하지 않고 이리저리 바람 부는 대로 순응한다. 그것이 그들을 세게 하고 지금껏 살아남을 수 있도록 한다. 인간에게도 예외 없는 가르침이다.

제52장. 바다는 그리움과 외로움을 키우는 유일한 장소다.

그것은 바다가 유난히 너르고 활동성이 있어 그렇다.

제53장. 바다는 6대륙 나그네의 공동묘지다.

인간은 지구의 나그네다. 나무처럼 한곳에 뿌리내리고 살다가 가는 사람도 없진 않다. 하지만 거의 모두는 몇 번의 거처를 옮기고 이곳저곳을 떠돌다 바람과 먼지로 사라진다. 바람과 먼지로 떠다니다 결국 종착지 바다로 향한다. 바다는 지구 나그네의 커다란 묘지다. 바다가 끊임없이 일렁이는 것은 수많은 그 영혼들의 들쑤심의 모습이다.

제54장. 비는 하늘과 땅을 연결하는 아름다운 물 커튼(Water Curtain)이다.

모든 것에는 순기능과 역기능이 존재한다. 순기능이 많으면 이기(利器)가 되고 그 반대면 흉기가 된다. 하늘에서 내리는 비도 그렇다. 비는 역기능보다 순기능이 많다. 그 순기능 중에서도 으뜸은 내릴 때의 아름다움이다. 수직으로 내리꽂히는 비의 모습은 아름다운 물 커튼이다. 고급스런 은회색 커튼, 더 이상 아름다울 수 없다. 안개 같은 뽀얀 물보라를 일으키기도 하고 오색 무지개를 만들어내기도 한다.

제55장. 고요의 소리는 아무 소리가 나지 않는 소리의 상태다.

고요도 하나의 소리다. 다만 소리가 나지 않는 소리일 뿐이다. 다른 소리들은 소리가 나는 소리이기에 모두 고요에 얹힌다. 따라서 우리는 고요는 듣지 못하고 다른 소리만 귀에 들리게 된다. 고요를 들을 때 우리의 뇌는 빛나는 작동을 시작한다. 깨우침도 고요를 들을 수 있을 때다.

제56장. 솔개는 굶주렸다고 파리를 쫓지 않는다.

사자가 굶주렸다고 나비를 잡아먹지 않듯 솔개 또한 굶주렸다고 파리를 잡아먹지 않는다. 그것으로 굶주림이 해결되지도 않지만 동물의 왕으로서의 체면이 심각하게 훼손된다는 것에 대한 두려움과 경제원칙도 작용할 것이다. 솔개 또한 그럴 것이다.

제57장. 눈과 비를 키우는 태반은 구름이지만 어머니는 다르다.

눈의 태반도 구름이요 비의 태반도 구름이다. 그러나 눈은 영하의 온도라는 어머니가 필요하지만 비는 영하의 온도가 필요치 않다는 것이 다르다.

제58장. 우주는 창조주를 지휘자로 한 거대한 오케스트라다.

우주는 그 하모니에 절대성을 갖추고 있다. 우주는 한마디로 무질서의 질서다. 우주는 불협화음 속에 절대적 하모니를 갖고 있다.

그것은 창조주 지휘자의 탁월한 능력이다.

제59장. 두려움을 넘는 고요는 냉정한 뇌를 갖지만 그렇지 않은 경우는 모든 세포를 위축시킨다.

깊은 고요의 배경엔 두려움이 깔려 있다. 두려움이 두려움으로 끝난다면 모든 세포는 얼음같이 차고 굳어져 위축되지만 두려움을 뛰어넘어 깊숙한 부분을 파고든다면 냉정한 이성과 통찰의 길로 이어진다.

제60장. 자연을 읊는 것은 시를 읊는 것보다 낫다.

모든 시는 모든 자연에서 그 뿌리를 찾을 수 있다. 어떤 시를 짓고 읊어도 그 자연 안에 모두 담겨 있다.

제61장. 깊은 고요는 인간의 내면을 뚫는 깊은 두려움이다.

깊은 고요는 깊은 어둠에서 온다. 깊은 어둠은 깊은 두려움이다. 그 두려움은 얼음 같은 차가운 이성으로 자신의 내면을 뚫는다. 깊은 이성과 통찰로 나아가려면 깊은 어둠과 친숙해져야 한다.

제62장. 물은 웬만해서는 큰 소리를 내지 않는다.

물은 주야에 긋지 아니하고 만고상청이다. 언제나 음악 같은 소리를 내며 흐른다. 물은 부드럽다. 그래서 바위가 나타나면 돌아가고 웅덩이가 나타나면 머물며 어루만진다. 가끔 큰 소리를 내지만 그저 잠깐뿐이다. 물은 그런 존재다.

제63장. 어둠은 세계를 가두는 자물쇠고 새소리는 굳게 잠긴 세계의 어둠을 푸는 열쇠다.

어둠의 자물쇠는 견고하다. 견고한 자물쇠를 여는 것은 새벽의 부드러운 첫 새소리다. 유형의 열쇠로 유형의 잠김을 푸는 것은 인간의 영역이지만 새는 무형의 열쇠로 무형의 잠김을 푸는 위대한 존재다.

제64장. 낮은 경망스럽고 밤은 진중하다.

낮의 무게는 밤의 무게를 이길 수 없다. 낮은 천둥벌거숭이처럼 날뛰고 경박하다. 낮이 각설이라면 밤은 고승이다. 밤을 함부로 할 수 없는 것은 그 어둠이 주는 절대적 무게 때문이다. 작은 역사는 낮에 탄생하지만 큰 역사는 모두 밤에 이루어진다.

제65장. 산 나무엔 새가 없고 죽은 나무엔 새가 많다.

산 나무엔 벌레가 없지만 죽은 나무엔 벌레가 많아서다. 새는 그걸 안다. 한잎버섯은 죽은 소나무에서만 자란다. 딱따구리는 죽은 나뭇가지에서만 먹이를 찾으며 쪼아댄다. 생물체가 죽어야만 벌레가 생긴다는 것을 그놈들은 본능으로 안다.

제66장. 탄생은 고요에서 태어난 잠깐의 소리다.

고요란 태반은 무한의 태반이다. 모두 고요에 들어 있다가 뚫고 나오는 게 탄생이다. 마치 모든 색소가 잎사귀 안에 있다가 낮은 온도로 엽록소가 사라지면 그제야 고개를 들고 나와 아름다운 색깔의 단풍을 만드는 것과 흡사하다.

제67장. 우주는 가늠할 수 없는 무한의 합이다.

우주를 알아낸다는 건 인간의 영역 밖이다. 우주과학자 칼 세이 건은 우주엔 천억 개의 은하와 각 은하마다 천억 개의 별이 존재한 다고 했다. 인간이 알아낸 그것도 고작 4%라는 점이다.

제68장. 새의 노래는 바람이다.

새의 노래는 바람이 실어주고 바람이 실어간다. 바람은 온갖 것 을 담는다. 울음도 노래도 세월도 삶도 죽음도 모두 담아 허공에 뿌린다.

제69장. 삶은 일봉과비(一蜂過飛)다.

지구에서 인간의 삶은 한 마리 벌이 눈앞으로 휙 지나가는 것과 다름없다. 100세 시대를 이야기하는 21세기에도 인간의 삶이란 영 원 속에서의 눈 깜박하는 순간처럼 짧다. 그토록 짧은 시간 속에 서 온갖 애환이 나타난다. 참으로 별 것 아닌데도 말이다.

제70장. 목조주택의 강함은 까치집에 답이 있다.

어떤 태풍에도 끄떡 않는다. 나무가 쓰러져도 까치집은 허물어 지지 않는다. 인간이 지은 집과 무슨 공법의 차이가 분명 있을 거 다. 그들은 못, 장도리, 끌, 톱, 대패 등 어떤 건축도구도 갖고 있지 않다. 침과 부리로만 짓는다는 데 경이로움이 숨어 있다. 도대체 누가 위인가.

제71장. 안개는 산의 부르카며 차도르다.

빨리 벗기도 하고 오래도록 벗지 않기도 한다. 자연의 오묘함을 나타내는 것 중에는 안개도 한몫한다. 안개는 고무 없는 지우개며 리트머스 시험지다. 안개는 자연을 일시적으로 지우기도 하고 재생시키기도 하는 힘을 가진다. 거대한 규모를 일순에 해 치운다.

제72장. 시간은 창조에 우선한다.

창조를 위해선 창조의 시간이 필요하다. 따라서 시간은 창조에 선행하며 창조를 위한 필수불가결의 요소다. 천지만물의 최우선 요소는 시간이다.

제73장. 나비는 죽어도 날개를 접지 않는다.

언제라도 다시 날아오를 수 있을 것처럼 화사함을 잃지 않는다. 위대한 죽음이다. 누워서 죽음을 맞기도 쉽지 않다. 나비나 잠자리는 죽어도 날개를 접지 않는다. 과연 나비답다. 잠자리답다. 공교롭게도 두 곤충은 지구상에서 가장 멀리 나는 기록을 갖고 있다. 모나크 나비가 7,800㎞, 인도 동북부에 살고 있는 잠자리는 아프리카 동부까지 15,500㎞를 날아가 기존의 모나크 나비 기록을 깼다. 이들의 기록이 예사롭지 않다. 두 곤충이 죽을 때 날개를 접지 않는다는 점도 이와 무관하지 않다고 생각하고 싶은 이유다. 위대한 곤충이다.

제74장. 시간을 멈추는 방법은 자신이 죽는 것이다.

이 방법 외에는 시간을 멈추는 방법은 없다.

제75장. 새는 울지 않는다. 다만 리듬감으로 대화할 뿐이다.

동고비 수컷의 새벽 대화를 들어보면 음절은 보통 아홉에서 다섯 음절을 반복하고 암컷은 주로 다섯, 가끔은 일곱 음절을 반복한다. 수컷은 암컷에 비해 대화 속도가 빠르고 암컷은 수컷에 비해 느리고 낮다. 전체 대화는 20분 정도에서 끝낸다. 대놓고 화내는 인간들의 대화와 노래로 대화하는 새 사이에 뭔가 많은 차이가 느껴진다. 그들의 고상함과 격조에 얼굴이 붉어지고 위축된다.

제76장. 길을 걸을 땐 걷고 있다는 사실을 인지해야 길가 잡초와 벌레가 보인다.

자신을 인지하지 못하는 어떤 자유도 공허하다. 주변의 인식은 자신의 인지로부터 비롯된다.

제77장. 자연은 가장 뛰어난 자유다.

자연은 가장 뛰어난 자유다. 자연은 무질서 속의 질서다. 자연만한 자유를 누리는 대상은 자연밖에 없다. 이 자유는 가장 고귀하며 위대한 질서다. 어떤 제약이나 규율도 없지만 그들은 한 치의 오차도 없이 생존의 자유를 맘껏 구사한다.

제78장. 새는 단 한번도 울고 싶지 않은 울음을 울지 않는다.

새의 울음은 인위적이 아니다. 울고 싶지 않은데 억지로 운다거나 울다가 억지로 그치지도 않는다. 울음도 지극히 자연적이고 그침 또한 마찬가지다.

제79장. 세상은 불공평해도 세월은 공평하다.

세월은 한 치의 오차도 없이 누구에게나 공평하게 흐르지만 세상은 많은 조건과 여건에 의해 불공평한 흐름이 계속된다.

제80장. 식물의 개화는 온도이고 새의 울음은 조도다.

식물은 바깥 온도에 의해 꽃을 피우고 새는 새벽의 밝기에 따라 울음을 운다. 그들에게 내장된 DNA 칩이 궁금하다.

제81장. 자연은 움직이는 예술작품이다.

난 당신에게까지 갈 수 없다. 당신이 날 보러 와야 한다. 좀 기울어진 운동장 같은 기분이겠지만 참아야 누릴 수 있다. 나를 갖고 기쁨을 누리려면 최소한의 수고는 기울여야 한다. 자연이 알리는 초대장이다.

제82장. 겨울은 모든 허울과 가식을 벗는다.

인간도 일흔을 넘기면 모든 허울이 벗겨진다. 거짓도 가식도 겨울에 들어서면 무용지물이다. 발가벗고 맨몸으로 자신의 모두를 드러낸다. 인간도 가식의 허울을 벗는 것은 일흔을 넘어서야 겨우 가능하다. 힘 있을 때의 허울은 입술이 덮어준다고 착각하기 때문이다.

제83장. 바람이 거셀수록 향기는 멀리 퍼진다.

거친 세월은 당신을 부드럽고 유연하게 만든다. 부드럽고 유연함은 당신을 100년간 하는 먼 여행길에 동반자로 등장하여 안전하게 길을 걷도록 도와준다. 거칠고 모진 세월이 진한 향기를 만들었다.

제84장. 눈물은 오염된 감정을 흘려버리는 개수기며 안구 닦는 세정제다.

안구 청소까지 하는 눈물은 눈의 세정제다. 사내가 눈물을 보이면 안 된다며 눈물주머니를 강제로 폐쇄하려 하지만 그건 어떤 의지로 이루어지는 현상이 아니다. 눈물을 흘려야 할 땐 주저 말고 흘리고, 눈물 흘리는 걸 어떤 흠으로 생각할 필요가 없다. 매우 자연스러운 현상이며 안구 청소는 물론 찌꺼기 감정마저 말끔히 정리해준다.

제85장. 습설은 나무의 의사다.

봄눈은 건설(乾雪)보다 습설(濕雪)이 많다. 설해목(雪害木)은 한겨울보다 봄눈이 올 때 많이 생긴다. 약한 가지, 병든 가지는 여지없이 습설의 무게에 못 견디고 부러져 땅으로 곤두박질친다. 이렇게 자연은 병 주고 약 주고를 자연스럽게 이어가며 유지시킨다.

제86장. 바닷물 아래 개펄은 언제나 험상궂다.

우리는 대부분 바다 위만 본다. 바닷물 아래를 봐야 할 경우가 그만큼 적어서다. 때문에 바다 밑이 저토록 울퉁불퉁 험상궂게 생겼다고 상상을 잘 하지 못한다. 이런 착각은 비단 바닷물에 대해서만이 아니다. 삶에서도 늘 살펴야 하는 것은 바닷물 밑이다.

제87장. 지루한 길이 좋은 생각을 뽑아내는 데는 최고의 길이다.

나쁜 길은 안전을 위해, 경관 좋은 길은 오감이 바빠서 생각의 틈이 열리지 않는다. 생각은 빈둥거리고 지루할 만큼 곧은 길, 평탄한 길에서 문을 열고 활동을 개시한다.

제88장. 죽음은 잠깐의 소리로 존재하다가 영원한 고요로 사라지는 것이다.

삶과 죽음 자체는 억겁에 비하면 한 점 먼지다. 그 짧은 순간에 온갖 소리를 낸다. 잘났다며 또 못났다며 소리 같지 않은 소리를 내다 먼지로 사라진다. 이 얼마나 우스운 일인가. 잠깐의 소음으로 살다가 영원의 고요로 가는 것은 얼마나 장중한가. 그 의미의 무거움을 알아야 한다. 죽음을 두려워할 이유가 없다.

제89장. 걷는 것은 시간과 거리가 길고 멀수록 정신이 맑고 자유로워진다.

피곤함과는 다른 그 무엇이다. 그런 마력은 걷기의 뛰어난 매력이다. 거리와 시간이 짧으면 좋은 생각으로 나갈 준비가 미흡하다. 여유 있게 시간을 주라. 서두르고 거리가 짧으면 어떤 생각도 일어나지 않는다.

제90장. 인간은 공간을 채우려 하지만 자연은 채운 것을 허물려 한다.

공간은 지구에서 가장 아름다운 공간의 공간이다. 인간은 그 공간에 자꾸 무엇을 채울까 고심하지만 자연은 공간을 확보하고 공간으로서의 지속성을 추구한다. 그것이 가장 아름다운 공간 사용법이며 또 자연의 생존법이기도 하다. 공간은 가능성이지만 채워짐은 마감의 의미다.

제91장. 토마토 같은 사람이 되어야지 수박 같은 사람이 되면 안 된다.

인간이나 과일이나 어쩌면 그렇게 비슷할까. 잘 익은 토마토는 겉과 속이 같지만 수박은 익으면 익을수록 겉과 속이 판이하게 다르다. 결국 확인하느라 인간의 주먹세례를 받고서야 선택된다. 수박 같은 인간이 되지 말아야 한다. 표리부동은 이중인격이며 인간관계에서 적이다.

제92장. 대해를 건너기 전 우선 앞개울부터 건너야 한다.

모든 시작은 미미하다. 그래서 우스운 꼴을 당한다. 사소한 것은 전혀 사소한 것이 아니라는 점을 명심해야 한다. 천리길도 한 걸음부터고 첫 술에 배부르지 않는다는 속담도 같은 의미를 담고 있다. 앞 개울물을 건너지 않고선 대해로 나아갈 수 없다.

제93장. 노인은 겨울이다.

겨울은 모든 겉치레에서 벗어난다. 겨울은 모든 유연성에서 멀어진다. 겨울에 물기는 사라지고 세포는 쪼그라든다. 겨울은 앙상하다. 겨울은 삭막하다. 겨울은 노인 그 자체다. 노인은 겨울이다.

제94장. 세상은 어둠이 지배하지만 세계는 맑음이 지배한다.

세상은 온통 어둠으로 덮여 있다. 제도로 법으로 온갖 맑음 장치를 시도하지만 한계가 있기 마련이다. 그러나 세계는 맑음 그 자체다. 세상은 세계를 닮아야 하고 벤치마킹해야 한다.

제95장. 하늘엔 우리에게 필요한 먹이가 있다.

우리의 먹이를 땅에서 찾는 것은 어려움과 한계가 있기 마련이지만 하늘에서 찾으면 자연스러우면서도 무한하다.

제96장. 제일 예쁜 손은 흙 묻은 손이다.

명주고름 같은 손, 매니큐어 바른 손은 기능 면에선 좋은 손이 아니다. 물 묻은 손, 흙 묻은 손을 가진 어머니 손이 세상에서 가장 예쁜 손이다. 현대인들은 도무지 손에 흙을 묻히려 하지 않는다. 금처럼 옥처럼 다듬고 또 다듬는다. 그 손은 누구를 위한 손도 아니다. 자신을 위한 잠깐의 위안은 될지언정 건강을 야금야금 파먹는 행위임을 인지하지 못한다.

제97장. 꽃은 향기를 풍기고 아름다움을 뽐내지만 늘 외로움이다.

특히 밤이 그렇다. 나비와 벌이 찾아들 때 빼면 언제나 외로움이다. 꽃뿐 아니라 만물은 다 그렇다. 모두 한때일 뿐이다. 영구적이거나 영속적이질 않다. 역설적이게도 그래야 씨를 맺고 영속적이 된다. 신비한 자연의 이치다.

제98장. 구름에 가려 빛이 보이지 않아도 빛이 완전히 사라진 건 아니다.

운외창천(雲外蒼天), 어두운 구름을 뚫고 나오면 맑고 푸른 하늘이 있기 마련이다. 빛은 구름에 가려졌다 벗어났다 한다. 구름이 낄 때 적합한 일이 있고 벗어났을 때 적합한 일이 있다. 인생 또한 마찬가지니 일희일비할 필요가 없다. 오늘 내 삶에 근심 걱정이 있어도 인생 전체에 있는 것은 아니다. 근심도 행복도 모두 한때다. 흔들리지 않아야 하며 조화로운 삶이 필요한 이유다.

제99장. 눈은 영혼에 이르는 아름다운 현수교다.

눈이 열림으로 비로소 모든 것에 이른다. 눈은 보이는 것, 보이지 않는 것 등 모든 것을 볼 수 있도록 설계된 창이며 커튼처럼 드리워진 아름다운 다리다.

제100장. 일출, 일몰에 현혹되지 마라. 매일 똑같은 해가 떠오르고 질 뿐이다.

인간은 가끔 자신의 우매를 시험한다. 매일 똑같은 해가 떠오를 뿐인데도 새해의 새 해를 보겠다며 일출 장소에 몰려든다. 이런 우매가 또 어디 있는가. 새해라는 것도 인간이 편의상 금을 그어놓은 시간의 한 형태일 뿐이다.

제101장. 이 세계에 존재하는 모든 사물은 고요가 그 탄생의 본질이다.

세계는 세계를 흡입한다. 흡입 후에는 고요가 찾아온다. 그 고요는 고요만으로 존재하는 것이 아니라 탄생의 고동을 내포한다. 침묵은 인위적이지만 고요는 자연적이다. 어떤 움직임도 거대한 고요에 묻힌다.

제102장. 큰 거미는 큰 집을 짓고 작은 거미는 작은 집을 짓는다.

너무나 당연하지만 우리는 그 당연을 인지하지 못하고 살아간다. 작은 거미가 작은 집을 짓거나 큰 거미가 큰 집을 짓거나 걸리는 시간은 4시간 정도로 비슷하다.

제103장. 큰 물고기를 비버가 만든 댐에 가두면 세계가 갇힌다.

큰 물고기는 큰물에서 놀고 작은 물고기는 작은 물에서 논다. 큰 물고기가 비버가 만든 댐에 갇힌다면 큰 물고기는 살아갈 수 없다. 훨훨 날갯짓을 도와야 한다. 남을 탓하기 전에 자신의 좁은 안목을 탓해야 한다.

제104장. 길은 가장 많은 장서를 갖고 있는 도서관이며 모든 병을 치료하는 주치의다.

길을 걸으면 행복하다. 행복한 이유는 그 속에 내재된 자유와 배움이 있기 때문이다. 걷는다는 것은 좋은 유산소운동이다. 피의 원활한 순환은 건강을 지켜주는 생명의 순환이다. 길은 자신의 가장 훌륭하고 유능한 주치의가 된다. 아픔은 좋은 의사선생님을 요구한다. 그러나 잘 따지고 보면 자신보다 자신을 더 잘 알 수 있는 의사는 없다. 걷는 것은 이 모든 아픔을 해결해준다.

제105장. 자벌레는 허공을 딛지 않는다.

자벌레는 자질하면서 앞으로 나아간다. 자벌레는 위대한 곤충이다. 이굴위신(以屈爲伸)의 진리를 탄생시켰다. 굽혀야 나아갈 수 있음을 몸소 보여준다. 딱 그만큼 자질하며 나아가는 것은 오체투지의 끈기와 규칙성을 보여준다. 굽지 않고는 펼 수 없는 자벌레도 허공에서는 무모한 자질을 하지 않는다. 자벌레는 뒤로는 재지 못하기에 잘못 재면 다시 돌아오면서 잰다. 네발로 버티고 재는 자질은 정확하다. 그러다 허공을 자질하게 되면 머리를 쳐들고 장애물을 확인한다. 허공이 나타나면 후퇴를 하든지 꽁무니에서 생명의 밧줄을 꺼내든지 둘 중 하나를 선택한다.

제106장. 이슬은 풀잎의 땀이다(1).

이슬은 풀잎에 스며들고 풀잎은 이슬을 먹고 산다. 참 좋은 공생 관계다. 어쩌면 이슬은 풀잎의 땀일지 모른다.

제107장. 얼룩소는 바탕색이 검정색일까 흰색일까. 평균수명과 건강 수명의 격차를 어떻게 하면 좁힐 수 있을까. 젊은 시절의 넘치는 테스토스테론, 에스트로겐 호르몬을 호르몬 뱅크를 만들어 저축하고 나이 들어 호르몬이 고갈될 때 찾아 쓸 수 없을까. 그래야만 장수의 진정한 의미가 있지 않을까. 체력은 떨어지고 병마가 찾아온다면 맹목적인 장수가 무슨 의미가 있겠는가. 그것은 곧 재앙이다.

얼룩소의 본바탕 색은 무엇일까. 왜 건강수명은 평균수명보다 15년씩이나 짧을까. 왜 젊은이는 호르몬이 넘쳐 주체를 못 하며 나이 들면 갑자기 고갈되어 병마와 노쇠에 시달리는가. 그 기간을 정녕 연장할 수 없는 건가. 젊은 시절의 넘쳐나는 호르몬을 호르몬 은행에 저축하였다가 필요할 때 꺼내 쓸 수 있도록 할 수 없는 것인가. 왜 고유의 형질이 사라지도록 방치하는가. 우리 모두의 숙제다. 이 숙제는 인류의 수명과 행복과 건강, 질병과 깊은 관계가 있어 반드시 해결해야 하는 문제다.

제108장. 어둠은 창조를 위한 가장 위대한 빛이다.

어둠은 검은 빛이다. 검은 빛은 모든 것을 가려주고 모든 것을 보여주는 빛이다. 어둠은 두려움을 주기도 하지만 두려움을 없애주기도 한다. 그 이중성이 위대한 창조를 만들어내는 것이다. 어둠의 빛은 모든 사물을 볼 수 없도록 하는 힘을 가졌고 모든 것을 보이도록 하는 힘도 가졌다. 어둠이 있어야 밝음이 있고 밝음이 있어야 어둠이 있다. 보이지 않아 두렵기도 하지만 보이지 않아 용기도 생기는 빛이 바로 검은 빛이다.

제109장. 자연은 모든 배움의 근원이며 가장 많은 장서를 갖고 있는 도서관이다.

자연은 진리의 보고다. 지금까지 찾아낸 진리 외에 또 얼마나 많은 진리가 쏟아져나올지 그건 전적으로 인간의 몫이다.

제110장. 시간에 방부제를 뿌리고 살찌우면 시간은 나를 위해 헌신한다.

썩는 것은 상하는 것이고 못쓰는 것이다. 방부제는 썩는 것을 인위적으로 썩지 않도록 화학성분을 첨가하는 것이다. 시간은 얼핏 보면 실체가 없고 무생물일 것 같지만 그렇지 않다. 시간은 살아 꿈틀댄다. 붙들어 맬 수도, 풀어줄 수도 있다. 주어진 시간을 도박과 마약과 술 취함으로 보낸다면 그 시간은 썩는 시간이다. 주어진 시간을 독서와 제품을 만드는 시간에 사용했다면 그 시간은 생산적 시간이며 시간을 살찌우는 시간이 된다. 어떤 시간으로 채우는가는 오직 자신에게 달려 있다. 방부제는 부지런함이다.

제111장. 자벌레는 구도의 길을 걷는 위대한 생명체다.

자벌레의 자질은 완전하다. 자벌레는 삼보일배 하며 나아가는 오체투지의 완벽한 구도자다. 굽혀 나아가고 또 접고를 반복하여 목표를 이룬다. 간혹 자질이 마음에 안 들면 되돌아오기도 하지만 그런 일은 흔하지 않다.

제112장. 시간의 점유권을 행사하라.

시간은 무주물(無主物)이다. 주인이 없으므로 선점하는 사람이 주인이다. 점유권(시간은 물론 물권은 아님)은 임자 없는 시간을 먼저 소유하는 권한이다. 따라서 이 시간은 부지런한 사람이 가장 많이 소유할 수 있으며 점유권을 자유자재로 행사할 수 있게 된다.

제113장. 길은 비단실을 뽑아내는 누에고치다.

이것은 실크로드와는 전혀 다른 개념의 길이다. 길은 레드카펫 깔린 주인공의 길이며 양탄자가 깔린 길이다. 길은 누에고치가 한 올 한 올 게워낸 실크 원단이다. 비포장길이든 포장길이든 모든 길은 비단을 뽑아내는 아름다운 길이다. 비단길을 밟는 영광은 길을 걷는 자에게만 주어진다. 왜 비단길인지 걷지 않는 사람은 알 길이 없다. 비단길을 가시밭길로 아는 병든 눈은 되지 말아야 한다.

제114장. 시냇가 나무는 뿌리가 약하다.

사람이나 나무는 환경이 좋으면 뿌리가 약할 수밖에 없다. 쉽게 뿌리내리고 쉽게 영양분을 섭취할 수 있기에 그렇다. 척박한 환경에서는 온갖 풍상을 겪어야 한다. 그러니 속은 야물고 단단해진다. 시냇가 나무는 장마에 견디지 못하고 제일 먼저 뽑혀 달아난다. 시냇가에 살아남은 놈은 바위 위에 있거나 바위를 친친 감고 단단히 붙들고 있는 놈이다. 나쁜 환경을 탓할 일이 아니다. 살아남은 놈은 내공을 쌓으며 안으로 여물어간다. 그러기에 시간이 많이 걸린다. 대기만성으로 가는 길이기에 그렇다. 그것이 생명의 이치여서 마냥 섭섭하지만은 않다.

제115장. 송충이가 뽕잎 먹는다고 누에가 되지 않는다.

송충이는 송충이고 누에는 누에일 뿐이다. 송충이가 뽕잎을, 누에가 솔잎을 비록 먹는다 하여도 절대 변할 수는 없다. 송충이가 누에고치가 된다는 것은 가면과 위장 아니면 불가능하다.

제116장. 태초의 우주는 고요다.

태초의 우주는 고요의 바다다. 그러다 어떤 힘에 의해 하나둘씩 고개를 들고 나와 이 세계를 형성하고 우주를 탄생시킨다.

제117장. 나무는 서서 죽는다.

누워 죽는 인간의 고통은 아무것도 아니다. 누워 죽기도 힘들어하는 인간에 비해 나무는 서서 의연하게 죽는다. 죽은 후에도 꼬장꼬장한 남산골샌님처럼 흐트러진 자세를 보이지 않는다. 몇 백 년, 아니 몇 천 년 삶의 마무리를 그토록 멋있게 한다. 나무는 성자(聖者)다.

제118장. 수박은 맞아야 노래한다(1).

거의 모든 과일은 숨어서 큰다. 다 큰 다음엔 '나 여기 있소' 하고 자신의 정체를 드러내 번식의 소임을 다한다. 그런데 예외가 있다. 바로 수박이다. 고집스럽게 젊은 시절의 색깔을 고수한다. 때문에 소비자는 잘 익은 놈인지 아닌지 고를 때 애를 먹는다. 그러니 꼭 매를 맞는다. 매를 버는 셈이다. 그 매를 맞으며 부르는 노래 소리를 듣고 잘 익은 놈을 고른다. 참 얄궂은 팔자다. 그러나 어쩌랴.

제119장. 비는 구름의 눈물이다(1).

어렸을 적 집 앞 개울물은 수영장이자 목욕탕이었다. 그때 그 물은 지금 어디 있을까. 수증기가 되고 구름이 되고 비가 되고 또 수증기가 되어 바다에 가 있을까. 식물의 뿌리에 가 있을까. 바람에 떠밀려 아프리카에 가 있을까, 아메리카에 가 있을까. 그곳에서 어느 나무뿌리에 물을 주며 어느 산에 안개로 남아 있을까. 하얀 구름은 예쁘다. 빨간 구름은 아름답다. 하얀 구름에선 비가 내리지 않는다. 하얀 구름은 늘 웃고 있다. 검은 구름은 무섭다. 경기(驚氣)하는 소리를 내기도 하여 두려움을 안긴다. 검은 구름은 사흘 굶은 시어미 얼굴을 하고 있다. 검은 구름은 늘 슬픔에 잠겨 있다. 슬픔의 정도에 따라 짧게 또 길게 운다. 길게 울 때는 눈물의 양이 많아 제3자에게도 피해를 준다. 울음을 막을 수는 없다. 그러나 오래 우는 슬픔은 주지 말아야 하겠다.

제120장. 비는 구름의 눈물이다(2).

대지에서는 눈물을 하늘로 보내고 하늘에선 눈물을 땅으로 보낸다. 땅에서 눈물을 담는 그릇은 강과 바다요, 하늘에서 눈물을 담는 그릇은 구름이다. 구름 주머니가 넘치면 땅으로 눈물을 보낸다. 우리가 얘기하는 비는 구름이 흘리는 눈물일 뿐이다.

제121장. 사계절은 400m 남녀혼성계주다.

이상기온은 실수로 바통을 땅에 떨어트리는 것이다. 사계절을 가지고 있는 국민은 행복하다. 부지런하다. 머리가 우수하다. 모두가 부유하다. 이것은 거의 세계 공통이다. 사계절은 지루할 만하면 계절의 옷을 갈아입는다. 칼로 두부 자르듯 금 그을 수는 없지만 일정한 패턴으로 나타나기에 금세 눈치 챌 수 있다. 가끔씩은 이상기온이 나타나 혼돈을 불러일으키지만 아주 잠깐일 뿐이다. 사계절은 그 지루하지 않을 만큼의 절묘한 시간 배치로 사람을 매료시킨다.

제122장. 봄이 팽창하면 숲도 터지고 강도 터진다.

핼쑥했던 겨울이 지나 봄이 되면 물은 불고 나무는 살이 오르며 땅은 해지고 부풀며 만물의 얼굴엔 화기가 돈다. 씨름선수 같은 단단한 팔뚝이 아니라 부드러움으로 팽창한다. 가녀린 몸매를 지닌 겨울에 드러났던 몰골을 서서히 살을 불려 치부를 감추려는 본색을 드러낸다. 숲에 살이 오르면 초록 가림막이 되어 잘 보이던 강을 볼 수 없고 또 하늘을 먹어치우기도 한다. 그래도 몸이 불어나야 이 세계의 모든 생명체를 먹여 살린다. 그런 지음은 지구를 지키는 봄의 숙명이기도 하다.

제123장. 자연은 인위가 배제된 온갖 공연의 아름다운 무대다.

세종문화회관에서 하는 모든 공연들, 또 월드컵운동장에서의 토란두트처럼 화려하게 펼칠 수 있다. 그러나 그런 공연들은 모두 인위적일 수밖에 없다. 규모 면에서나 자연스러움, 거대한 화음과 아름다운 무대장치는 자연을 따라올 수 없다. 우리는 언제 어디서나 아무런 대가 없이 멋진 공연장을 찾아가 촉촉하고 풍성한 가슴을 소유할 수 있다.

제124장. 봉숭아는 핀을 뽑은 수류탄이다.

그것은 씨를 퍼뜨리려는 생존의 본능이다. 자연을 구성하고 있는 생명체들의 존재는 신비 투성이다. 봉숭아는 수류탄을 만들어 씨를 날려보낸다. 씨가 완전히 영글면 3~4m씩 날아간다. 안전핀을 뽑는 대신 터치만으로도 터진다. 터치는 바람이 해주기도 하지만 자동으로 터지도록 그들의 유전자 속에 초침처럼 정밀하게 설계되어 있다. 그 작동엔 오차가 없다. 그냥 머리가 숙여진다. 인간이 근래 들어 한 일들을 그들은 아무렇지 않게 태초부터 해왔다. 도대체 누가 우월한가.

제125장. 부분일식은 한 입 베어 문 사과다.

부분일식은 영락없이 한 입 베어 문 사과다. 흔히 사람들은 세 개의 사과를 말한다. 하나는 아담과 이브의 사과요, 또 하나는 뉴턴의 사과며, 나머지는 애플의 사과라고 한다(물론 미술을 하는 사람들은 세잔의 사과를 세 번째에 넣기도 한다). 여기에 하나를 추가한다면 부분일식 때의 사과라 말하고 싶다.

제126장. 물거북은 철저한 섭생주의자다.

붉은 빛을 싫어하고 앞다리를 손처럼 사용한다. 물거북은 특히 붉은 색깔의 옷을 입을 입고 접근하면 은신한다. 코끼리 코가 손 역할을 하듯 물거북은 앞다리를 손처럼 사용한다.

제127장. 우주는 고요로 채워진 신비한 공간 덩어리다.

우주는 가늠할 수 없는 무한의 공간이다. 무궁무극의 세계다. 이 신비는 영원히 벗겨지지 않는, 또 벗길 수도 없는 베일에 싸여 있다.

제128장. 거미는 위대한 날개로 무한의 허공을 휘젓는다.

거미는 날개가 없지만 있다. 보이는 날개는 없지만 보이지 않는 날개는 있다. 그들은 허공에 줄을 맨다. 바람을 이용하건 나뭇가지를 이용하건 그들은 자유자재로 허공에 줄을 매 집을 짓는다. 그렇다면 날개가 없다고 함부로 말할 수 없다. 날지 못하는 타조보다 더 날짐승답다.

제129장. 모든 생물은 자신의 생명 활동에 필요한 딱 그만큼의 뼈와 살을 가지고 태어난다.

이물질이 걸리면 넘어지거나 꺾인다. 인간의 뼈도 그렇다. 적정 체중을 떠받들 만큼 크기의 뼈와 힘살이 존재한다. 과체중이나 저

체중이 문제가 되는 것은 바로 그 때문이다. 연잎은 자기가 지탱할 수 없는 양의 물이 차면 가차 없이 쏟아버린다. 태풍이 불 때면 부러진 나뭇가지를 볼 수 있는 것도 자기가 감당하기 힘든 것은 과감히 제거함으로써 자신의 전체를 살리기 때문이다. 인간의 몸도 과부하가 걸리면 뒤틀리거나 병이 난다. 생물의 존재는 생존법칙에 따라서다. 그 개개의 균형이 생태계 전체의 균형이다.

제130장. 모기 날갯짓은 한여름 밤의 랩소디다.

아주 크거나 아주 작은 것은 인지할 수 없다. 아주 밝거나 어두운 것도 인지할 수 없다. 그러나 아주 작으면서도 인지할 수 있는 것이 가끔 있다. 솔개의 그림자를 그늘로 여기거나 모기의 날갯짓을 부채처럼 이용하는 것 말이다. 그 가는 바람을 일으키며 내는 음악 같은 여린 소리는 한여름 밤의 아름다운 광시곡이다.

제131장. 자연은 영원한 진리의 샘이다.

모든 진리는 자연 속에 있다. 자연 속에 있는 진리를 찾아내는 것은 인간의 영원한 숙제다.

제132장. 동해후파추전파일대신인환구인(東海後波推前波一代新人換舊人), 동해 바다의 뒤파도는 앞파도를 밀어내고 한 시대의 젊은이는 옛사람과 자리바꿈을 한다.

나는 왼쪽 옆구리에 바다를 끼고 우리나라를 걸어서 한 바퀴 돌았다. 87일 동안 바다를 1천 시간 이상 만나면서 우리의 삶과 크게 다르지 않다는 깨달음을 얻었다. 여행 후 300여 년 전 중국의 격언집 『증광현문』에 유사한 내용이 나와 있는 것을 보고 놀랐다. 우리는 그 파도의 움직임을 그대로 흉내 내며 산다.

제133장. 담쟁이 넝쿨은 철조망이다.

담쟁이 넝쿨은 가시 없는 철조망이다. 분단의 상징물이다. 새와 바람만 자유롭게 넘나든다. 낙석 또는 청라로도 불리는 담쟁이는 부드러우면서도 철조망보다 강하다. 철조망은 생명이 없지만 청라는 어깨동무하고 직벽(直壁)을 타고 신나게 오른다. 억세고 강하고 담대하다. 비라도 올라치면 예쁜 연두색 꽃가루가 뿌려져 아름다운 연인이 된다. 부드럽고 예쁜 연인은 이 세상 가장 강한 방패다.

제134장. 시간에 방부제를 뿌려라.

시간은 생물이다. 방치하면 썩는다. 심한 악취를 풍긴다. 썩지 않도록 주인이 철저하게 관리해야 한다. 냉장고에 넣어 보관하든 방부제를 뿌리든 어떤 조치를 해야 한다. 냉장고는 뇌가 될 수도 있고 방부제는 손이 될 수도 있고 펜과 컴퓨터가 될 수도 있다.

제135장. 당랑(螳螂)의 당당함이 그의 오만함을 이겼다.

사마귀의 기개는 대단하다. 풍모 또한 예사롭지 않다. 퉁방울 눈알 굴림도, 앞다리를 꺾고 노려보는 자세도, 삼각형 얼굴에 길게 세로로 난 금도 예사롭게 보이지 않는다. 그런데다 톱니를 장착한 앞다리 근육은 시금치 먹은 뽀빠이처럼 발달했다. 제나라 장공(莊公)이 사냥터로 가던 도중 웬 벌레 한 마리를 만났다. 앞발을 들고 수레바퀴를 칠 듯이 덤벼드는 것을 보고 저 녀석이 인간이라면 아마도 천하의 용사가 되었을 것이라며 마차를 돌려 피해가도록 하였다는 당랑거철(螳螂拒轍) 고사의 주인공이다.

제136장. 논병아리는 천적에게 들키지 않으려고 5m 전방부터 잠수하여 집으로 간다.

본능이며 생존이다. 어떤 미물도 종족 번식을 위한 행동은 눈물겹다. 그 행동 하나하나는 목숨과 동일하다.

제137장. 낙엽의 그림자에서 겨울의 한기(寒氣)를 알아챈다.

낙엽 한 잎에서 천하의 가을을 알아챈다. 낙엽의 그림자는 찰나다. 그 찰나의 그림자에서 시베리아의 겨울을 느낀다. 그 찰나에서 한기를 느끼는 것은 우리 몸의 영민함이 아니라 우주의 조화다. 낙엽귀근(落葉歸根), 낙엽이 그 이듬해 자신의 거름이 되는 순환은 우주의 조화로밖에 달리 해석이 되지 않는다.

제138장. 맑고 푸른 하늘이 사막을 만든다.

존 러스킨은 말했다. '이 세상 나쁜 날이란 없다. 다만 좋은 날이 여럿 있을 뿐이다'라고. 그렇다. 만약 우리가 좋은 날이라고 하는 맑은 날만 계속된다면 이 세상은 어찌 될 것인가. 이 세상은 모두 사막으로 변할 것이다. 구름, 비, 안개, 바람 모두 우리에게 꼭 필요한 것들이다. 비바람 불고 눈보라 치는 날을 좋은 날로 여긴다면 당신은 인생을 두 배로 사는 것이다. 당나귀 한 마리 잡아가지고 귀 빼고 다리 빼면 뭐가 남는가. 나쁜 날을 좋은 날로 여기면 세상은 전혀 다른 모습으로 당신에게 다가선다. 기상청 통계를 보면 평균 3일에 한 번 꼴로 비가 내리는데 만약 비 오는 날 움츠리고 집에 박혀 있다면 삶에서 30%는 빼야 한다. 비 오는 날은 아름다운 날이라며 우산을 받쳐 들고 멋진 여행을 한다면 당신은 인생 보너스를 30% 더 받으며 산 셈이다. 말하자면 80년을 산다면 104년을 산 것이 된다. 어떤 장수가 진짜 장수인가.

제139장. 자연은 자연의 걸작품이기보다는 활화산의 작품이다.

자연이 자연인 것은 자연히 생긴 화산 덕분이다. 이 세계에 존재하는 모든 사물은 활화산이 만들어낸다. 아름다운 산, 강, 호수 등 멋진 풍광은 활화산이 빚은 작품들이다.

제140장. 구름은 두꺼운 이불이다.

늦가을이나 겨울에 주로 볼 수 있는 구름은 삼베이불이다. 덮어도 얇아서 춥다. 그러나 늦봄이나 여름에 주로 볼 수 있는 이불은 솜이불로 두텁다. 물 먹은 하마처럼 습기도 많이 품고 있다. 이불이 두터우니 당연히 덥고 후텁지근하며 비를 많이 뿌린다. 자연도 인간을 많이 닮았지만 인간도 자연을 많이 닮았다. 자연의 일부여서 그렇다.

제141장. 시간은 행복을 만드는 가장 필요한 원자재다.

시간은 행복을 만드는 제1요소다. 모든 걸 다 갖추어도 시간이 없으면 의미가 없다. 여행을 하면 행복하다. 경제적 여유도 있고 건강도 괜찮다. 그런데 시간이 없다. 그러면 여행은 못 한다. 시간 관리가 여간해서는 쉽지 않다. 시간통장을 만들 수도 없고 은행에 저축을 하였다가 필요할 때 꺼내 쓸 수 없는 게 시간이다. 현재에만 존재한다는 특징이 있어 관리에 어려움을 겪는다. 그런데 부지런하면 이 모든 게 해결된다.

제142장. 겨울은 포로다. 봄은 그 포로로부터의 탈출이다.

겨울은 모든 걸 묶고 조이고 가둔다. 겨울은 감옥이다. 모든 것의 폐쇄며 봉쇄다. 볼 것과 들을 것과 느낄 것 없는 차단이며 고립이다. 봄은 겨울이라는 제레미 벤담의 파놉티콘 감옥의 높은 철조망을 뛰어 넘어 달아나는 것이다.

제143장. 길은 지붕이 없는 야생 식물원이다.

무법천지는 자연을 두고 일컬음이다. 길은 인간이 만든 식물원처럼 지붕이 있거나 인공적인 게 완전 배제되었다. 그럼에도 불구하고 관리가 기막히게 잘 된다는 점이다. 병든 놈은 스스로 가지치기를 하고 거름도 스스로 만들어 해결한다. 통제는 자율성을 빼앗아 일사분란하다. 얼핏 보면 자연보다 우월한 것처럼 보인다. 모두 속는다. 통제와 틀을 벗어나야 무법천지 자연을 이룬다.

제144장. 걸음걸이가 촐랑대면 마음도 촐랑댄다.

걸음을 무겁게 뚜벅뚜벅 걸어야 한다. 방자처럼 걸음이 경망스러우면 보기 흉하다. 허리를 펴고 턱은 당기고 눈은 전방 15m를 바라보며 발바닥 뒷부분부터 지면에 대고 앞발가락으로 힘 있게 차며 뚜벅뚜벅 걸어야 한다. 아파트의 실내에서는 까치발로 정숙보행을 함으로써 종아리 근육도 키우고 층간소음으로 인한 분쟁도 줄일 수 있다. 눈을 크게 뜨면 삶의 지혜는 도처에 있다.

제145장. 자연은 그 자체가 오페라며 음악회며 연극 장소다.

자연 속에서의 모든 동식물은 하나의 완벽한 인테리어며 연출자며 주인공이다. 그들의 움직임 하나하나는 배우의 연기며 연극이며 음악이다. 조연은 없고 모두 주인공이라는 특징이 있다.

제146장. 걷기는 든든한 노후 연금이다.

노인이 되어도 잘 걸을 수 있다는 것은 튼튼한 하체를 가지고 있음을 의미한다. 튼튼한 하체는 든든한 노후 연금이 된다. 나이 들어 모든 문제는 걷지 못하는 데서부터 시작된다. 이제 5년 후면 노인 인구 천만 시대가 온다. 많은 이들이 장수시대를 환영한다. 지인 중에 꽤 많은 연금을 받는 노인이 있다. 노인이 되면 온통 줄어드는 것밖에 없다. 돈 쓸 곳도 줄어들고 갈 곳도 줄어든다. 그런데 이 노인은 연금의 대부분을 병원비와 약값으로 지출한다. 볼 때마다 약봉지와 건강보조식품이 한 아름이다. 운동을 하지 않으니 몸이 비대하다. 몸이 비대하면 각종 성인병이 찾아온다. 돈으로 버티고 있지만 삶의 질은 떨어질 수밖에 없다. 어느 길을 택하든 본인의 자유다.

제147장. 시간은 세계에 존재하는 모든 것 중에 가장 위대한 힘을 가지고 있다.

시간만큼 강력한 것은 없다. 시간은 어떤 것도 허물 수 있는 힘을 가지고 있다. 우리가 두려워하는 핵도 시간에 견주면 새 발의 피다. 사람을 죽이고 살리는 것도 모두 시간이 하는 일이다. 이 세계에 존재하는 모든 사물의 생과 사는 시간이 맘먹기에 달렸다. 이 얼마나 어마어마한 힘인가.

제148장. 길을 걷는 것은 사상과 철학의 바다 위를 활보하는 것이다.

일단 길을 걸으면 자기의 내면과 제일 먼저 만난다. 자신이 누구며 어디서 왔으며 어디를 향해 가고 있는지에 대한 근원적 질문과 맞부딪친다. 길이 멀고 평탄하며 지루할수록 그 감정은 짙고 깊다. 아리스토텔레스는 소요학파의 거장이다. 모든 질문과 응답은 길에서 소요하면서 이루어진다. 걸을 땐 평상시와 달리 기억을 관장하는 해마와 뉴런을 자극해 뇌 활성화 물질인 BDNF라는 물질이 나옴으로써 기억력을 향상시키고 공부가 잘되도록 유도한다.

제149장. 모든 진리는 고요를 그 모태로 삼는다.

고요는 이 세계의 모두를 품고 있다. 모든 진리는 고요라는 모태를 두고 이 우주에 출현하였다.

제150장. 길은 모든 학문과 스승의 합이다.

길만큼 좋은 스승은 없다. 길은 종합선물세트다. 책과 선생님과 건강이라는 선물을 무상으로 안긴다. 길이라는 책과 길이라는 선생님과 길이라는 건강을 깨닫게 되면 길의 무한성에 성큼 다가선 것이다. 모든 교육은 경제적인 문제가 따르기 마련이다. 그러나 길은 어떤 대가도 바라지 않는다. 참 교육자를 만나기 쉽지 않은 현실이지만 길은 언제나 예외다. 길의 위대성이 빛을 발하는 순간이다.

제151장. 꽃은 여신의 손가락에서 빠진 반지다.

이 꽃 저 꽃, 모든 꽃은 아름답다. 꽃은 아름다운 여신의 가녀린 손가락에서 빠진 반지가 아니고서야 이처럼 아름다울 순 없다. 먼발치에 있는 화왕(花王) 모란도 가까이 있는 허접스러운 호박꽃도 모두 아름답다. 그들은 서로 시기나 다툼이 없다. 그냥 개성만 있을 뿐이다. 꽃이 아름다운 것은 꽃이 지닌 아름다운 침묵이다. 잘났다고 요란을 떨고 뻐긴다면 그들의 입장은 많이 달라졌을 것이다.

제152장. 자연은 모든 배움의 근원이며 가장 많은 장서를 갖고 있는 도서관이다.

자연은 모든 배움의 알파요 오메가다. 가장 많은 진리를 품고 있는 대백과사전이다.

제153장. 꽃은 원래 꽃이 아니다. 사람도 마찬가지다.

꽃 이전은 꽃이 아니다. 사람도 사람 이전은 사람이 아니다. 칼세이건은 세포를 분열하고 분열하면 상수리나무와 같다고 했다. 그저 없음에서 있음으로 잠깐 나타났다 먼지와 바람으로 사라질 뿐이다. 그 잠깐의 순간에 싸우고 볶고 지지며 살다 간다. 인생은 원래 그런 시시한 것이 아닌데도 그걸 자꾸 잊는다. 미련한 인간임을 되뇌게 한다.

제154장. 나무는 바람과 동거한다.

'가지 많은 나무는 바람 잘 날 없다', '나무가 가만히 있으려 해도 바람이 가만 놔두지 않는다와 같은 이야기는 나무와 바람과의 깊은 연관성이 있어서일 테다. 삼라만상엔 무수한 세계와 사물이 존재한다. 모두 관계와 비관계를 당기고 밀며 공존한다. 그중에서도 나무와 바람은 금슬 좋은 부부다. 바람이 불 때 흔들리지 않는 나무도 없지만 바람이 불지 않을 때 흔들리는 나무 또한 없다. 아, 너무 당연한가. 어쨌든 그렇다. 좋은 짝꿍처럼 보이는 것은 나만의 눈인가. 늘 반응 잘하고 맞장구 잘 치는 환상의 커플이다. 부부의 금슬도 반응과 맞장구다.

제155장. 모든 학교와 스승님의 가르침의 합보다 길의 가르침이 더 크다.

길만큼 위대한 스승은 없다. 다만 위대한 스승임을 모를 뿐이다. 아이들을 학원으로 몰 일이 아니고 책을 들려 길 위로 떠밀어야 한다. 길 위에 학교도 있고 선생님도 있다. 특히 방학 기간을 이용하여 한 달 정도 꼭 읽어야 할 책 한 권을 배낭 속에 넣어 천리길 도전을 시도해보기 바란다. 집으로 돌아올 땐 성큼 성장한 자녀를 만날 수 있다.

제156장. 지극한 고요는 사랑과 사상의 본질이다.

사랑과 사상이 용솟음치면 고요의 정점이 된다. 사랑의 본질은 소용돌이다. 그 소용돌이의 근간이 고요다. 사상의 본질 또한 같다. 사상의 칼날이 서고 번쩍일 때가 사상의 극점이다. 그 극점 또한 바탕은 고요다. 고요는 잘 다루어지면 위대한 사랑과 사상을 낳는다.

제157장. 지구는 자기 수명을 살고 싶어 한다.

지구의 주인이라며 으스대는 인간도 결국 시간과 바람 속으로 사라진다. 지구를 오염시키는 탄생, 문명, 죽음의 여러 모양은 이제 멈춰야 한다. 그래야 지구는 제 수명대로 살 수 있다. 그렇게 하지 않으면 괴물로 변한 지구에 잡아먹힌다. 인간의 욕심은 끝이 없다. 끝나야 끝난다. 끝나기 전까지는 인지하지 못할 정도의 미련함과 미미한 앎만이 존재한다. 설령 인지하더라도 욕심에 묻혀 버린다.

제158장. 나뭇잎은 나무의 화장품이며 나들이옷이다.

나무도 화장을 하고 지우고 아름다운 옷을 입고 벗는다. 일반의 눈으로는 알아채기 어렵지만 그렇다. 그들이 꽃을 피우고 열매를 맺을 땐 줄기와 잎은 반짝반짝 윤이 난다. 아름다움의 극치다. 겨울의 맨살이 얼마나 볼품없는지를 상상하면 나뭇잎을 매단 성장(盛裝)의 아름다움을 알 수 있다. 특히 은행나무는 옷을 벗으면 실망스럽다. 봐줄 만한 맨살의 나무로는 느티나무가 대표적 미인이다.

제159장. 나무는 태어난 곳이 곧 죽음의 장소다.

나무는 인간과 많이 다르다. 우선 수명에서 비교가 되지 않을 만큼 길다. 나무는 변덕을 부릴 줄 모른다. 심지가 굳으며 초지일관이다. 매매차익을 노리며 이곳저곳으로 이사 다니지 않는다. 나무는 태어난 곳이 곧 죽는 장소다. 5천 년 이상을 사는 바오밥나무는 그냥 고개가 숙여진다. 나무는 성자 중에 성자(聖者)다.

제160장. 나비의 느린 듯 불규칙한 비행이 오늘을 이어온 지혜다.

나비는 속도로만 따지면 느린 편에 속한다. 천적으로부터 살아남을 수 있는 것은 그 불규칙한 곡예비행 덕분이리라. 나비는 장거리 비행에도 정상급이다. 몇 년 전까지만 해도 잠자리에 왕좌의 자리를 내주기 전까지는 모나크 나비가 7,800㎞의 최장거리 비행 기록을 보유하고 있었다. 나비는 부드럽다. 그리고 동체 자체가 가벼워 연료소모가 적다. 현재 기록을 갖고 있는 잠자리도 같은 조건이다. 다들 이렇게 환경에 적응하도록 창조되었다는 게 신비할 뿐이다.

제161장. 자연은 가장 위대한 진리의 텃밭이다.

모든 진리는 자연 안에 있다. 인간의 삶은 그 진리를 찾아가는 과정이다. 자연을 훼손하면 안 되는 이유는 진리가 훼손되기 때문이다.

제162장. 민들레 홀씨는 63가닥 낙하산 줄에 매달려 이동한다.

완벽한 씨 번식법이다. 현미경은 훨씬 많은 가닥을 찾아낼 것이다. 돋보기로 확인할 수 있는 최대치는 63가닥이다. 이들이 눈곱보다 작은 씨앗을 옮기는 데 동원된 줄은 완벽 그 자체다. 인간은 간혹 낙하산과 행글라이더의 실수를 저지르지만 이들에게 실수는 없다. 목표지점에 정확하게 연착륙한다. 만에 하나 실패로 돌 위에 착륙했다면 재이륙, 재착륙을 시도하여 목표를 이룬다.

제163장. 하늘은 눈의 먹이다.

날로 먹이가 야금야금 그 누군가에 의해 사라진다. 문명의 하수 인들이 저지르는 강탈이다. 도시의 빌딩들은 하루가 다르게 하늘을 찌른다. 하늘은 하루가 다르게 야금야금 사라진다. 하늘을 먹이로 살아가는 사람은 어쩐란 말인가. 이러다 문명에 치여 모두 비명 지르게 될지 모른다.

제164장. 바다는 끝이 없는 쇠사슬이다.

쉼 없이 밀려드는 파도는 칠지도를 손에 들고 말갈기를 휘날리며 달려오는 개선장군이다. 파도는 바다를 하나로 엮는 쇠사슬이다. 스스로 쇠사슬을 만들어 엮는 기술은 위대하다. 흰 포말은 뽀얀 먼지를 일으키며 달려오는 개선장군이다. 바다는 그 수를 헤아리기 어려울 만큼 많은 백마를 방목시키는 목장 주인이다. 그 많은 말들을 풀었다 가뒀다 하며 자유자재로 사육한다. 경주마도 있지만 일을 위한 말도 있고 고기로 이용되는 말도 있다. 바다는 단 한 번도 같은 파도를 치지 않는다. 바다는 그 가없이 넓음만큼이나 얼굴표정이 다양하다. 단 한번도 같은 표정, 같은 모습을 띠지 않는다. 칠지도를 손에 들고 말갈기를 휘날리며 달려오는 모습도 그 변화무쌍한 모습 중 하나다.

제165장. 모든 진리는 자연 속에 있다. 진리를 찾는 것은 눈 밝은 자의 몫이다.

모든 진리는 퇴적된 자연 속에 숨어 있다. 세계의 모든 생물학자, 철학자들은 오늘도 그 속에 숨은 진리를 찾아 헤맨다.

제166장. 걷고 달리는 것은 직립인간의 본령이다.

인간을 인간답게 만드는 데는 걷고 또 걷는 것보다 좋은 것은 없다. 길은 삶의 스승이다. 흔히들 선생님이나 책을 스승이라 한다. 그러나 진짜 스승은 길에 있다. 길을 걸으면 모든 스승의 합이 길 위에 있음을 안다. 모른다면 무지하거나 무시하거나 둘 중의 하나다. 그 속에서 빠져나와야만 길이 삶의 스승이라는 걸 깨닫는다.

제167장. 바람의 손(Hands of Wind)은 위대한 창조자다.

바람은 유능한 석수장이다. 바람은 1급대목장이다. 산수자연은 물론 아름다운 역사적 유물을 깎고 다듬는다. 흔히들 바람이 유물들을 파괴한다고 생각하지만 그렇지 않다. 역사의 흔적은 바람이 이루어낸다. 바람은 실체가 없다. 그런데 있음을 느낀다. 바람이 하는 일은 창조자로서 위대하다. 바람은 위대한 조각가며 예술가다. 아무런 기계나 문명의 도움 없이 보이지 않는 손으로 이 세계에 존재하는 위대한 작품들은 거의 바람이 만들어 낸다고 봐야 한다. 바람이 이런 위대한 일들을 할 수 있는 것은 끈질긴 근성을 가지고 있어서다. 다듬고 깎고 파내고 밀어넣고를 반복하여 인간의 두뇌로는 도저히 상상할 수 없는 작품들을 쏟아낸다. 바람은 머리보다 끈질김으로 승부한다. 억겁을 두고 쪼고 다듬는 바람의 끈기를 인간은 감히 흉내조차 낼 수 없다.

제168장. 1세기 내 인간은 원시(原始) 자연(自然)으로 돌아가리라.

준비해야 한다. 문명의 발달은 언젠가는 종착역을 만날 것이다. 지금 문명의 발달이라고 하는 모든 것들은 인간 본연을 파괴하고 본래의 기능을 축소 또는 감소시키는 것에 맞춰져 있다. 350만 년 전 직립인간 이전의 모습, 작은 뇌의 동물과 같은 모습으로 나아갈지 모른다는 위기감은 지금의 문명 발달의 방향과 속도를 보면 금세 눈치 챌 수 있다. 문명의 이기는 편리의 주인공들이다. 그 주인공들은 하나같이 인간을 게으름뱅이로 만든다. 그 게으름의 끝은 지금 우리의 상상을 초월한다. 편리에 취해 자신이 위축되어가는 모습을 전혀 인지하지 못해서 일어나는 일이다. 예리한 칼날에 묻은 꿀을 빠는 일과 다름없다.

제169장. 섬이 바다에 있는 게 아니라 섬 사이에 바다가 있다.

대륙은 큰 섬이다. 큰 섬 사이에 오대양과 남극해, 북극해가 있다. 보통 섬은 바다에 있다고 생각한다. 아니, 바다가 섬 사이에 있는 게 아닌가. 빅뱅과 지구의 탄생 과정을 떠올리면 바다가 만들어진 다음에 그 속에서 섬이 솟아난다는 게 영 설득력이 없어서다. 화산이 폭발하고 산이 만들어진 후 물이 채워지지 않았을까. 대륙도 어찌 보면 오대양과 양극해 사이에 있는 큰 섬이 아닐까. 세계는 오대양에 갇힌 큰 섬이다. 다만 큰 섬, 작은 섬이 있을 뿐이다. 섬나라, 반도국가, 대륙국가 같은 구분은 어딘가 어색하다. 모든 땅은 오대양과 북극해 남극해 사이에 존재한다. 그러면 냉정히 보아 모두 섬나라 아닌가. 다만 큰 섬나라, 작은 섬나라는 존재할 수 있겠다. 표기를 재고해야 한다.

제170장. 지구는 거대한 기관이고 인간은 작은 나사못이다.

지구는 거대하여도 나를 돌릴 수 없지만 나는 지구를 돌릴 수 있다. 작지만 중요한 나사못이기 때문이다.

제171장. 연리지는 수많은 사랑의 언어를 품는다.

연리지(連理枝)는 서로의 수액(樹液)을 주고받음으로써 상생(相生)한다. 가지가 붙으면 연리지(連理枝)이고, 줄기가 붙으면 연리목(連理木)이며, 뿌리가 붙으면 연리근(連理根)이다.

연리지 삼행시

연(連): 연한 가지가

리(理): 이유 있는 몸짓으로 만들어내는

지(枝): 지구의 새 길이다.

연리지에 관한 사랑의 언어들

제171장 1절. 연리지는 서로의 수액을 주고받음으로써 또 하나의 생명체로 살아간다.

제171장 2절. 연리지는 신의 각별한 축복으로 태어난 아름다운 사랑나무다.

제171장 3절. 연리지는 서로의 수액을 주고받음으로써 또 하나의 생명체로 태어났다.

제171장 4절. 연리지는 찢고 찢기며 베고 베이는 고통의 산물이다.

제171장 5절. 연리지는 아름다운 사랑이다.

제171장 6절. 연리지는 숭고한 사랑이다.

제171장 7절. 연리지는 아름다운 화합이다.

제171장 8절. 연리지는 부부의 화목이다.

제171장 9절. 연리지는 오작교다.

제171장 10절. 연리지는 영혼과 영혼의 합일이다.

제171장 11절. 연리지는 영혼과 육체의 만남이다.

제171장 12절. 연리지는 육체와 육체의 만남이다.

제171장 13절. 연리지는 나눔이다.

제171장 14절. 연리지는 베풂이다.

제171장 15절. 연리지는 생명의 끈이다.

제171장 16절. 연리지는 생명의 오묘한 진리다.

제171장 17절. 연리지는 신이 그린 사랑의 상형문자다.

제171장 18절. 연리지는 신이 그린 사랑의 추상화다.

제171장 19절. 연리지는 신이 그린 대지의 설치미술이다.

제171장 20절. 연리지는 지상 최고의 사랑의 하모니다.

제171장 21절. 연리지는 견우와 직녀가 만든 사랑의 오작교다.

제171장 22절. 연리지는 사랑으로 이루어낸 강한 생명이다.

제171장 23절. 연리지는 기적의 만남이다.

제171장 24절. 연리지는 기적의 우주 도킹이다.

제171장 25절. 연리지는 허공에서 이루어낸 기적의 터치다.

제171장 26절. 연리지는 기적이 일군 기적이다.

제171장 27절. 연리지는 생명의 끈질김이다.

제171장 28절. 연리지는 삶의 이치다.

제171장 29절. 연리지는 생의 오묘한 이치다.

제171장 30절. 연리지는 어떻게 살아야 하는가를 보여주는 푯대다.

제171장 31절. 연리지는 허공에 만드는 아름다운 무늬다.

제171장 32절. 연리지는 허공에 그리는 아름다운 그림이다.

제171장 33절. 연리지는 세계를 향한 삶의 외침이다.

제171장 34절. 연리지는 혼의 분출이다.

제171장 35절. 연리지는 사랑의 미스터리다.

제171장 36절. 연리지는 약한 자를 일으키는 강한 손이다.

제171장 37절. 연리지는 화합으로 이루어낸 기적이다.

제171장 38절. 연리지는 화합으로 이루어낸 사랑의 표상이다.

제171장 39절. 연리지는 허공에서 이루어낸 가장 아름다운 터

치다.

제171장 40절. 연리지는 삶의 이유에 답하는 푯대다.

제171장 41절. 연리지는 허공이라는 미술관에 전시된 가장 아름다운 예술품이다.

제171장 42절. 연리지는 화합으로 이루어낸 사랑의 징표다.

제172장. 길은 건강한 삶의 묵시록이다.

길은 말없는 성자다. 걸음을 뗄 때마다 하나의 무거운 언어들을 습득한다. 그 무거운 언어들을 기록한 두꺼운 책이다.

제173장. 우박은 응고된 비의 혼이다.

비는 수직으로 내리고 수직으로 죽는다. 그리고 대지에 자신을 묻는다. 우박은 다르다. 우박은 비의 영혼으로 살려고 발버둥친다. 그래서 혼으로 공을 만들고 공으로 대지 위에서 잠깐을 버틴다. 영혼의 사리임을 나타내는 유일한 방법이라 생각했음직하다.

제174장. 시간을 살찌워라.

엄청난 힘을 가진 시간은 야생성이 있어 로데오처럼 길들이기 쉽지 않다. 그런데 잘 사귀면 아주 부드럽고 좋은 친구가 된다. 함께 놀고 함께 공부하고 또 먹이를 주어 살찌울 수도 있다. 문제는 야생성이 강한 시간을 얼마나 잘 순치시키느냐에 달려 있다.

제175장. 우주 변화의 주체는 시간과 바람이다.

이 두 개가 세계의 모두를 만들고 부수며 나눈다. 보이는 것보다 보이지 않는 것의 힘이며 무서움이다. 이 세상의 보이는 무서움은 별게 아니다. 시간과 바람은 전형적인 양과 늑대의 두 얼굴을 하고 있다. 양의 얼굴 모습이 훨씬 많지만 늑대의 출몰을 늘 경계하고 대비해야 한다.

제176장. 일출, 일몰은 없다. 지잠(地潛)과 지몰(地沒)이 있을 뿐이다.

태양은 제자리에 있고 지구가 태양을 중심으로 돈다. 그런데 웬 일출? 일출과 일몰이라는 어휘를 다시 검토해야 한다. 일출과 일몰은 가만히 있는 태양이 움직인다는 뉘앙스를 풍긴다. 지잠과 지몰이 맞지 않을까.

제177장. 자연은 그 자연을 사랑하는 사람만이 소유한다.

무법천지의 대표가 자연이다. 그 자연을 인위나 인공을 가하면 자연으로의 생명은 끝난다. 자연을 사랑하는 사람은 그 자연을 있는 그대로 두고 아끼고 보호하는 것이다. 자연을 자연스럽게 사랑하지 않으면 자연의 존재는 이미 자연이 아니다. 그런 사람이 자연을 소유하지 못하고 향유하지 못하는 것은 너무 자연스런 현상이다.

제178장. 길은 인생 대백과사전이다.

여행은 떠남이다. 여행은 이 생에서 다른 생을 살아보는 유일한 행위다. 여행을 하면 행복하다. 왜냐하면 그 속엔 자유가 있고 배움이 있어서다. 어떤 백과사전도 길을 따를 수는 없다. 길이 갖고 있는 무한의 가르침은 지구상에 있는 모든 선생님의 지식의 합보다 크다. 그것이 바로 길의 위대성이며 걷기는 그 위대성을 만나는 행위 그 자체다.

제179장. 자연은 우주에서 가장 아름다운 시다.

자연만큼 아름다운 시는 존재하지 않는다. 자연은 인간이 만드는 시 위의 시다. 자연의 시는 움직이지 않는 그림 시다. 사는 것이 시가 되어야 한다. 시가 삶이 될 때 가슴에 따뜻한 마음이 솟는다. 자연을 대하면 마음이 따뜻하고 편안해지는 이유다.

제180장. 시간의 부피를 늘려라.

시간의 양을 늘리려면 부피를 키워야 한다. 시간의 부피는 부지런함이 만든다. 끈질김이 만든다. 철저한 목표설정과 계획표가 만든다.

제181장. 지구는 우주의 오아시스다.

우주과학자들은 무변광대한 우주에는 지구보다 더 훌륭한 생존조건에서 생명체가 살 가능성이 얼마든지 있다고 말한다. 다만 우리가 밝혀내지 못하고 있을 뿐이다. 빅뱅 이전의 상태, 말하자면 혼돈(chaos)의 상태로 돌아가기 전까지는 밝혀지지 않을까 하는 기대를 가져본다. 그때까지는 적어도 지구는 이 우주의 오아시스임엔 틀림없다.

제182장. 하늘이 살찌면 나무가 야위고 나무가 살찌면 하늘이 야윈다.

하늘과 나무는 먹이가 다르다. 하늘은 추위라는 먹이를 먹으면 살이 찌고 나무는 야윈다. 나무는 더위라는 먹이를 먹으면 살이 찌고 하늘은 야윈다. 이 만고불변의 진리를 어이할까.

제183장. 하늘을 움직일 수 있는 건 구름이 유일하다.

청산원부동(靑山元不動)이요 백운자거래(白雲自去來)다. 구름의 장난으로 이 모두가 이루어진다.

제184장. 밤하늘의 별빛이 먼 별에서부터 왔듯, 지금의 나도 결국 먼 과거로부터 온 것이다.

2021년 2월 19일 미국 NASA에서 발사한 퍼서비어런스 로봇이 6개월 반에 걸쳐 4억 7천만 킬로미터를 비행해 화성에 도착했다. 이처럼 행성과 행성 간의 거리는 엄청나다. 밤하늘의 별빛이 오래 전 떠나온 빛이듯 지금의 우리도 까마득한 그 옛날로부터 온 것이다.

제185장. 가시나무 가시 위에 내리는 눈은 찔리지 않으려고 사뿐히 내린다.

자연의 오묘한 섭리다. 그 섭리는 신만이 가진 능력이다. 그래서 신의 섭리는 두려움이다.

제186장. 밤은 밤다워야 어둠의 맛이 나고 낮은 낮다워야 밝음의 맛이 난다.

밤은 당연히 어둡다. 또 그래야 한다. 그런데 밤이 너무 밝다. 그걸 문명이니 발달이라고 한다. 낮은 당연히 밝고 훤하다. 그러나 밝아야 할 곳이 어둡고 침침한 곳이 너무 많다. 어둡고 밝음이 제자리를 잃을 때 우린 자칫 모든 걸 잃을 수도 있다. 빛은 양의 문제이기도 하지만 질의 문제이기도 하다.

제187장. 세상은 아름답다. 세계는 더 아름답다.

우리는 선택의 여지 없이 무상으로 이 세계에 던져진다. 세상은 아름답고 살 만하다. 그러나 세계는 더욱 아름답다. 다만 자신의 영역이 거기에 못 미칠 뿐이다.

제188장. 식물 꼭대기의 수형은 삼각형이다. 햇빛을 잘 받기 위해 신이 설계한 기하학이다.

식물은 광합성 작용으로 살아간다. 빛은 절대다. 아무리 잎이 무성해도 모든 잎에 빛이 미치도록 설계되어 있다는 점이다. 탄성이 절로 나올 수밖에 없다.

제189장. 지구에 새 길을 뚫는 삶이 가치 있는 삶이다.

자신이 지구에 존재하는 것에는 자신의 의사가 개입되지 않았다. 필연도 아니고 우연도 아니다. 그렇다고 의도된 것도 아니다. 어느 날 그냥 뚝 떨어졌다. 부모도 나라도 장소도 모두 나의 의사와는 무관하다. 이렇게 어떤 한 곳에 툭 던져졌지만 왔다 간 흔적은 남겨야 하지 않겠나. 공짜로 와 얼마나 많은 걸 누렸는가. 보은 차원에서 지구에 괜찮은 흔적을 남기는 것이다. 그것은 바로 지구에 새 길을 뚫는 것이다. 그것이 가치 있는 삶이다.

제190장. 인간은 한 그루의 소나무가 만든다.

지구를 덮고 있는 80%는 식물이다. 자연은 진리로 이루어져 있는 덩어리다. 식물은 무위의 선생님이다. 무언의 선생님으로부터 무한의 진리를 터득함으로써 인간이 완성되어진다. 인간으로부터 얻어지는 교육으로 인간이 만들어지기는 하나 그 비중은 극히 일부분이다. 모든 인간들은 인간으로부터 얻어진 것들로 인간이 되어진다고 착각하는 데 문제의 본질이 있지만 잘 알아차리지 못하고 엉뚱한 곳에서 헤맨다는 점이다. 소나무가 소나무인 것을 안다면 인간을 조금은 이해하는 것이다.

제191장. 자연은 흐트러진 질서다.

세계의 자연은 얼핏 보면 무질서의 표본처럼 보인다. 그것은 무질서의 눈을 지닌 인간만이 그렇게 볼 뿐이다. 자연은 만고불변의 질서의 존재로 오늘의 자연을 이루었다. 자연만큼 위대한 원칙과 진리와 질서가 존재하는 곳은 더 이상 없다.

제192장. 자연이 훼손되면 진리가 훼손된다.

자연은 진리가 축적된 장소다. 자연이 훼손되면 당연히 진리가 훼손된다. 이렇게 자연을 훼손하는 것은 인간이 유일하다. 엄하게 다스려야 하는데 다른 것에 정신이 팔려 대책이 너무 무르다.

제193장. 바다는 민주주의다.

큰 강과 작은 강이 말썽을 부려도 군소리 없이 받아준다. 물소리, 바람소리, 새소리, 큰 소리, 작은 소리, 웃음소리, 비명 소리 등 다양한 소리를 담는다. 큰 배, 작은 배, 큰 고기, 작은 고기 등 다양한 것들을 양육한다. 딸린 식구가 많아 가끔 큰 소리도 나지만 그건 좋은 결론을 도출하기 위한 몸부림이다. 이런 자유와 민주주의를 인간 세상에서 본다는 것은 불가능이다.

제194장. 바람과 구름은 멋진 생명체다.

생명체의 죽음은 움직임 없음(不動)이다. 그 다음은 썩어 흔적 없이 사라진다는 점이다. 바람과 구름은 보이지만 만질 수 없고 만져지지만 보이지 않는 성질을 지닌 특이한 생명체다. 강한 힘과 움직임과 변화무쌍은 가히 따를 자 없다. 그 녀석들이 멋진 것은 죽어도 썩지 않는다는 점이다. 구름이고 싶고 바람이고 싶은 것은 이 녀석들의 무궁한 재주와 무극의 생명에 대한 무한의 외경에서다. 그저 고개 숙여질 뿐이다.

제195장. 지구는 자동차다.

자동차는 주인이 하기에 따라 순종도 하고 저항도 한다. 막 대하면 막 대하고 잘 대하면 잘 대한다. 지구도 그렇다. 지구인이 하기에 따라 순종도 하고 저항도 한다. 지구인이 막 대하면 막 대하고 지구인이 잘 대하면 잘 대한다. 자동차가 저항하면 주인의 생명도 순식간에 빼앗아가듯 지구 또한 인간의 목숨 앗는 것은 일도 아니다. 지금 지구의 저항이 만만찮다. 정신 차리라는 지구인에 대한 경고다. 눈앞의 물질은 삶의 가치가 아니다. 당신이 지금 무슨 일을 하든 직간접적으로 지구를 위한 삶이 최고의 가치 있는 삶이다. 잠깐 왔다가는 것이다. 자신만을, 또 가족만을 위해 살아가는 잗단 짓 하며 살지 말자. 좀생원처럼….

2부
인간

647장 수록

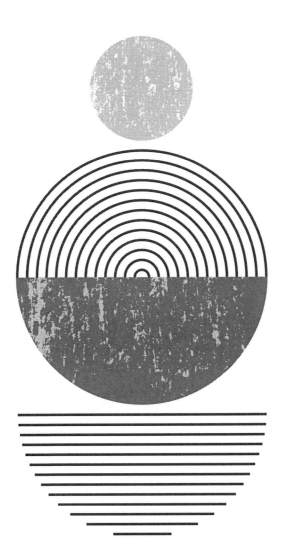

제1장. 인생은 가시 깔린 꽃길이다.

인생은 시소며 그네 타기며 널뛰기다. 찬란함도 영광도 아니다. 그렇다고 암흑도 진탕도 아니다. 가시를 밟는 사람도 있고 밟지 않는 사람이 있을 뿐이다. 어떻게 밟고 어떻게 밟지 않고는 전적으로 각자의 몫이다.

제2장. 스텝이 꼬이면 남의 발을 밟지만 혀가 꼬이면 자신의 말을 밟는다.

남의 발을 밟으면 미안하다, 죄송하다고 사과하면 끝나지만 자신의 혀가 꼬여 자신의 말을 밟게 되면 사과로 끝나지 않고 큰 상처를 남긴다는 점이다.

제3장. 부끄러움은 가장 우수한 도덕이다.

수치, 부끄러움을 안다는 것만큼 우수한 도덕은 없다. 도덕을 땅에 떨어뜨리는 것은 거의 모두 몰염치와 인면수심의 두꺼운 얼굴이다. 도덕적인 자, 정직한 자는 바로 부끄러움을 아는 자다.

제4장. 1년이라고 하는 것은 365개의 그물코로 짜여 얽힌 시간의 합이다.

365개의 그물코는 언제나 잘 손질하여 빠지거나 손상을 입지 않았는지 점검, 또 점검해야 한다. 제아무리 고기가 많이 든 그물이라도 그물코가 빠져 있으면 고기는 모두 도망간다. 촘촘하게 시간을 엮어 훌륭한 그물이 되도록 늘 손질해야 한다. 그래야 빠져나가는 고기가 생기지 않는다. 이것이 쌓여 3,650일, 36,500일이 된다.

제5장. 여행가는 길을 먹고 길은 여행가를 먹는다.

여행가는 길 탐식가며 길은 여행가를 탐식한다. 세상의 모든 길을 맛보리라. 또 모든 길에게 나의 몸을 음식으로 주리라. 길을 오래 걷다 보면 길과 길을 걷는 자신이 따로가 아니고 하나임을 느낀다. 말하자면 한 몸이 되는 것이다. 길은 나의 먹이요, 나는 길의 먹이다. 그 일체감은 어떤 전율을 가져온다. 희열도 따른다. 길이 탐식의 대상이며 세상의 모든 길을 모든 탐식의 주체로 인식하게 한다. 길은 하나의 두꺼운 묵시록이다. 길과의 대화, 언어를 모두 담아두어야 하는 이유다.

제6장. 상상은 빛보다는 어둠과 친하다.

상상이나 아이디어는 빛과 친하지 않다. 마치 어둠 속에서 활발히 활동하다가 불을 켜면 재빨리 사라지는 바퀴벌레를 닮았다. 소음과도 친하지 않다. 상상은 밝고 소란스러우면 달아나거나 깊이 숨는다. 상상은 은둔형 천재나 사회성이 떨어지는 히키코모리 스타일이다. 상상은 집단 생활하는 암사자보다 홀로 살아가는 수사자에 가깝다. 상상은 고립보다는 고독 쪽이다.

제7장. 광고란 소비자의 뇌를 속여 주머니 속의 돈을 빼내는 기술이다.

지면을 통한 광고보다 TV를 통한 광고에 뇌가 속기 쉽다. 광고주는 소비자의 뇌를 속이려고 애를 쓴다. 좋은 광고란 소비자가 잘 속는 광고를 만들어내는 것이다. 소비자의 주머니 속으로 손이 쉽게 가도록 생산자를 대신해 만드는 것이 광고장이가 하는 일이다.

제8장. 노동을 하면 밥줄, 힘줄, 생각줄 세 곳이 굵어진다.

노동은 하나의 신성한 기도며 종교의식과도 같다. 노동을 하며 흘리는 땀은 몸에서 솟는 금 이슬이다. 덤으로 얻는 것은 근육이 커진다는 것이다. 자신의 밥줄이며 가족의 밥줄이다. 노동을 하면 밥맛이 좋고 소화가 잘된다. 뇌세포를 자극하여 머리가 맑아지고 좋은 생각이 꼬리를 물고 일어난다. 덤은 가지가 원줄기보다 더 커질 수도 있다는 점이다.

제9장. 항상 즐겨라. 그렇지 않으면 항상이라는 시간에 갇힌다.

유한한 삶이다. 언제나 즐거운 삶이 되어야 한다. 그 한정된 시간을 잘게 쪼개고 썰어 알뜰살뜰 써야 하는데 모두 심각하고 얼굴 표정이 어둡다. 지나간 시간은 어디에서도 보상받지 못한다. 지금을 즐기지 못하면 어둠에 갇힌다. 그렇게 되면 어두운 삶이 된다.

제10장. 밤은 그리운 사람을 더욱 그립게 하는 완벽한 장치다.

그리움은 외로움과 사촌 간이다. 그리움은 어둠과 친하다. 외로움 또한 어둠과 가깝다. 그리움에 갇힌 사람이 숙면을 취할 수 없는 것은 어둠이 좋은 친구여서 그렇다.

제11장. 인간과 나무가 다른 것은 거주 이전의 자유가 있느냐 없느냐다.

인간은 태어나 이곳저곳으로 옮겨다니다 죽지만 나무는 태어난 곳이 곧 죽음의 장소다. 만고풍상을 겪는 것은 대동소이하다. 나무는 인간처럼 요리조리 옮겨다니며 호들갑 떨지 않는다. 오직 한 자리를 묵묵히 지킨다. 나무는 서 있는 성자다.

제12장. 실패란 단지 실을 감는 작은 나뭇조각일 뿐이다.

실패란 단지 실을 감는 나무쪽이라 생각하라. 실패를 부둥켜안고 몸부림친다면 실패의 크기는 더 커진다.

제13장. 삶은 놀고 자고, 자고 노는 시간의 반복이다.

어떻게 노느냐, 어떻게 자느냐의 문제만 존재한다. 여기에 어떤 진리나 정형화된 틀은 없다. 멋대로 올라타고 멋대로 내려오면 된다. 공식과 형식에 얽매이면 그때부터 삶은 피폐해진다.

제14장. 적중(的中)에 적중하지 않으면 올바른 발전을 이룰 수 없다.

삶에 적중하지 않으면 어떤 인생도 목표에 도달하기란 쉽지 않다.

제15장. 미움은 자신을 묶는 밧줄이다.

벗어나야지 묶이면 안 된다. 땅속에서 씨앗이 땅을 뚫고 나오듯 삶의 상처를 뚫고 나와야 한다. 미움에 묶이면 모든 것에 묶인다. 깨고 뚫어야 모든 것이 뚫린다.

제16장. 자신 속으로 타인을 가두는 사람이 가장 어리석고 끌려가는 사람은 더 어리석다.

인간의 속성이기는 하지만 병적으로 심한 사람이 있다. 모두들 자신이라는 족속의 우두머리가 되고 싶어 한다. 그러나 나는 나고 너는 너다. 나는 없고 너의 속으로 들어간다면 자기의 삶은 사라진다. 누구의 삶을 살려고 이 세상에 태어났는가.

제17장. 당신의 재능을 펼칠 수 있도록 해주는 사람이 가장 위대한 조력자다.

골을 넣는 사람도 골을 넣도록 도와주는 사람도 중요하기는 마찬가지다. 그러나 언제나 도움을 주는 자는 가려져 있다. 조력자가 드러나는 세상이 아름다운 세상이다.

제18장. 지금 당신의 불편을 감수하면 훗날 좋은 건강을 선물받는다.

문명사회란 인간 본연의 삶을 빼앗아가는 모순덩어리 사회다. 그러면서도 끊임없이 문명을 좇는다. 문명의 끝은 인류의 끝이다. 그끝을 향하여 하루도 쉬지 않고 발버둥이친다. 고등동물이라 우겨대지만 가장 어리석은 종(種)이다.

제19장. 문명의 끝은 인류의 끝이다.

끓는 물에 들어가기 직전까지 멋도 모른 채 튀어 오르는 물고기나 다름없는 인간의 삶이다. 솥에 김이 나고 곧 물이 펄펄 끓을 것이라는 사실을 알면서도 아궁이에 장작을 계속 넣어 불을 지핀다. 문제는 문명의 끝에서 원시로 돌아가기는 이미 너무 멀리 왔다는 점이다. 누가 죽는 게 아니고 모두가 죽는다. 그것에 혹 위안을 받아서 일어나는 생각일까, 아니면 전혀 의식하지 못하여서일까, 어느 것이든 고작에 위안을 받는다면 어쩌겠는가.

제20장. 부자는 많이 가진 사람이 아니라 필요한 것이 적은 사람이다.

바닷물은 먹으면 먹을수록 더 갈급하다. 부자(富者)는 재물이 많지만 짐을 많이 진 자이기도 하다. 사람이나 동물이나 등에 짐을 많이 지게 되면 몸에 과부하가 걸린다. 정신에도 과부하가 걸린다. 부를 너무 쫓지 말아야 한다. 필요한 것이 적으면 정신적 풍요를 얼마든지 누릴 수 있다. 삶의 지혜요 요령이다.

제21장. 가정이나 국가나 홍길동이 나오기 전에는 홍길동이기 어렵다.

한 시대를 풍미하는 엉뚱한 괴짜 천재들이 많이 나와야 가정과 사회가 혁신되고 발전된다. 진짜 괴짜를 가짜 괴짜 취급하면 그 가정, 그 사회, 그 국가는 보나마나다.

제22장. 뚫어야 뚫리고 깨야 깨진다.

모든 사고와 행위는 깨야 깨지고 뚫어야 뚫린다. 그냥 있으면 그냥 있게 된다.

제23장. 낯이 얇은 박백(薄白)의 리더가 나라를 다스려야 한다.

철면피의 리더가 등장하면 나라가 몰락하는 건 금방이다. 국민이 불행해진다. 문화가 융성한 국가, 격조 있는 국가의 리더는 염치 있는 리더다. 감성이 풍부한 리더, 얼굴이 얇은 리더를 두는 것은 국민의 복이다. 그런 리더는 잘못을 저지를 확률이 매우 적다. 철면피의 얼굴은 매우 위험하다. 창피를 모르고 인면수심의 행동을 쉽게 저지른다.

제24장. 새벽 시간을 많이 소유하는 자가 진짜 장수하는 사람이다.

총량의 개념이 아니라 순수의 개념이다. 불순물이 걸러진 순수와 불순물이 포함된 총량은 질적으로 많은 차이가 난다. 수명을 얘기할 땐 건강수명이 별도로 있다. 실제 산 기간에서 건강하지 못한 시간을 뺀 나머지 시간이다. 난 별도로 '시간수명'을 주장한다. 아픈 기간은 물론 건강한 기간 동안에도 얼마큼 자신의 알짜배기 시간을 소유했느냐 하는 개념이다. 건강한 기간에도 잠으로 하루에 10시간씩 소비했다면 7시간만 소비한 사람에 비해 하루 3시간을 낭비하게 된다는 것이다. 1시간 덜 자면 3~4년 더 사는 것이며 3시간을 덜 자면 10년 정도를 더 사는 셈이 된다. 힘 있고 젊을 때의 10년은 늙고 병들었을 때 30년 보다 알차고 보람되다. 눈 뜨고 있는 그 시간 중에도 새벽 시간은 알짜 중 알짜다. 금 중 금이요, 왕 중 왕이다. 어느 것을 택할 것인가.

제25장. 걷기는 최고의 명의다.

모든 사람은 명의를 병원에서 찾는다. 그러나 진짜 명의는 자신 안에 있다. 또 하나는 길 위에 있다. 명의가 있는 곳은 길 위이며 처방은 걷는 것이다. 일반적으로 명의는 한 부분에 국한하지만 걷기는 몸 전체를 커버한다. 당연히 치료비도 전혀 들지 않는 장점투성이다.

제26장. 예의에 너무 탐닉하지 말라. 예의는 허울인 경우가 대부

분이다.

예의는 훌륭한 덕목이다. 무례를 용인하거나 합리화하자는 말이
아니다. 지나치게 예의에 구속을 받거나 자신을 옭아매는, 또 타인
을 제약하는 예의가 되면 안 된다는 뜻이다. 잘 들여다보면 예의
라는 이름으로 행해지는 것들이 허울인 경우가 많다. 그 허울과
구속에서 벗어나라. 규제가 심하면 싹이 자라지 못한다. 그런 행위
들이 자신이 한몫한다는 자만에 빠지도록 한다. 심각한 것은 예의
를 들먹여 자신감이 없을 때도 그것을 감추려는 의도에서 행해진
다는 점이다.

제27장. 내가 없는 세상은 세상없는 나보다 훨씬 못하다.

내가 없는 세상이 무슨 의미가 있겠는가. 차라리 세상없는 내가
낫지 않겠는가.

제28장. 세상은 늘 자신과 밸런스가 맞지 않아 평생 메워지지 않는 그 갭, 괴리와 싸운다.

세상은 누구와도 밸런스가 척척 맞을 수 없다. 그러나 유독 나하
고만 밸런스가 맞지 않는다고 착각을 한다. 나에게만 등을 지고
다른 사람들에겐 우호적인 것처럼 느껴진다. 그 모든 것은 착각
이다.

제29장. 자신이 욕을 먹는 건 살아 있음의 강한 증거다.

사람들은 욕을 하며 산다. 그것이 유일한 자기 위안이며 마음의
해방이며 힘이라 여긴다. 또 욕을 먹으며 산다. 죽으면 욕을 먹지

않는다. 그러니 살아 있기에 욕을 먹는다고 생각하면 아무것도 아닌 것이 된다.

제30장. 뛰어난 기교나 아이디어는 원래 보잘것없어 보인다.

자신의 자존심이 늘 작용해서 그렇다. 그러나 마음속으로는 이미 무릎을 치고 있는 자신을 발견하곤 한다. 보잘것없음을 큰 보잘 것 있음으로 아는 눈이 필요하다.

제31장. 하찮은 것을 하찮지 않게 보는 힘이 진짜 힘이다.

하찮은 것을 하찮지 않게 보기가 쉽지 않다. 그것은 진짜의 힘이 무엇인지 몰라서 생기는 것이다. 매사를 하찮지 않게 보는 마음을 갖는 게 우선이다.

제32장. 행복은 일상의 아주 가벼운 느낌들에 의하여 만들어진다.

일상에서의 행복은 사소함과 소소함에서 비롯된다. 큰 것을 바라거나 좇는 순간 행복은 저만큼 달아난다. 그 이치를 아는 과정을 우리는 불행으로 느낀다. 그것에서 벗어나야 행복의 진정한 의미를 깨닫는다.

제33장. 그 사람 시선의 높이와 그 사람 삶의 내용은 일치한다.

그것은 그 사람 시선의 한계가 그 사람 삶의 전체이기 때문이다.

제34장. 여행은 인간의 삶이 똑같다는 것을 가장 극명하게 보여주는 행위다.

군이 다른 것을 말한다면 눈 색깔과 코 높이만 차이가 있다. 여행이 주는 의미는 다양하다. 그중 하나가 다른 세상과 세계를 접한다는 것이다. 이승에 살면서 다른 세상을 경험할 수 있는 유일한 방법이 여행이다. 그 생경스러움이 여행을 빛나게 또 삶을 살찌게 한다.

제35장. 지적 욕구란 모르는 것을 향해 발버둥치는 것이다.

발버둥을 치면 칠수록 지적 욕구는 더욱 강렬해진다. 마치 모래에 빠진 자동차가 나오려고 가속페달을 밟으면 밟을수록 더욱 모래 깊숙이 들어가는 것과 흡사하다. 한번 빠지면 묘한 쾌감을 느끼게 된다.

제36장. 자신의 삶에서 세상과 세계를 볼 수 있는 시선 밖은 존재하지 않는다.

모든 사람은 어떤 경우에도 자신의 시선 안에서 세상과 세계를 경험할 뿐이다. 시선을 높고 넓히는 것은 지적 안목과 경험을 넓혀나가는 길 외에는 없다.

제37장. 자녀 홀로 여행을 떠나보내라. 그래야 아이도 크고 어른도 큰다.

여행만큼 훌륭한 스승이 또 있을까. 품을 생각보다는 품에서 벗어나게끔 해야 아이들도 자신도 성큼성큼 자란다. 새끼를 키우는 어미새는 겨우 날갯짓 정도만 할 줄 알면 새끼를 둥지 밖으로 밀어낸다. 용골돌기의 힘을 키워주기 위해서다. 죽느냐 사느냐를 가르치는 것이다. 우리는 그것을 두고 모진 행동이나 냉혈 모정이라 말하지 않는다. 여행은 모든 스승의 총합보다 더 크다.

제38장. 정신을 단련시키는 것만큼 훌륭한 성공 요소는 없다.

그것은 바로 여행이다. 육체를 키우는 것은 풍선에 바람 넣는 것과 흡사하다. 바람 든 풍선은 잘 날아간다. 용도는 그것밖에 없다. 그러나 정신을 키우는 것은 날아가는 풍선을 날아가지 못하도록 잡아매는 것이다. 그것을 조절하는 것도 결국 정신이다. 여행은 바로 그 정신을 키우는 것이다.

제39장. 나는 언제나 나다.

나는 나를 짊어지고 나아가는 수레 같은 존재다. 다른 사람의 수레로 나를 평생 실어 나를 수는 없다. 이 수레가 잘 움직이도록 늘 닦고 조이고 기름칠해야 한다. 나를 돌보지 않으면 평생 남의 수레에 의지할 수밖에 없다. 참으로 딱한 삶이 된다. 나라는 정체성, 나라는 수레를 굳건히 지켜야 한다.

제40장. 편리를 쫓으면 죽음에 서둘러 이른다.

불편을 감당하면 훗날 큰 편리라는 보답으로 돌아온다. 편리에 취하면 모든 것에 까막눈이 된다. 자동차를 타면 걷는 걸 잊는다. 엘리베이터나 에스컬레이터를 좋아하면 걷는 걸 잊는다. 스마트폰 없이 하루도 못 산다. 밥솥, 세탁기, 냉장고 등 문명의 이기는 몽땅 인간을 움직이지 않는 게으름뱅이로 만든다. 종내는 인간을 구성하고 있는 각 부품은 녹슬고 오그라들고 말 것이다.

제41장. 사소와 소소가 가장 큰 덩어리다.

모기도 모이면 천둥소리가 난다는 속담이 있다. 작은 것은 결코 작은 것이 아니다. 큰 것을 이루는 작은 조각일 뿐이다. 이것을 작고 시시한 것으로 인지할 때 본질은 바뀌고 만다.

제42장. 외로움이 극대화된 고독이 진짜 고독이다.

고통의 고독은 비생산적이지만 외로움의 고독은 생산적이다. 유배지에서 또는 감옥에서 훌륭한 작품이 나오는 것은 이것과 무관하지 않다.

제43장. 치매 예방은 걷기가 답이다.

언제부터 걷느냐가 문제다. 젊은 시절부터 걸어야 한다는 점이다. 젊은 시절엔 힘이 넘쳐 건강의 필요성이 마음에 와 닿지 않는다. 때문에 지나치게 또 과격하게 다룬다. 남는 것은 후유증뿐이다. 나이 들어 기계의 각 부품이 덜커덩대면 그제야 아뿔싸 하며 허둥댄다. 물론 하지 않는 것보다는 나을지 모르지만 늦어도 한참 늦다. 운동이나 건강관리는 농사처럼 알맞을 때가 있다. 때를 놓치면 일 년 농사를 망치듯 몸의 건강 또한 마찬가지다. 적기를 놓친 다음 뿌린 씨앗에선 무녀리만 나온다는 것을 알아야 한다. 걷기는 뇌의 BDNF를 활성화시켜 싱싱한 젊음을 오래 지속시켜준다. 이 얼마나 아름다운 노후, 넘치는 활기와 마주할 수 있는가.

제44장. 가정은 울타리 없는 아름다운 울타리다.

가정은 울타리가 없다. 아니 있다. 어떤 제약이나 가둠이 아닌 울타리다. 어떤 제약이나 가둠과 어둠에 대비한 울타리다. 가장 높은 울타리며 가장 낮은 울타리다. 그래서 아름다운 울타리가 된다.

제45장. 모든 사람은 마스크 쓴 사람과 안 쓴 사람 두 종류다.

인간은 본래 야누스(Janus)의 얼굴을 가지고 있다. 지킬과 하이드의 모습을 하고 있다. 마스크를 쓴 사람은 자신의 본모습이 아니다. 안 쓴 사람이 본래의 모습인 것이다. 그런데 마스크 쓰고 살아가는 사람이 의외로 많은 게 현실이다. 마스크 쓴 사람은 조심의 대상이다.

제46장. 몸 주인은 몸의 계모가 아니라 연인 사이가 되어야 한다.

계모가 되면 늘그막에 몸으로부터 호된 앙갚음을 당한다. 몸의 변화는 알아차리기 쉽지 않다. 아주 미세한 변화를 오랜 세월 동안 가져오기 때문이다. 일기를 쓰고 몸의 변화를 일일이 적어도 어렵기는 마찬가지다. 풀이 자라는 속도, 꽃이 피는 속도, 아이들이 자라는 속도를 인지할 수 없음과 같다. 어느 날 훌쩍 자라 있고, 어느 날 훌쩍 건강이 나빠지고 노쇠해져 있음을 인지한다. 때문에 계모 역할을 스스로 해도 잘못돼가는 현상이 당장 나타나는 게 아니기에 아무렇게나 막 대하는 것이다. 몸을 사랑하면 몸의 비명과 야호 소리를 다 들을 수 있다. 몸을 사랑하지 않으면 호된 앙갚음은 필연적 사실이 된다.

제47장. 여행은 다리의 싸움으로 시작하여 머리와 가슴과의 싸움으

로 끝난다.

실제로 여행은 다리의 수고로 얻어진다. 마치 성동격서 전법처럼 다리는 머리와 가슴에서 일어나는 사유의 전리품을 얻기 위한 전쟁도구로 쓰일 뿐이다.

제48장. 자존심은 용기 없는 사람의 허울이다.

역설적이게도 용기 있는 사람은 자존심을 그리 내세우지 않는다. 용기는 여유이기 때문이다. 용기 없는 사람은 작은 것에 목숨 걸고 자신을 잘 드러내지 못하기에 자존심으로 무장한다. 따라서 정신적 육체적으로 큰 고통을 안고 살아가게 된다.

제49장. 인간관계란 서로의 먹이를 찾기 위한 관심의 얽힘이다.

사회성을 주 내용으로 하는 인간관계는 일반적으로 사교적 관계를 일컫지만 실은 각자의 내면에서는 동물의 왕국에서 볼 수 있는 먹이 쟁탈을 위한 고급스런 행위로 포장된 것에 지나지 않는다.

제50장. 남자가 길을 나서는 것은 눈물을 흘리고 싶을 때이고 여자가 배낭을 챙기는 것은 마음의 방을 하나 만들고 싶을 때이다.

남자는 눈물을 보이면 안 된다고 어려서부터 훈련을 받는다. 그런데 필자는 선천적으로 눈물이 많다. 눈물이 날 때는 일반적으로 슬플 때다. 그러나 이 우주에 오직 나 혼자만이 존재할 것 같은 심한 고독이 밀려올 때도 눈물이 난다. 나의 아포리즘에서도 눈물에 관한 것이 여럿 있다. 상황이 생기면 어김없이 흘린다. 장소도 한 몫한다. 눈물 흘리기 좋은 장소는 낙동강 자전거길이다. 상주보에서부터 이어지는 가없이 뻗어나간 길, 참으로 아름답다. 눈물 흘리기에 이만큼 좋은 장소는 일찍이 본 적이 없다. 누군가 볼 사람도 없지만 볼 사람이 있어도 맘 놓고 울 수 있는 멋진 장소다. 즐거움이 극에 달하면 눈물이 난다. 아름다움이 극에 달해도 눈물이 난다. 사랑하는 손자를 보아도 그냥 눈물이 난다. 내가 의지대로 제어할 수 없는 그 무엇이다. 그런 경우를 많이 만나보라. 인생은 훨씬 살맛나는 연극무대가 될 것이다.

제51장. 노인의 하얗게 센 머리는 칙칙한 회색 도시를 아름답게 채색하는 데 참여한다.

노인의 상징인 은백색 머리칼은 아름답다. 그런데 모두들 젊게 보이려 염색을 한다. 필자도 한때는 그 대열에 참여했지만 곧 빠져나왔다. 우선은 한 생명에 대한 말할 수 없는 고문이다. 그들의 숨통을 죄는 행위다. 그들의 비명을 들어야 한다. 그리고 검은색이 젊게 보인다는 편견에서도 벗어나야 한다. 또 머리칼만 검어서 뭘 어쩌겠단 말인가. 은백색 머리칼은 그 나이에 걸맞는 너무나 아름다운 색조다. 개코원숭이의 은백색 갈기를 본 적 있는가. 얼마나 황홀한 아름다움인가. 그 아름다움엔 젊게 보인다는 속된 개념은 존재하지 않는다. 은백색 머리칼은 얼굴의 적당한 주름과도 조화롭다. 미소와 여유와 연륜과도 잘 어울린다. 몸의 다른 부분은 온통 늙음투성인데 오직 머리칼만 검으면 어찌 되는가. 그런 부조화는 더 이상 없다. 주변이 온통 우중충한 잿빛과 검은색뿐인 도시에 노인의 은백색 머리칼이 세상을 환하게 하는 데 일조한다는 생각만으로도 기분 좋다.

제52장. 헌 몸, 허물어지는 몸은 용서되어도 헐한 몸, 싸구려 몸은 용서되어서는 안 된다.

세월이 지나면 누구나 헌 몸이 된다. 시간이 흐르면 누구나 몸은 허물어지게 되어 있다. 누구나 이런 몸의 변화를 잘 인정하지 않으려 하지만 이건 거스를 수 없는 자연현상이며 법칙이다. 대신 싸구려 몸이 되어가는 것은 용서되면 안 된다. 자신에게 강한 채찍질을 해야 한다. 이 채찍질이 소홀하면 몸은 영락없이 싸구려 몸이 된다. 죽비로 정신을 깨우고 끊임없이 풀무질과 담금질을 해야 헐값에 팔려나가는 자신을 막을 수 있다.

제53장. 술을 먹어야지 술에 먹혀서는 안 되듯 운전자는 차에게 지배당하는 운전을 해서는 안 된다.

술을 마실 때의 주인은 자신이다. 술은 어디까지나 조연이자 잠깐 지나가는 행인 1일 뿐이다. 그런데 시간이 흐르면서 주인공과 조연이 슬며시 바뀐다. 어찌 되겠는가. 자동차를 운전하는 사람은 자신이다. 그런데 자신이 차를 운전하지 않고 차에 이끌려 가면 어찌 되겠는가. 사고가 나기 십상이다. 차에 끌려가는 것은 일정 속도가 지나면 나타나는 현상이다. 그럴 때 몸에서도 과속을 경고하는 현상이 나타난다. 이를테면 손에 땀이 나는 경우가 대표적이다. 그것은 속도를 줄이라는 몸의 경고다. 이걸 알아채지 못하면 초보운전자거나 아니면 운전에 미숙한 자다.

제54장. 길은 건강의 샘이다. 길은 건강한 삶의 묵시록이다.

맹목적인 수명연장보다는 걷기와 얼마나 친밀한 관계를 유지하느냐가 장수보다 더 중요하다. 누구나 오늘의 있음은 어제의 걷기의 선물이며 내일의 있음은 오늘의 걷기 결과라는 사실에 유념할 필요가 있다. 걷기는 누구에게나 평생의 은혜이며 삶의 백골난망이다. 결과적으로 모든 이의 삶은 걷기가 준 선물이라고 정의할 수 있다.

제55장. 단순하고 평탄하고 지루한 길을 가장 고독하게 걸을 때에만 당신의 무딘 생각은 새파랗게 벼려져 튀어나온다.

걷기는 반드시 단순하고 평탄한 길이어야 한다. 우리의 생각은 볼 게 많거나 길이 험하거나 높은 곳에 매단 다리를 건너거나 할 땐 생각의 문을 닫는다. 생각을 캐려거든 지루하고 평탄하고 볼 게 적은 곳을 걸어야 날카로운 생각들이 쏟아진다.

제56장. 남자의 눈물은 세상을 좀 더 잘 보기 위하여 창을 닦는 행위다.

예전 어른들은 여러 이유를 들어 남자의 눈물을 금기시했다. 요즘은 훨씬 자기표현에 당당하다. 감추기보다는 드러낸다. 필자처럼 툭하면 눈물 흘리는 사람이 살아가기에 한결 나은 세상이다. 그래도 눈물은 감추고 싶다. 영화 '극한직업'의 마지막 장면을 보면서 참았던 눈물을 쏟았다. 불이 환하게 켜졌다. 이러지도 저러지도 못하고 기도하는 자세로 한참을 있다가 어느 정도 수습을 하고 나서야 영화관을 빠져나왔다. 거울을 보니 아직도 눈알이 벌겋다. 필자에게 시선 주는 사람 한 명 없는데 괜한 짓을 했지 싶다. 눈물은 배출구다. 카타르시스다. 안구건조증으로 고생하는 일은 없다. 새

블레이드를 낀 와이퍼가 워셔액을 뿌린 창을 깨끗이 닦아주는 것처럼 뿌연 시야를 닦아준다는 것을 생각하면 눈물이 고맙다. 그게 눈물의 기능이기도 하다. 모두 생각하기 나름이다.

제57장. 모든 시선이 자신으로부터 벗어나는 것은 자신의 빗나간 시선 때문이다.

모든 시선에서 벗어나는 경우는 왕따의 경우다. 그렇지 않으면서 시선이 벗어나는 걸 의식한다면 그것은 오히려 자신의 빗나간 시선을 의심해봐야 한다. 전자보다는 후자의 확률이 훨씬 높다.

제58장. 길은 하나의 두꺼운 묵시록이다.

길은 잠언집이며 묵시록이다. 길은 검은색 또는 황토색을 띤 길고 긴 언어의 배열이다. 길이 주는 언어는 잠언이며 경계의 말이며 묵시록이다. 길을 걷는 사람은 이 언어를 줍기 위한 행위다. 이 언어는 조금만 걸어서는 조금밖에 얻지 못한다. 묵직한 언어의 진수를 거두어들이려면 묵직한 걸음이 끝없이 이어져야 한다. 조금 걸으면 조금의 결실을, 많이 걸으면 많은 결실을 맺는다. 그 결실은 눈의 열림과 마음의 열림이 함께 이루어져야 가능하다.

제59장. 가장 본때 있는 미치광이는 책에 미치는 것이다.

미치광이에는 여러 종류가 있다. 그중에는 찢어진 치마를 입고 치부를 드러낸 미치광이도 있다. 이왕 미칠 바엔 책에 미치는 것이 좋다.

제60장. 개인의 건망증도 문제지만 떼 건망증이 더욱 문제다.

나이가 들면 기억력이 떨어지고 싱싱하던 머리는 가물가물해진다. 개인의 건망증은 책 읽기와 메모와 손가락 운동으로 상당부분 완화가 된다. 문제는 일종의 사회현상으로 나타나는 집단의 건망증 증세다. 집단 건망증의 해악으로 법과 질서가 우습게 여겨지는 경우를 경계해야 한다는 점이다.

제61장. 거리의 노인은 도로의 건설장비다. 교통의 지·정체 원인이 된다.

건설장비는 덩치가 크고 특별한 엔진을 장착하여 느리다. 도로 위의 건설장비는 지·정체의 이유가 될 수밖에 없다. 노인은 모든 행동에서 느리고 굼뜨다. 인도나 전철역 또는 화장실에서 노인은 도로 위 건설장비나 마찬가지다. 따라서 노인은 가능하면 러시아워를 피해 움직이는 게 좋다. 전 사회적 생산성, 경제성과도 무관하지 않다.

제62장. 건강하게 늙을 수 있다는 것은 오직 길(道)만이 알고 있다.

64년간 물질을 한 제주해녀는 바다가 서울대학병원보다 더 낫다고 웃으며 얘기하는 걸 보았다. 맞다. 바다가 해녀에겐 가장 좋은 병원이다. 뭍에 사는 사람들은 길 위에 모든 병원과 의사가 모여 있다고 알면 된다. 그것을 깨닫는 것이 오직 문제일 뿐이다.

제63장. 게으름은 쇠의 녹과 같으며 모든 것의 적이다.

녹은 쇠에서 나오는데 그 쇠를 갉아먹는다. 게으름도 몸과 마음에서 나와 자기가 나온 몸과 마음을 파먹어 시들게 한다.

제64장. 고독이 부딪치면 찬란을 낳는다.

고독은 고립과 다르다. 고립은 사방이 막힌 출구 없는 감옥이지만 고독은 모든 창조의 뿌리가 된다. 일반적 고독보다는 절해고도에서의 고독 같은 것이 좋다. 그런 고독과 고독의 축적은 아름답고 찬란한 경지를 만들어내는 원자재가 된다.

제65장. 공부에 늦은 나이란 존재하지 않는다.

자신만의 시간을 가지면서 책을 읽고 쓰며 끊임없이 자신만의 밭을 갈아라. 최소한 수컷은 자기만의 동굴을 갖고 싶어 한다. 외롭고 싶을 때, 나만의 사색이 필요할 때, 나만의 동굴이 없으면 방황한다. 뭇 사람과의 만남은 자연을 멀리하는 것이다. 시간을 빼앗기지 않고 글쓰기와 산책과 명상의 시간을 갖기 위해 조용한 시골에서 자신만의 삶의 밭을 갈아라. 도시 속에도 섬 같은 곳이 있을수 있지만 인위적이다. 그 동굴이 도시를 떠나 자연 속에 있다면 최상의 동굴이다. 게다가 문명의 이기와 단절까지 된다면 금상첨화다. 자신의 삶, 자신의 시간을 확보하려면 꼭 필요한 공간이다. 그 공간은 삶의 가치를 높여주는 절대적 공간 역할을 한다.

제66장. 고독과 자유 속에서 외줄타기를 하며 정신적 방황을 즐겨라.

고독은 생각이라는 제품을 만드는 기초 원자재다. 자유는 고독이 만든 제품을 향유하고 조련한다. 고독은 자유를 잉태하고 자유는 고독을 확대재생산한다. 고독과 자유라는 공간만큼 너른 공간이 또 있을까. 그 너른 공간 속에서 어름사니처럼 외롭게 외줄타는 정신적 방황은 분명 엄청난 에너지를 분출하는 공장 공간이 된다.

제67장. 고통 뒤에 오는 희열은 돌 위의 소나무가 그 본보기다.

생명체가 돌 위에서 성장한다는 것은 불가사의한 고통의 산물이다. 시련은 성장의 회초리다. 돌 틈에 난 작은 금, 그 금에 박힌 한 줌 흙을 따라 실핏줄 같은 뿌리털을 내린다. 그리고 정처 없이 흙냄새를 쫓아 밑으로 동아줄 하나 없이 내려간다. 그 사이에 견디기 어려운 비바람이라도 친다면 그는 이미 이 세상 생명이 아니다. 그 간난의 어려움을 뚫고 어린 몸을 곧추세워 곱사등이처럼 애끓이며 자란다. 그렇게 모질게 성장하였기에 성장 후엔 어떤 비바람에도 넘어지지 않는다. 또 멋진 수형(樹形)을 가진다. 그보다 더한 기쁨은 없을 것이다.

제68장. 공부란 친구와는 멀어지게 하는 대신 자신의 내면과는 더욱 가깝게 만든다.

공부를 하려고 마음먹었다면 친구와는 어느 정도 거리를 두어야 한다. 모임도 거리를 두어야 한다. 모두 참석하고 모두 만나면 공부할 시간을 빼앗길 수밖에 없다. 마음의 각오가 필요한 이유다. 대신 잃어버린 시간을 상쇄하고도 남는 것은 내면에 꽉 차오르는 기쁨이다. 이런 보상이 주어지기에 그 모든 걸 참을 만하다.

제69장. 우리의 삶은 혹시 오아시스를 발견할지 모른다는 희망을 안

고 터벅터벅 사막을 걸어가는 낙타다.

인생은 고해며 물 한 방울 없는 사막을 걷는 것이다. 우리의 삶에서 어려운 고비를 시시때때로 만나는 것은 고비사막을 걷는 것과 같다고 생각해야 한다. 혹시 태양과 모래밖에 없는 사막에서 생명의 샘을 만나지 않을까 하는 희망으로 버틴다. 어차피 사막이라는 곳에 팽개쳐졌다. 왜 버티느냐보다 어떻게 버티느냐가 훨씬 중요하다.

제70장. 궤변은 궤변을 낳고 모순은 모순을 잉태한다.

논리가 빈약하거나 허약하면 문장이 길어지고 말이 많아진다. 그렇게 되면 말꼬리 잡는 경우가 생기고 그것은 궤변으로 빠지기 쉽다. 한번 궤변에 빠지면 나오기 힘들다. 따라서 궤변을 계속 낳을 수밖에 없다. 그런 점에서는 모순도 마찬가지다. 수렁에 빠졌을 때를 떠올리면 이해가 쉽다. 궤변이나 모순은 작은 것에서 큰 것으로 나아가는 것이 원래의 속성이다. 애당초 궤변이나 모순을 만들지 말아야 한다. 그 수렁의 깊이는 헤아리기 쉽지 않을 만큼 깊다.

제71장. 인간은 야망(野望) 앞에 쓰러지고 형식(形式) 앞에 무너진다.

인간은 누구나 명문을 꿈꾼다. 자자손손 대가 이어지면서 지금보다 더 나아지는 두뇌를 원한다. 그런 인간은 야망이라는 차에 탑승하게 되고 탑승한 승객은 어느 정도는 충족되지만 형식과 가식이 지나치면 효과를 내는 데는 어려움이 따른다는 점이다.

제72장. 그림자는 평생의 반려자다.

그림자만큼 좋은 반려자는 없다. 내가 사라져야 함께 사라지는 충직한 의리의 돌쇠다. 그림자는 내 존재의 실체다. 내 존재를 가장 정확하게 드러내는 진실의 꽃이다. 말없이 오직 행동으로 보여주는 멋진 친구다. 해 없는 날만 살짝 숨어 나의 의중을 떠보다가 다시 나타난다. 이 이상 더 의리 있는 친구는 없다. 그림자는 변덕을 부리지 않는다. 요지부동이다. 심지가 확고하다. 이런 반려자는 진정 가치 있다.

제73장. 근육이 무너지면 인생이 무너진다.

모두들 100세 시대라며 환호한다. 평균수명이 늘어났다며 박수 친다. 진정 그런지 냉정하게 따져봐야 한다. 장수는 그냥 오는 축복이 아니다. 잘못하다간 고통만 늘어나는 최악의 재앙이 될 수 있다는 점을 알아야 한다. 그 첫 번째가 근육이다. 40세 이후 1년에 1%씩 감소하는 근육은 80살쯤 되면 근육의 반이 사라진다. 무너진 근육은 재생도 보완도 되지 않는다. 삶의 질은 빠져나간 근육만큼만 무너지는 게 아니라 9할 이상이 무너진다. 인생이 무너지는데 원인을 다른 데서 찾는다. 격화소양이라고나 할까. 어쨌든 무지에서 일어나는 일들을 종종 본다. 근육은 젊은 시절부터 도망가지 못하도록 집단속, 문단속을 철저하게 또 꾸준히 해야 한다.

제74장. 글은 엉덩이로 쓰며 책에서 땀 냄새 나는 글을 써야 한다.

글쓰기는 쉽지 않다. 간혹 글쓰기를 쉽게 생각하는 경우도 있긴 하다. 그러나 진정한 글쓰기는 어렵다는 점에 이견을 달지 않는다. 인터넷은 정보의 바다다. 쉽게 짜깁기할 수 있는 자료가 넘쳐난다.

스킬 수예하듯 감쪽같이 짜깁기하여 원본인지 복사본인지 알 수 없을 만큼 변형하여 쉽게 책을 출간하는 사람도 많다. 그러나 책에서는 종이 냄새와 더불어 땀 냄새가 나야 한다. 글쓰기에서 엉덩이는 끈질김의 상징이다. 글을 쓰기 위해서는 우선 엉덩이 근육이 질기고 단단해야 한다.

제75장. 기회는 살아가면서 항상 곁에 있다. 그것을 볼 줄 아는 눈과 그것을 잡으려는 의지가 있는 사람이 나타나기를 기다리고 있을 뿐이다.

성공은 노력의 길 위에 있다. 구기종목에서 선수들이 끊임없이 움직이는 것은 언제 공이 올지 모르기 때문이다. 부동의 자세에서 갑자기 날아든 공은 어떤 재주로도 받아내기 어렵다. 노력도 마찬가지다. 기회는 언젠가는 온다. 노력하는 자에겐 기회가 다가오는 것이 보인다. 준비된 자에게는 포착되지만 준비가 안 된 자에게는 그냥 지나가버린다. 기회는 공짜로 얻어지지 않는다. '이 세상 공짜는 쥐덫에 걸린 치즈밖에 없다'는 러시아 속담도 있다.

제76장. 깊은 산속에서는 삼림욕(森林浴)을, 대학가에서는 청춘욕(靑春浴)을 하라.

산속에 들어가면 공기가 차고 맑으며 뇌를 뚫는다. 그것은 피톤치드와 음이온의 영향 때문이다. 불치병도 자연에서의 생활로 치료되는 예는 수도 없다. 동식물에게는 병원이라는 게 따로 없다. 늘 먹고 먹히는 싸움 속에서 살다 보면 상처 나는 건 예사다. 병원에서 치료받는 게 아니라 모두 자연 치유되는 것이다. 젊음이 호흡

할 때 내뿜는 공기 속 파장은 빠르고 힘이 있다. 노인이나 환자가 내뿜는 파장은 느리고 힘이 없다. 젊은이와 함께한다는 것은 산속에서 삼림욕을 하는 것만큼이나 유익하다.

제77장. 까치는 도대체 몇 개의 나뭇가지로 집을 지을까.

나무가 쓰러질 만큼 센 바람이 불어도 까치집이 건재한 이유가 무엇일까. 몇 개의 나뭇가지로 어떤 공법으로 지을까. 뭔가 비밀이 있을 것이다. 까치가 집을 짓는 데는 보통 17~21일쯤 걸린다. 그런데 통풍, 채광은 물론 어떤 태풍에도 끄떡없는 견고한 집을 짓는다. 그 건축 재료는 어디서 얼마나 어떻게 구하며 어떤 공법으로 지을까 하는 궁금증은 풀길이 없다. 언젠가는 이 공법도 인간사회에 등장할 날이 올 것이다.

제78장. 껍질에 취하면 알맹이를 보지 못한다.

껍질은 그냥 껍질일 뿐이다. 껍질은 속 알맹이를 보호하고 잘 번식하기 위하여 단단하거나 혹은 그렇지 않거나 화려하거나 혹은 그렇지 않거나 둘 중의 하나다. 껍질은 속 알맹이의 존재를 위해서 존재한다. 껍질에 취하면 안 되는 이유다. 껍질은 달콤하고 화려하다. 늘 경계심을 품어야 하는 이유다. 알맹이가 수더분한 이유는 오직 종족 번식의 사명을 띠기 때문이다.

제79장. 꽁치는 고놈의 주둥이 때문에 망한다.

말 많은 사람에게 피해를 입었을 때 꽁치 조상은 이런 말을 했을 법하다. 지금의 꽁치가 꽁치 조상을 향해 풀어놓는 탄식일 수도 있다. '왜 주둥이를 이토록 길게 만들어놓아 그물에 걸리도록 만들었단 말인가' 하고 말이다. 그러나 잘 따져보면 짧은 주둥이로 탄생했어도 거기에 맞는 그물이 개발되었을 테니 불만을 가질 필요가 없을 듯하지만 오죽하면 그럴까 싶기도 하다. 사람이나 동물이나 생명체들은 늘 입조심을 해야 한다. 고기에겐 주둥이가 길고 짧은 게 영향을 미칠 수 있다.

제80장. 꿈씨(Dream Seed)는 우리 모두가 가져야 하는 아름다운 씨다.

꿈의 씨는 보이지 않지만 가슴이라는 밭에 심을 수는 있다. 씨앗 중에서 가장 훌륭한 씨앗은 꿈의 씨앗이다. 꿈의 씨앗을 어떻게 관리하고 어떻게 파종하느냐에 따라 수확량은 달라진다. 꿈의 씨앗은 씨앗 대금도 품값도 들지 않는다. 오직 내면의 단단한 정신이 꿈을 먹고 키우고 관리하고 수확한다. 모든 씨앗은 형태가 있지만 꿈의 씨앗은 형태가 없다. 따라서 볼 수도 만질 수도 없다. 그러나 꿈씨는 가질 수도 있고 키울 수도 수확할 수도 있다.

제81장. 꿈이란 자아가 무엇인지를 알기 위하여 정신을 엮어가는 한 현상이며 과정이다.

꿈을 잉태한다는 것은 자아를 알고 증진, 배양시키기 위한 현상이며 진행해가는 절차의 한 모습이다. 꿈은 우리가 꿀 수도 있지만 그렇지 않을 수도 있다. 강제나 의무가 아니다. 다만 꿈을 통하여 자신이 누구인지 알고 꿈을 실현시키기 위한 자신의 정신을 엮어가는 과정이기에 생략할 수 없는 중요한 현상으로 자리 잡는다.

꿈의 유무, 꿈의 실행 여부에 따라 한 사람의 운명은 극명하게 갈린다.

제82장. 인간은 낙천적 염세주의자와 비관적 낙천주의자의 두 종류다.

모든 인간의 내면은 낙천주의와 염세주의와 도덕주의와 비도덕주의가 공존하는 양상을 띠지만 상황에 따라 서로 다른 모습으로 나타나는 변화를 보여 헷갈릴 뿐이다. 맹자의 성선설이 맞다. 아니다. 순자의 성악설이 맞다. 아니다. 둘 다 맞다. 그렇다. 인간은 종잡을 수 없는, 복잡다단하고 애매한 존재다. 그것은 수없이 많은 요인이 개입해 나타나는 날씨와도 같다. 인간이 지니고 있는 감정의 타래는 날씨와는 비교가 되지 않는 복잡성을 갖고 있다. 슈퍼컴퓨터로도 어림없다. 여러 주의와 관념이 백가쟁명할 수밖에 없다.

제83장. 나는 가장 쉽지만 가장 어려운 워킹 라이프의 실천자다.

살아오면서 취미 같은 운동, 운동 같은 취미를 여러 차례 바꿨다. 축구에서 등산으로, 등산에서 사이클로, 사이클에서 마라톤으로, 마라톤에서 걷기로 바꾼 것은 그때그때의 유행보다는 체력에 따라 바꾸었다는 표현이 맞을 성싶다. 환갑을 코앞에 둔 2004년 베르나르 올리비에의 『나는 걷는다』라는 책을 만나서 나의 인생을 바꿔버린 걷기가 시작되면서 지금까지 1억 보의 걷기를 실천했다. 지금까지 40년 가까이 200만 킬로미터를 달리며 즐겼던 취미 1순위의 드라이빙은 차를 처분함으로써 멀어졌다. 문명의 이기라고 하는 것들이 모두 신체를 움직이지 않도록 발전해가고 있음에 대한 나 나름의 조용한 저항이다. 문명에 종속된 삶, 문명의 이기에 끌려가는 삶이 싫었기 때문이다. 문명의 이기를 멀리하고 아날로 그 방식을 고집하면서 몸을 관리해보고 싶었다. 문명의 이기가 안 겨주는 편의, 편리에 익숙해지면 마약 중독처럼 빠져나오기 힘든 상황을 맞을 수 있다. 그간 족저근막염도 두 번이나 찾아왔고 발등 통증, 발아치 부분의 통증이 무시로 찾아왔다. 그러나 걷기가 주는 매력 만점의 건강과 행복감 때문에 멈출 수 없다. 어떤 행복도 걷기가 주는 복합적 행복감을 뛰어넘을 수 없다.

제84장. 나는 걸음이 잉태한 자식이다.

1억 보가 만들어낸 글쟁이다. 나의 사상과 모든 글은 걸음이 만들었다. 나는 내가 무엇을 잘하는지, 무엇이 진짜 취미인지 모르면서 살아왔다. 그러니 삶이 밋밋할 수밖에 없다. 어느 날 '이젠 나를 조금은 알면서 살아가자'라는 생각이 들었다. 그간 참으로 다양한 취미와 오락을 즐겼다. 많은 재주를 가진 것은 아무 재주도 없는 것과 마찬가지다. 내가 그랬다. 내가 제일 잘하는 것은 걷기밖에 없다. 이것을 아는 데 60년이 넘게 걸렸다. 나머지는 헛바퀴 돌린 것은 아니지만 일목요연하지는 않았다. 길은 나의 양식이며 밭이며 지식의 샘이며 인생의 길잡이다. 이것을 진작 알았으면 더 좋았을 테지만 지금 안 것만 해도 천만다행이다. 길이 나를 만들었다. 걸음이 나를 만들었다. 그것이 전부다.

제85장. 나는 너의 전부를 사랑하지 100점일 때만 사랑하지 않는다.

나는 너의 전부를 사랑하지 잘난 부분만을 보고 사랑하며 잘못된 부분을 보며 나무라지 않는다. 너는 나의 전부며 또 일부이다. 이보다 더 명징한 증거는 없다. 아무리 감정이 요동쳐도 이 관계만큼은 파도가 넘을 수 없다. 큰 해일이 닥쳐도 이 둑은 넘을 수도 무너뜨릴 수도 없다. 이 천부의 관계는 모든 것을 뛰어넘는다.

제86장. 나는 서재 아니면 길 위에 있다. 다른 모든 것들은 이 두 곳을 위한 덧대기다.

이곳에서 꿈을 꾸며 꿈을 캔다. 나는 걷기 위해 쓰기도 하지만 쓰기 위해 걷기도 한다. 사실 내가 잘하는 건 걷기밖에 없다. 쓰는 것은 좋아할 뿐 잘 쓴다고는 말 못한다. 끼적이는 걸 워낙 좋아하긴 하지만 쓰고 나면 늘 만족하지 못한다. 어쨌든 쓰는 재미를 만끽하고 있으니 잘 쓰고 못 쓰고는 그 다음 문제다. 그래서 쓰기 위해 걷는지 걷기 위해 쓰는지 경계가 늘 애매하다. 그러나 나의 삶에서 건강을 위한 걷기는 그 어느 것보다 우선순위에서 앞선다. 걷기를 통한 나의 건강 경험은 모든 건강 정보를 능가한다. 특히 나이 들어서는 걷기보다 더 좋은 건강관리 방법은 없다고 단언한다.

제87장. 인간은 들꽃 한 포기보다 못하다. 그런데 우쭐댄다.

인간은 들꽃처럼 아름다운 침묵을 지키지 못한다. 인간은 들꽃 같은 향기가 없다. 들꽃 같은 개성도 없다. 인간은 들꽃보다 한참 못하다. 에머슨은 '잡초란 아직까지 장점이 발견되지 않은 풀'이라고 했다. 그렇다. 수많은 들꽃은 아직 이름표를 달지 못했을 뿐이다. 자존심과 자의식이 뚜렷하지만 드러내는 것엔 관심이 없다. 그냥 있음으로 만족한다. 그래서 더욱 당당하다. 인간은 잡초 근처에도 갈 수 없을 만큼 차이가 크며 당당하지도 못하다. 들꽃 한 포기에도, 작은 씨앗 한 알에도 전 우주가 담겨 있다. 그들의 삶을 가볍게 볼 수 없는 이유다.

제88장. 나는 술과 책을 함께 지고 다닌다. 술은 몸을 만들고 책은 정신을 만들기 때문이다.

필자는 1년의 반은 길 위에 있다. 배낭엔 언제나 술과 책이 함께 들어 있다. 그것은 술은 몸을 만드는 약으로서 훌륭하고 책은 정신을 만드는 영혼의 밥으로서 훌륭하기에 그렇다.

제89장. 걸으면 뇌의 수많은 생각 주머니들이 술빵 구멍처럼 빼곡하게 뚫려 어느 구멍으로부터 어떤 상상이 튀어나올지 가늠키 어렵다.

생각의 우선순위는 절묘한 것과 긴요한 것들이 앞자리에 놓인다. 일반적인 것과 평범한 것들은 뒤로 미루어진다. 그 우선순위를 놓고 치열한 경쟁을 하는 것조차도 평범하지 않다. 걷기는 마법이며 신비의 창고. 뇌 전문가는 말한다. 그냥 있을 때엔 미동도 하지 않던 뉴런과 축색돌기, 해마의 뇌 활성화 세포들이 걷는 순간부터 밖으로 튀어나와 활발하게 움직인다는 것이다. 걸을 때 시를 외는 것, 단어 암기가 잘 되는 것은 그런 이유에서다.

제90장. 나이 드는 것은 오래된 할미꽃이다.

터럭 몇 올 남지 않은 성긴 우황소다. 오래된 할미꽃은 몇 올 남지 않은 꽃술을 붙들고 마지막 굽은 허리를 펴보려고 발버둥 친다. 털 빠진 우황소도 성긴 털 몇 가닥 바람에 날리는 걸 보면 애처롭기는 마찬가지다. 인간도 몇 올 남지 않은 가느다란 털로 머리통을 가리려고 이리저리 옮겨보지만 이장폐천(以掌蔽天)의 안타까움만 드러난다. 그래서 순리는 그냥 순리가 아닌 것이다.

제91장. 나는 왜 걷는가? 바로 그 물음에 대한 답을 찾기 위함이다.

자주 또 가끔 나는 나에게 묻는다. '도대체 왜, 무엇 때문에 걷는가?'라고. 그때마다 답은 '모르겠다'다. 어쩌면 그 답을 찾기 위한 행위가 아닌가 하는 생각이 어렴풋하게 떠오르는 정도가 유일한 답이다. 하나로 정의하기에는 좋은 답이 너무 많아서일 것 같다는 것이 도보여행가로서, 또 걷기 예찬론자로서의 변이다. 걷기는 장수에 으뜸이다. 걷기는 직립인간으로서의 본령이며 생명유지의 필수다. 이것을 21세기에 들어서 문명의 이기라고 하는 것들이 파괴하고 점령한다. 삶의 질을 위해서 지금부터라도 생활 패턴을 바꾸어야 하는 중대한 결심이 필요하다.

제92장. 인간을 움직이는 에너지는 '양심'이다.

자신을 움직이는 동력은 여럿 있을 수 있다. 음식물일 수도, 야망일 수도, 목표일 수도 있다. 그런데 이 양심이라는 에너지가 작동하지 않는다면 어떤 동력도 완전할 수 없다. 그 속에 양심이 개입해야 한다. 삶에서 어떤 행동이 양심으로 움직여지지 않는다면 가식과 껍데기의 삶이 되기 마련이다.

제93장. 자신과 가장 오래 사는 사람이 진짜 짝이다.

그 짝은 바로 자신이다. 자신을 짝이라 느끼기는 쉽지 않다. 그러나 고독이 절정에 있을 때는 자신의 옆에 자신이 있음을 안다. 그는 초연하며 의연하다. 자신을 함부로 할 수 없음은 자신이 늘 자신을 빤히 지켜보고 있기 때문이다. 자신보다 훌륭한 짝을 만나기는 쉽지 않다. 그래서 자신을 아끼고 사랑해야 한다.

제94장. 인간 최고의 비서는 컴퓨터다.

최고의 브레인 비서다. 날카로우면서 듬직하다. 아주 가끔 피곤한 경우를 빼면 그는 정말로 충직한 비서다. 시키는 일을 생색내지 않고 묵묵히 해낸다. 굴종적이지 않으며 언제나 예의 바르며 당당하고 마음씀씀이가 한결같다. 능력에 비해 교만하지 않은 것도 그 녀석의 장점이다. 잔정이 없는 게 흠이긴 하지만 그래도 장점이 훨씬 많다. 모두에게 특급 도우미다. 사랑받지 않을 수 없다.

제95장. 나이가 들면 거죽은 늙지만 안은 영근다.

나이가 들면 볼품없는 외모로 바뀐다. 이곳저곳이 통증을 동반하며 하나씩 허물어져간다. 늙음의 대표적 현상은 주름이다. 주름은 20만 번의 수축으로 한 개씩 만들어진다. 우습게 여겨서는 안 되는 이유다. 고뇌의 산물이다. 처마 끝 물방울이 고드름이 되고 벤 소나무 뿌리에서 작은 포자가 쌓여 복령이 되고 인고의 수양이 사리가 되고 온갖 풍상이 나이테를 만들 듯 주름이 겹겹이 쌓여 경륜이라는 비단을 짠다. 이 어찌 위대한 영긂이 아닌가.

제96장. 난 다리와 머리밖에 없는 낙지다.

난 내 자신을 인간이 아니고 낙지라는 생각을 가끔씩 한다. 할

줄 아는 거라고는 걸을 수 있는 다리와 글 끼적거리는 머리밖에 없
는 나는 낙지와 별반 다를 게 없다고 생각되는 것이다. 차이가 굳
이 있다고 말한다면 그 녀석은 배를 깔고 땅바닥을 기고 개펄 속
을 헤집고 다니지만 나는 직립인간으로 서서 다닌다는, 오직 그것
하나다.

제97장. 날씬한 다리는 20년이 행복하고 굵은 다리는 60년이 행복
하다.

여름을 좋아하는 날씬한 다리는 스무 살부터 마흔 살 정도까지
만 유효하다. 매미가 일주일 동안 목숨 걸고 울부짖는 것은 음습
한 땅속에서의 7년에 비해 황홀한 바깥세상에서의 삶이 너무나 짧
아서다. 그 일주일 안에 모든 삶과 모든 생식의 임무를 완수해야
하기 때문이다. 날씬한 다리는 짧은 여름을 한탄할 것이다. 봄과
가을과 겨울을 저주할 수도 있다. 그러나 우리는 직립보행 인간이
다. 걷도록 지음 받았다. 한강에 박힌 교각처럼, 영주 부석사의 홀
림기둥처럼 튼튼한 다리가 노후 60년의 행복을 보장한다. 허벅지
와 장딴지 둘레를 키우는 것만이 노후 생존법이 된다는 사실을 잊
으면 안 된다. 그런 것까지도 창조주는 균형을 이루어놓았다. 그것
을 깨닫지 못하고 생을 마감한다면 서글프다. 균형의 추는 그래서
중요하다.

제98장. 내가 나보다 강해야 극기가 가능하다.

산악인 엄홍길씨는 극기가 에베레스트 오르기보다 더 어렵다고
말한다. 그렇다. 극기가 되지 않아 모두 실패한다. 극기는 외부에

서 통제하고 규율하지 않는다. 자신이 곧 입법자요 행위자요 범법자다. 법을 어겨도 재판을 받고 감옥에 가거나 벌금을 내지 않는다. 범법행위를 해도 다른 사람은 모른다. 따라서 내면에서는 갈등과 의지가 늘 대립한다. 내가 나보다 강하려면 의지를 강화시키는 훈련을 해야 한다. 우리의 마음은 한없이 약하여 천성적으로는 갈등이 늘 이기는 구조다. 근육을 늘리려면 아령과 벤치프레스 운동이 필요하듯 의지를 늘리는 것도 독서라는 운동과 극한스포츠같이 의지를 강화시키는 운동이 필요하다. 이것이 안 되면 모든 것이 안 된다. 이것을 알면 모든 것을 아는 것이다.

제99장. 부모가 자녀들을 잘 모르듯 자녀는 부모를 잘 모른다.

다만 자녀 안에 부모가 있고 부모 안에 자식이 있다는 사실만 고작 확신할 뿐이다. 솔직히 나는 자식들을 잘 모른다. 그 자식의 아내나 자식들보다 더 모른다. 함께 부비고 놀고 장난친 것은 아득한 옛날 어린 시절이다. 그때 자식을 알기에는 자식이 너무 어리다. 성장한 후 알 만할 때는 거리가 멀어 가까이 갈 수 없었으니 알 방도가 없다. 그래서 많이 답답함을 느낀다. 그래도 확신하는 것은 자식 안에 분명 내가 자리하고 있다는 사실이다. 그래서 잘할 때도 잘 못할 때도 함부로 할 수 없음이다. 모든 게 자신으로 귀결되기에 그렇다.

제100장. 자신이 아름다우면 누군가의 아름다운 경치가 된다.

자신이 만들어내는 아름다움은 누군가에겐 또 다른 아름다운 경치가 된다. 다만 아름다움을 만들어내기가 쉽지 않을 뿐이다.

제101장. 일반 사람도 죽으면 사리가 나올까.

필자는 가끔 착각을 취미처럼 한다. 소크라테스나 석가모니나 공자 언저리에 갖다놓고 저울질까지 해본다. 어쩌면 그것은 그리 되고 싶은 내 마음의 잠깐의 외출이다. 난 절해고도의 삶을 살아 간다고 여길 때가 많다. 고도의 정진을 한다고 여길 때도 있다. 이 렇게 하다 죽으면 성철스님처럼 사리가 수습되지 않을까 하는 재 미난 상상들이 솟는다. 성철스님은 사리가 230여 과 나왔다. 지금 은 좀 굵고 영롱한 것만 골라 108과를 보관하고 있다. 나도 오색찬 란한 사리가 왕창 쏟아지지 않을까 하며 상상한다. 물론 엉뚱한 상상이다.

제102장. 내 마음속 마음을 마음대로 읽을 수 있어야 내 마음을 내 마음대로 다스릴 수 있다.

마음은 알기도 어렵지만 읽기는 더욱 어렵다. 마음을 아는 한 가 지 방법은 절절한 고독 속에서 양심을 들추어 내 자유토론을 하는 것이다. 아니면 칠흑같이 어두운 밤, 어떤 소리도 들리지 않는 고 요 속에서 양심이라는 거울로 자기를 비춰보는 것이다. 그러면 자 기의 속내를 들여다볼 수 있다. 그런데 이 마음이라는 놈은 상황 에 따라 시간에 따라 조건에 따라 춤을 춘다. 그런데 그 춤은 생존 권과 관련이 있기에 그냥 내칠 수도 없다는 게 문제다. 참으로 어 려운 게 인간의 마음을 아는 것이고 삶인 것이다.

제103장. 무수한 생각의 뿌리는 어딜까? 모든 생각은 길 위에서 튀어 나온다.

무수한 생각의 뿌리는 시각을 통해 전달되는 자연현상과 그것을 통하여 얻어지는 사고의 파편들이 꾸러미로 등장하여 뇌와 가슴을 달달 녹이고 응고시키고 융합시킨다. 그 융합과정 속에 생각의 뿌리가 들어 있다. 모두 길 위에서 일어나는 현상들이다.

제104장. 말을 할 수 있도록 만들어진 입속의 혀가 밉다. 세상이 온통 행동은 없고 말 천지가 되었다.

발이 중요하다. 발은 행동이다. 언행일치는 행동을 강조한 말이다. 우리말은 외국어가 아니기에 너도나도 참 잘도 한다. 예전엔 볼 수 없던 모습이다. 그런 세상이 되었다. 모두 매스컴과 인터넷이 만들었다. 말 폭탄으로 세상이 온통 소란스럽다. 예전에 조용하던 사람도 그 대열에 끼어든다. 결국 머릿속에 말거리가 없어 침묵을 지키고 있었던 모양이다. 언어 기능을 못하는 혀를 상상해본다. 어딜 가나 100데시벨(dB)의 말 공해다. 고요해야 안이 영근다는 사실은 고전이 되고 말았나.

제105장. 노인의 몸은 겨울 엿이고 젊은이 몸은 여름 엿이다.

겨울 엿은 쉽게 부서진다. 엿치기는 겨울에만 가능하다. 여름 엿은 눅진눅진하여 잘 부서지지 않는다. 겨울 엿은 물기 없는 노인이다. 여름 엿은 젊은이다. 노인의 몸은 어느 곳 하나 반듯한 곳이 없다. 근육의 급격한 소실로 모두 내려앉고 주저앉았다. 옷태가 날 수 없고 몸 매무새가 엉망이 된다. 팔다리는 처량할 만큼 가늘어지고 배만 볼록 튀어나온다. 거북이 체형, 거미 체형, 캥거루 체형이 되는 이유다. 그러나 저항은 안 되지만 타협은 가능하다. 유산소운동과 적절한 근육운동으로 인간 본연의 체형을 상당기간 늦출 수 있다. 포기할 것인가, 야망을 불태울 것인가의 싸움이다. 결국 삶을 바라보는 자세가 이 모두를 좌우한다. 축 늘어지고 흐물흐물하지 않으려면 젊은 시절부터 마음을 단단히 조여야 한다.

제106장. 노인은 최고의 직업이다.

노인만큼 좋은 직업은 없다. 물론 '건강하면'이라는 전제가 붙는다. 반세기 전만 하더라도 평균수명은 60이 채 되지 않았다. 그래서 환갑연을 성대하게 치렀다. 지금 환갑은 노인정에선 아이 취급받는다. 정년퇴직을 하고도 3~40년을 더 산다. 노인을 다르게 표현한다면 '자유인'이라 말하고 싶다. 노인이라는 이름은 퇴행적이고 어딘가 모르게 서글픔이 배어 있다. 오늘부터 '자유인'이라 부르자. 모든 제한과 구속과 통제에서 해방된다. 창조주가 그간 고생했다며 내리는 축복의 보너스 시간이다. 또 약효가 떨어지지 않는 천연보약인 손자들을 안겨준다. 밖으로 눈을 돌려보면 나라에서 용돈도 주고 전철도 그냥 태워준다. 고궁이나 미술관도 그냥 들락거릴 수 있다. 열차도 30%를 할인해준다. 어르신 대우를 곳곳에서 분에 넘칠 만큼 해준다. 본인이 하기에 따라서는 노인만한 직장은 없지 싶다. 자기가 하고 싶은 일을 하며 시간을 마음 놓고 쓸 수 있고 또 국가에서는 월급 같은 연금을 준다. 큰 욕심만 부리지 않는다면 노인만 한 직업도 없다.

제107장. 노인의 유통기한은 단연코 걷지 못할 때와 꿈을 잃어버릴 때이다.

노인의 유통기한에 대해 다각적인 방법으로 접근할 수 있겠지만 다른 방법은 모두 군더더기다. 걸을 수 있느냐와 꿈을 가지고 있느냐만이 유일한 판단 기준이다. 걷지 못하고 숨만 쉬고 있는 동안을 유통기한이라 한다면 그것은 이미 상품으로서 생명을 다했고 변질되어 냄새 나는 상품인 셈이다. 사람이 늙는 것 또한 물리적 노쇠나 주름 같은 것이 있을 수 있겠지만 결정적인 노쇠 또는 노인은 꿈을 잃어버릴 때이다. 걷지 못하는 노인, 꿈을 잃어버린 노인은 이미 인간이기를 포기한 경우다. 그저 숨 쉬는 허수아비다.

제108장. 뇌가 화내는 책을 읽지 말고 뇌가 춤추는 책을 읽어라.

독서법에 있어서 나쁜 책을 읽지 않는 것이 그 첫 번째 조건이며 최우선의 조건이다. 뇌가 화가 나는 책, 뇌가 뿔나는 책이라면 좋은 책이라 할 수 없다. 뇌가 춤추는 책을 읽으면 몸이 가볍고 온몸의 피가 콸콸 흐르는 것을 느끼게 된다. 그것은 틀림없이 좋은 책이다.

제109장. 뇌 과학자, 생명공학자에 숙제를 안긴다.

젊은 시절엔 성장호르몬이 넘친다. 나이가 들면 갑자기 줄어든다. 때문에 넘치는 호르몬을 저축했다가 필요할 때 꺼내 쓸 수 있는 호르몬 은행을 만들어야 한다는 것이다. 평균수명이 60이 채 안될 땐 문제가 없지만 평균수명이 80세를 넘어 100세 시대를 바라보는 지금은 인간의 생체설계가 맞지 않는다. 생체시계가 장수에 맞춰 다시 바뀌어야 한다. 맹목적 장수, 단순한 수명연장의 장수는 자칫 재앙과 맞물릴 수 있다. 건강한 장수, 안팎이 균형 있는 장수가 되려면 장수에 맞는 생체설계가 되지 않으면 빛 좋은 개살구의 삶이 될 수 있다.

제110장. 누가 나의 인생을 만들어줄 것인가. 나 자신이 한층 또 한층 쌓아갈 뿐이다.

임제 선사는 '수처작주입처개진'이라 했다. 자기의 주도적 삶을 살아야 한다. 타인의 눈을 의식하거나 타인에 의하여 조종되는 삶은 자기의 삶이 아니다. 삶은 건물을 짓는 행위다. 벽돌 하나하나를 매일 조금씩 쌓는다고 생각하면 된다. 설계도면도 자기가 직접 그리고 침실도 응접실도 툇마루도 마당도 나무도 꽃도 자신의 취향에 맞게 그려나가는 것이다. 삶의 종점에서 자기가 의도한 집이 제대로 잘 완성되었으면 성공적인 삶이 된다. 인생 별게 아니다. 노각인생만사비(老覺人生萬事非)요 우환여산일소공(憂患如山一笑空)이다.

제111장. 누구나 달콤한 얘기를 좋아한다. 그러나 따져보면 몸에 좋은 약은 몽땅 쓰다.

사물을 정확하게 바라보는 정견의 눈이 필요하다. 왜곡된 현상에 꽂혀 헤어나지 못하면 정신은 황폐화되고 만다. 왜곡된 현상을 바로 보는 눈은 그냥 만들어지지 않는다. 지식의 깊이와 고뇌가 진하게 묻어 있어야 건들바람에 건들대지 않는다. 뿌리 깊은 나무와 샘이 깊은 물은 이래저래 필요하다. 발목까지만 물이 차면 몸이 요동친다. 그러나 허리, 가슴까지 찰 경우는 몸이 요동치기는커녕 오히려 그 물을 이용하기에 이른다.

제112장. 게으름은 몸의 녹이다. 녹은 쇠에서 나는데 그 쇠를 먹는다.

세상에서 가장 악덕은 게으름이다. 게으름에서만 벗어나면 최악의 삶에서 벗어난다.

제113장. 죽음과도 같은 가난과 외로움이 자신을 철학자로 만든다.

철학은 가난이 까칠하게 안겨주는 보물이다. 지독한 외로움 역시 철학의 원자재다. 가난을 고통으로 여기지 않고 외로움을 생산적 에너지로 승화시킬 때 그 삶은 아름답게 빛난다. 다산의 18년의 강진 유배, 추사의 8년 3개월의 제주 대정마을 유배, 만델라의 27년의 감옥 생활이 모두 위대한 책과 글과 사상을 남겼다.

제114장. 삶을 너무 예쁘게 다듬지 마라.

삶의 참맛은 울퉁불퉁함에 있다. 삶이 예쁘면 삶이 밋밋하고 무미건조해진다. 삶을 예쁘게 하려고 노력할 필요가 없다. 삶은 다소 울퉁불퉁한 모양을 띠는 게 좋다. 그래야 그 속에 애환이 깃든다. 그래야 주어진 삶이 아니라 만들어가는 삶이 된다. 예쁜 삶이 되기 위한 것은 남을 위한 삶이 되기 쉽다. 삶 속에 내가 주도적으로 살아간다는 확실한 의지의 표현이 배어 있어야 한다. 아름다운 삶이어도 나의 삶이 되지 않으면 헛산 삶이다.

제115장. 누군가가 누군가를 통제하면 관계는 깨진다.

통제, 규율, 규제, 단속, 구속 같은 단어는 숨 막히는 단어다. 생각과 행동을 쪼그라들게 한다. 권력은 이런 통제나 규율이나 규제를 할 수 있는 권한을 갖고 있음을 의미한다. 소위 완장 찬 사람들이 자기 권한 밖의 일을 자행할 때 문제가 생긴다. 그런데 완장을 차지 않은 사람도 그 사람들의 흉내를 곧잘 낸다. 꼴뚜기와 망둥이가 함께 뛰는 격이다. 용수철은 밟으면 밟을수록 더 튀어 오른다. 통제가 주는 해악이다. 통제는 제자리에 주저앉히는 발전의 암이다.

제116장. 누에는 거친 뽕잎을 먹고 비단 실을 뽑지만, 거미는 부드러운 줄을 치고 살생의 삶을 산다.

거친 삶과 각고의 고통은 부드러운 성정의 소유자를 만들고 높은 인격을 형성하는 토대를 이룬다. 거친 뽕잎을 먹이로 하는 누에가 부드러운 비단실을 뽑아낸다는 것은 아이러니다. 부드러운 줄을 치고 살생으로 일생을 보내는 거미와 대비를 이루는 것 또한 아이러니다.

제117장. 눈물은 영혼의 잠깐의 바깥나들이다.

눈물은 감정의 표출이다. 눈물은 가끔은 냉정함과 몰인정함의 경계를 가늠한다. 눈물은 가장 깊은 감정의 우물이다. 그곳에서 두레박으로 눈물을 끌어올린다. 눈물이 밖으로 나오기 쉽지 않은 이유다. 감정은 영혼과 맞닿아 있다. 죽은 감정과 죽음 비슷한 감정은 바깥나들이를 할 수 없다. 어쨌든 눈물은 가장 확실한 자기 감정의 표현이다. 그래서 눈물엔 가짜가 없다. 있다면 인공눈물이거나 연기자의 눈물이다.

제118장. 눈물은 가장 큰 어머니의 유산이다.

어머니는 눈물 연기의 일인자시다. 보기 민망할 만큼 눈물을 많이 흘리신다. 그러다가 이내 하얀 웃음을 지으신다. 연기자들이 이게 잘 되지 않으니 인공눈물을 쓴다. 그러니 눈물은 나는데 눈동자는 하얗다. 고개가 끄덕여지지 않는 눈물 연기다. 어머니를 쏙 빼닮은 나는 눈물만큼만 닮지 않았으면 했다. 그런데 어머니보다 더하면 더했지 못하지 않다. 빨개진 눈동자로 있다가 흰 눈동자로 돌아오는 시간이라도 좀 짧았으면 하는 엉뚱한 바람을 갖는데 그것도 어렵긴 마찬가지다. 그런데 이 눈물이 글쟁이로 살아가는 내게 한몫한다는 것은 어머니의 귀한 유산이며 인생 인센티브다.

제119장. 눈에 콩깍지를 씌우자.

첫사랑의 아름다운 눈, 남의 허물을 보지 않는 맑은 눈, 그 순수한 눈으로 돌아가야 한다. 가끔은 살면서 눈에 콩깍지를 씌울 필요가 있다. 인위적인 콩깍지를 쓰는 연습도 필요하다. 사물을 곧이 곧대로만 본다면 분쟁 아닌 분쟁도 생긴다. 확률이 적을 뿐이지 원칙 아닌 원칙이 횡행하는 경우도 허다하기 때문이다. 첫사랑의 티없이 맑은 눈, 남의 허물을 보지 않는 눈은 아름답다. 설령 그런 눈은 콩깍지가 좀 씌어진들 어떤가. 탐욕에 혈안이 된 눈은 보는 것만으로도 감정이 탁해진다.

제120장. 늙은 고양이는 쥐는 못 잡아도 집은 지킨다.

아프리카에서는 '노인이 죽으면 도서관 하나가 불타는 것과 같다'고 한다. 노인은 오랜 세월을 살아오면서 자연스럽게 축적된 경험과 경륜을 갖고 있기 마련이다. 그러나 쇠약한 육신은 말과 행동을 어눌하게 한다. 그러니 뒷방노인 신세가 된다. 늙은 고양이가 굼뜬 행동으로 빠른 쥐를 잡는다는 건 아득한 추억으로만 존재한다. 그러나 존재만으로도 쥐를 얼씬 못하게 하는 힘이 있다. 늙은 고양이의 존재 이유가 된다. 인간도 그렇다.

제121장. 늙음은 구겨진 종이다.

휴지는 휴지통으로 들어갈 일만 남는다. 그게 휴지의 운명이다. 예외가 존재하지만 늙음은 거의 모두에게 구겨진 종이다. 구겨지기 전까지의 종이는 쓰임새가 이 모양 저 모양으로 꽤 괜찮았다. 재활용되는 종이도 많으니 눈을 똑바로 뜨고 꿈틀대야한다.

제122장. 단순하고 평탄한 길을 고독하게 걸을 때에만 당신의 무딘 생각은 새파랗게 벼려져 튀어나온다.

벼랑길, 잔도(棧道), 조도(鳥道), 너덜지대 길을 피해야 한다. 그 길은 위험을 피하는 데 온통 정신을 빼앗긴다. 풍광 좋은 길, 사람 많은 길도 피해야 한다. 그 길은 아름다움과 소음에 취해 어떤 다른 생각도 떠오르지 않는다. 평탄하고 육질이 부드럽고 오돌뼈가 박히지 않은 순한 길을 지루하게 걸어야만 생각이 문을 열고 다투어 튀어나온다. 지루함이 더한 길일수록 날선 생각들이 새파랗게 벼려져 나온다.

제123장. 단순함이란 동요다.

단순함은 최고의 경지다. 예술도 웅변가도 스포츠도 어느 경지에 도달하면 언행이 단순해진다. 복잡하고 혼란스러운 것은 최고의 경지에 이르기 어렵다. 동요나 시가 대표적이다. 동요는 단순함과 순수함으로 이루어졌다. 모든 동요의 범주는 그 범위 안이다.

제124장. 아버지를 업고 추는 춤이 이 세상 최고의 춤이다.

또 그런 가정이 최고의 가정이다. 이 세상엔 춤이 많다. 나라마다 지방마다 춤이 있다. 예전에도 춤이 있었고 지금도 춤이 있다. 춤은 일단 신명이다. 풍속이다. 삶이다. 춤을 출 때 우울한 사람은 없다. 기쁠 때 추는 춤도 최고의 춤은 따로 있다. 바로 환갑 잔칫날 자식이 아버지를 업고 추는 춤이다. 예전 환갑 잔칫날에 빠지지 않고 등장하는 모습이다. 장수시대에 환갑을 맞는 일은 아침해가 동쪽에서 뜨는 것만큼이나 보편적이고 일상적인 일이라며 모두들 생략한다. 그러나 최고의 춤은 존재해야 하고 그 춤이 많이 보고 싶다. 모두 새것에만 매달리니 미래가 염려된다. 미래는 과거가 토양이다. 온고지신의 적절한 배합은 그래서 필요하다.

제125장. 대가 끊겨도 좋다는 각오로 껍질을 깨라.

강한 주문이다. 대가 끊겨도 좋으니 지금의 딱딱하고 두꺼운 껍질을 깨고 나오라는 주문이다. 괴테는 '껍질을 벗지 못하는 뱀은 그 껍질에 갇혀 죽는다'고 했다. 스스로의 올가미에 갇혀 목숨을 잃지 말라는 것이다. 우리는 주변의 너무 많은 올가미와 껍질 속에 갇혀 있다. 깨야만 산다. 깨야만 깨인다.

제126장. 대나무 매듭은 키가 클 수 있도록 만들어진 장치다.

삶의 키는 실패와 좌절이 그 매듭이다. 만약 대나무에 마디가 없다면 그토록 곧고 크게 자랄 수 있을까. 삶에도 매듭이 있어야 지혜와 경륜이 자란다. 많은 삶의 매듭을 만들도록 노력하는 것이 관건이다. 삶의 매듭은 고통이다. 가난과 실패가 안기는 고통이 크면 클수록 매듭은 단단하고 크게 만들어진다. 다만 그 역경을 넘어서지 못하는 여린 좌절의 마음이 늘 문제가 된다. 뛰어넘어야 한다. 이것은 큰길로 나아가는 과정이며 절차다.

제127장. 대부분의 부모들은 호기심 많고 엉뚱한 아이를 좋아하지 않는다.

그 아이 속의 진짜 알맹이를 보지 못하여 지구는 느리게 굴러간다. 호기심이 많거나 머리가 좋은 아이들은 일반적인 일들을 심심해한다. 특이하고 이상하고 색다른 일을 골라 한다. 그러다 보니 부모들 눈엔 말썽을 부리는 걸로 비친다. 사실은 지극히 정상적인데 말이다. 주변 사람이나 부모들이 그 아이 생각의 세계를 쫓아가지 못할 뿐이다. 그 아이의 엉뚱함 속에 있는 알맹이를 볼 줄 알아야 지구의 다양한 굴러감을 알아챌 수 있다.

제128장. 당신의 귀소(歸巢)는 어디인가?

제비는 박씨를 물고 이듬해 흥부네 집으로 돌아온다. 연어는 자신이 태어난 모천으로 돌아와 알을 낳고 몸을 갈아 산화한다. 진돗개는 몇 년이 걸려서라도 자기가 태어난 진도로 돌아온다. 당신의 모천은 어디인가. 당신이 찾아가야 할 흥부네 집은 어디인가. 당신은 어디서 와 어디로 가는가. 하늘인가 땅인가, 바다인가 강인가. 아니, 어디로 갈 것인지 궁금하기나 한가. 당신은 무엇이며 바로 흘러가기는 한가. 시시로 묻고 또 물어야 한다.

제129장. 덜 익은 열매는 숨어서 큰다.

그것은 본능이다. 모든 생명체는 종족 번식의 본능을 갖고 있다. 식물의 종족 번식은 흥미롭다. 식물은 열매를 맺는다. 그 열매가 자랄 때는 숨어서 큰다는 점이다. 보호색을 띠어 노출을 억제한다. 그러다 열매가 익으면 이젠 번식을 위하여 적극적인 노출을 시도하여 빨강, 노랑, 보라 등의 화려한 색감으로 자태를 뽐낸다. 그래서 자신의 열매를 먹이로 하는 생명체에게 먹을 것과 이동 번식을 맞교환하며 임무를 완수한다. 참으로 신비하고 멋진 본능이며 임무 완성이다.

제130장. 덧니는 권력에 의해 쫓겨난 유민이다.

덧니는 영토 전쟁에서 쫓겨난 자다. 32명이 살아갈 수 있는 충분한 땅을 소유한 경우에는 전쟁이 일어나지 않는다. 다만 32명이 살아갈 수 있는 영토가 좁은 경우에만 전쟁이 일어나며 그 중 약자 또는 패자가 쫓겨나 작은 자투리땅에서 살아가는 운명을 맞는다. 그가 제자리를 찾는 것은 이웃과의 화해와 양보가 있을 때만 가능하다.

제131장. 도서관과 전철 막차엔 미인이 없다.

이스라엘의 초대 여수상인 메이어는 자서전에서 자기의 오늘의 영광은 못생긴 자신의 얼굴에서 찾아야 한다고 솔직하게 고백한다. 그는 못생긴 얼굴 덕에 누구의 관심도 받은 적이 없다며 그래서 오직 공부에만 전념할 수 있었다고 한다. 창조주는 얼굴과 두뇌를 함께 주지 않는다. 실수로 쌀의 뉘처럼 드문 경우를 볼 수도 있지만 극소수일 뿐이다. 이렇게 균형추를 만들어 놓았으니 어떤 경우이건 기죽을 이유 없다.

제132장. 도시의 스카이라인은 인간과 하늘이 줄다리기한 결과물이다.

인간이 승리하면 어둠의 세상이 한 발짝 다가오고 하늘이 승리하면 밝음의 세상이 한 발짝 다가온다. 그러나 하늘이 승리할 확률은 적다. 왜냐하면 어둠이 세상을 덮기 전까지는 인간은 그것을 알아채지 못한다. 알아도 모른 체하는 것이 인간이다. 모두 탐욕이 지배한 탓이다. 하늘마저 제압하는 인간의 빗나간 탐욕은 끝내 지구도 망가뜨린다.

제133장. 독버섯과 불량식품과 거리 여자의 공통점은 화려함이다.

넘어질 때는 자신의 눈도 화려해진다. 식용버섯은 색깔과 생김새가 수더분하다. 그래서 눈에 잘 띠지 않는다. 닭도 꿩도 사슴도 암컷은 보호색을 띠어 천적으로부터 자신을 보호한다. 가치의 절대성에서 수컷보다 우위에 있다. 모두 번식 때문에 일어나는 현상이다. 때문에 화려함은 늘 주의를 요한다. 자칫 덫에 걸릴 수 있기 때문이다.

제134장. 독서는 앉아서 하는 여행이고 여행은 걸으면서 하는 독서다.

여행이란 이 생에서 다른 생을 사는 유일한 방법이다. 한평생을 살아가면서 삶에 꼭 필요한 두 가지를 꼽으라면 주저하지 않고 독서와 여행을 들 수 있다. 이 두 가지의 연관성과 보완성 또한 긴밀하다. 독서는 앉아서 하는 여행 같은 것이며 여행은 걸으면서 책을 읽는 행위와 비견되기 때문이다. 이 세상 모든 책은 이 세상 모든 선생님들이 모든 여행 속에서 얻어진 것들을 모아놓은 것이어서 그렇다.

제135장. 돈으로 명문가를 살 순 없지만 명문가를 만들 수는 있다.

명문가는 돈과 학문으로 만들어진다. 돈만 가지고도 안 되지만 학문만 가지고도 되지 않는다. 그런데 굳이 우선순위를 따진다면 돈 없이 학문만 쌓는 것보다 돈 있고 학문을 쌓는 것이 더 앞선다. 이것 또한 시대가 만든 구조다. 현재와 같이 불합리한 구조가 바로잡히지 않으면 명문다운 명문은 사라질 수도 있다. 돈만 있는 야바위 같은 명문, 겉치레뿐인 위장된 명문이 횡행하는 현실이 두렵다.

제136장. 말의 유혹에 흔들리지 않도록 혀에 닻을 달아라.

말은 속마음에 대해 뇌에서 명령을 내려 입을 통해서 나온다. 그런데 요즘 세상은 발달한 인터넷과 매스컴의 영향으로 말 많은 사람을 양산한다. 여기저기 소란스럽다. 예전에 말을 잘하는 사람은 지식인이었다. 요즘은 모두가 선지식인이 되어 있다. 그러니 박사 아닌 사람이 없고 같잖은 말만 풍성하다. 이제 웅변은 금이 아니라 구리도 되지 못한다. 묘지의 고요에 비유되는 지식인의 침묵도 문제지만 선지식인 행세를 하는 이들의 푸닥거리 언어도 많은 문제를 양산하고 있다. 혀에 닻을 달았으면 하는 마음 간절하다. 세상 막말의 소요(騷擾)가 심각한 수준이다.

제137장. 부지런한 사람이 가장 많은 시간을 소유한다(1).

시간은 무주물이다. 형체 없는 동산이다. 소유하는 사람이 임자다. 그러니 부지런한 사람이 가장 많은 시간을 소유한다. 게으른 사람은 자신이 소유할 수 있는 금 같은 시간을 빼앗기며 살아가는 꼴이다. 시간은 부지런한 사람에게는 한없이 관대하지만 게으른 사람에겐 냉혹하다. 재산, 건강, 심지어 목숨까지도 한순간에 앗아간다. 시간과 사이좋게 지내야 되는 이유다.

제138장. 매일 걷는 것은 어떤 CEO보다도 고액 연봉을 안겨준다.

반세기 전만 해도 정년퇴직을 하고 난 후 5년도 살기 어려웠다. 그만큼 수명이 짧았다. 지금은 퇴직 후 30~40년 정도는 너끈히 산다. 퇴직 후의 긴 시간은 그간의 노고에 대한 보상인 셈이다. 이 보너스 시간에 병마로 시달린다면 이것은 축복이 아니라 재앙이다. 이 우려를 불식시킬 수 있는 단 한 가지 방법은 걷기다. 주변에서 노후에 걷지 못해 불행한 사람을 많이 본다. 노후 삶의 질은 보행 여부가 좌우한다. 알뜰살뜰 죽을 둥 살 둥 고생하며 모은 돈을 병 치레로 한입에 톡 털어 넣는 우를 범하면 안 된다. 걸으면 심신이 행복하다. 이런 천연의 보약을 팽개치고 엉뚱한 곳에 머리를 들이민다.

제139장. 맹목적인 장수가 아니라 신체변화도 장수에 맞춰져야 한다.

남성호르몬 테스토스테론, 여성호르몬 에스트로겐은 적어도 90살까지는 나와야 한다. 때문에 젊은 시절의 넘치는 호르몬을 '호르몬 뱅크'에 저축하였다가 늙고 병들 때 사용할 수 있도록 해야 한다. 호르몬 뱅크의 필요성은 100세 시대의 필수불가결의 요소다. 맹목적 장수로 질병의 고통 속에서 긴 시간을 보내는 경우는 장수가 한낱 위장된 축복에 불과하다. 뇌 과학자나 생명공학자들의 노고로 호르몬 뱅크가 만들어진다면 비아그라가 모든 수컷들의 환호를 받았듯 인류는 또 한 번 축복의 기쁨에 젖을 수 있다.

제140장. 명함에 적을 것이 사라지면 인생도 사라진다.

명함은 움직임 없는 얼굴이다. 명함은 우리 신체의 일부분과 같다. 명함은 자신의 대변인이다. 나를 대신하여 상대방에게 또박또박 설명한다. 말실수도 하지 않고 요점만을 전달하는 유능한 대변인이다. 그런데 나이 들면 직업이 없다며 자신의 얼굴을 스스로 지우려고 한다. 그런데 생각을 조금만 바꾸면 명함에 쓸게 많다는 것을 알게 된다. 농부, 초부, 어부는 물론 시간 많은 사람, 친구가 그리운 사람, 걷기 좋아하는 사람, 사진 찍기, 글쓰기, 색소폰 좋아하는 사람, 문화답사 좋아하는 사람, 마라톤을 좋아하는 사람 등 얼굴에 연지 곤지 찍고 분칠할 게 많다. 굳이 직함이 없다고 백짓장 얼굴로 다닐 필요가 있을까.

제141장. 배불뚝이는 비만이지 중후하며 인품 있다고 보지 않는다.

한때는 인격이라는 이름으로 포장되어 배불뚝이가 제법 있었다.

그러나 지금은 자신의 관리를 소홀히 하는 게으름뱅이 정도로 취급받는다. 남의 눈 의식이 중요한 게 아니라 자신의 건강에 적신호가 켜질 수 있음을 알아야 한다. 지기추상 대인춘풍(持己秋霜 待人春風)은 자신의 내면뿐 만아니라 외모에까지도 적용되는 그런 시대에 우리는 살고 있다.

제142장. 무심의 걷기는 모든 사람의 건강을 담보한다.

걸으면 뇌 단백질인 BDNF라는 물질이 활성화된다. 따라서 짜증나고 화날 때, 고민 있을 때 걸으면 모든 근심걱정으로부터 해방된다. 화를 내면서 춤추고 노래를 부를 수 없음과 마찬가지다. 걸으면서 하는 공부는 효과가 좋다. 걸을 때 아이디어가 많이 나오는 것도 생각의 창고가 문을 활짝 열기 때문이다. 걸으면 치매도 막을 수 있다. 육체적으로도 건강해진다. 이 모두는 무상이다. 누구나 게으른 습관만 바꾸면 무상으로 무한의 건강을 얻을 수 있다.

제143장. 문화수준의 최상위는 자연과 함께하는 농부다.

모든 진리의 뿌리는 자연이다. 농부는 이 진리의 뿌리와 가장 가깝게, 또 가장 자주 접하며 생활한다. 따라서 농부의 행위 하나하나는 최상위의 문화행위가 된다. 농부의 이야기는 더할 것도 뺄 것도 없다. 그들은 단순성과 순백의 결정체다. 마치 아기들처럼 맑고 곱다. 장황한 설명이나 군더더기가 없다. 이들을 능가하는 순백은 그리 흔하지 않다.

제144장. 문명은 인간의 본성을 억압하는 하나의 퇴화 현상이다.

따라서 머지않아 -빠르면 반세기, 늦어도 1세기 내- 인간은 자연
으로 돌아간다. 원시 자연으로 회귀할 것이다. 문명의 이기들-자동
차, TV, 핸드폰, 내비게이션, 각종 전자제품 등등-의 발달은 한계에
직면하고, 기계의 하수인 노릇에서 벗어나고픈 인간 본능이 살아
나 문명의 이기와 등지는 삶을 염원하고 희구하게 된다. 문명 이기
의 지배에 따른 부작용, 폐해, 피로감이 몰려와 동물의 본능적 욕
구에 따르는 삶을 추구할 수밖에 없다.

제145장. 문명의 거부가 문명을 지키고 문명의 거부가 인류를 지킨다.

발전을 멈추지 않는다면 공멸을 부른다. 문명의 발전은 언젠가
는 끝을 맞는다. 끝없이 발전한다는 것은 불가능이다. 한편 문명의
발전은 양날의 칼이 된다. 발전의 명분을 인간의 행복과 편의와 연
관시키지만 그 명분은 공허한 명분이 되고 만다. 그래서 지금의 발
전이 두렵다.

제146장. 신문 읽기는 정보의 바다를 마음껏 헤엄치며 창의성의 태반 역할을 한다.

신문은 키는 키울 수 없지만 뇌는 키운다. 모든 문장과 어휘와
정보와 창의와 박학다식은 신문이라는 종이가 만들어준다. 신문
은 말썽부리지 않는 좋은 친구다. 신문은 세계인이 쓰는 일기다.
이 얼마나 신나고 확실한 메신저인가. 필자가 50년간 스크랩을 이
어온 이유다. 참으로 열심히 읽고 자료를 모으고 클리어파일을 정
리하였으며 또 앞으로도 여전히 그럴 것이다. 죽음까지도 신문을

볼 수 없다는 아쉬움 외엔 별로 두렵지 않다.

제147장. 세상에서 가장 맛있고 아름다운 겨울 꽃은 곶감이다.

봄꽃은 5~6백 종류가 되지만 겨울 꽃은 몇 종류 되지 않는다. 기껏해야 매화, 동백, 한란 정도가 되겠다. 그런데 곶감을 추가하고 싶다. 아자개가 놀던 너른 상주벌에 가면 늦가을부터 집집마다 감을 깎아 주렁주렁 곶감을 만들기 위해 매단 모습을 볼 수 있는데 가히 아름다운 꽃을 뛰어넘는다. 처마 밑에서 또는 헛간에서 얼었다 녹았다 반복하며 진보라색 눈물 흘리며 뽀얗게 분칠하며 익어가는 모습은 누이의 발그스레한 얼굴에 하얀 분을 발라놓은 자태같이 아름답다. 그리고 얼마나 맛있는가. 곶감은 가장 맛있는 겨울 꽃이다. 볼을 에는 한겨울에 만나는 아름다운 곶감 꽃, 맛좋은 곶감 꽃을 대할 수 있다는 것은 분명 삶의 작지만 큰 환희다.

제148장. 미움은 오기를 낳는다. 맹목적 오기는 퇴보하지만 생산적 오기는 세계를 지배하는 힘을 지닌다.

순수한 미움과 질투는 오기를 불러일으킨다. 맹목적 오기가 아닌 한 오기는 매우 생산적이다. 이 오기가 작동하여 큰일을 해낸다. 단 맹목적 오기를 걸러내는 눈이 있어야 한다.

제149장. 미명 등의 조도를 높여야 미명 등을 볼 수 있다.

미명은 밝지 않음이다. 그렇다고 어둠도 아니다. 마음 속 조도를 높여야 비로소 미명 등을 볼 수 있다.

제150장. 미물이 있어 인간이 위대한 것처럼 보이나 미물 입장에서는 인간의 교만함을 비웃을 뿐이다.

미물이 결코 미물이 아님을 아는 것은 인간의 눈뜸이 그만큼 중요하다는 것이다. 이 모든 현상은 인간의 착각일 뿐이다. 결과적으로 인간이 우매하고 교활하여 벌어지는 일들이다. 아무리 미물이라 하더라도 그 존재 자체에 의미를 부여해야 한다. 미물이 인간을 알아채지 못하고 인간이 미물의 존재를 알지 못하는 것과 마찬가지다. 그 존재 자체에 우열을 가린다는 것은 인간의 우둔함과 교만함이 만들어낸다. 미물은 그런 걸 초월한 삶을 살아간다. 그걸 인지 못하는 인간만이 더 하등동물이 될 수 있다.

제151장. 바깥으로 내뱉은 욕설은 일시적 외상을 입히지만 독이 든 말은 영구적 내상을 입힌다.

우리가 일상에서 아무렇지 않게 하는 말 속엔 에너지가 있다. 그 에너지는 본래의 힘을 갖고 있다. 좋은 말은 양질의 에너지가 되어 듣는 사람으로 하여금 힘이 되지만 나쁜 말은 독이 들어 있어 듣는 사람에게 치명적 상처를 남긴다. 장난삼아 던진 돌이 개구리에겐 생명과 관계있음과 같다.

제152장. 바늘만 생각하고 방망이는 생각하지 않는 이관규천(以管窺天)의 단견을 버려라.

울타리 없는 넓디넓은 하늘도 대롱으로 바라보면 좁디좁은 공간이 된다. 단견과 전대 속과 맹목은 눈 뜬 장님이다. 숨 쉬는 허수아비에 지나지 않는다. 큰 생각은 선천적으로 가지고 있을 수도 있지만 습관으로 얻어지기도 한다. 늘 큰 생각을 품는 습관을 기를 필요가 있다.

제153장. 발바닥과 무릎연골이 닳는 게 먼저인지 마음이 단련되는 게 먼저인지가 궁금하면 걷고 또 걸어라.

여기서 순위는 중요하지 않다. 다만 확실한 현상을 확인하고 싶을 뿐이다. 걷기를 멈추지 않아야 하는 이유는 많다. 건강은 덤으로 따라온다. 실은 글을 써 밥을 먹는 사람으로서의 먹이를 찾는 행위로 보는 게 오히려 맞다. 사유의 힘을 기르고 글의 먹이를 찾아 세렝게티 초원을 헤매는 초식동물이 되는 것이다. 길은 진리의 바다 위를 걷는 것이며 철학적 사고를 잉태하는 곳이기에 그렇다. 내 오른쪽 무릎은 성한 무릎이 아니다. 바위에서 굴러 바스러진 무릎이다. 이식 수술을 포함하여 총 네 번의 전신마취 수술을 한 무릎이다. 그간 17년 동안 1억 보 가까이를 걸었다. 무릎연골이 아직 비명 소리를 내지 않는 것은 어쩌면 행운일 수도 있다. 그러나 그간 허벅지와 종아리 근육을 늘리기 위하여 많은 노력을 기울였다. 살 수 있는 방법은 그것밖에 없다고 생각했다. 그 생각과 방향과 노력은 주효하여 지금껏 건재하다. 그러나 앞으로가 문제지만 지금까지와 같이, 아니 그 이상으로 노력할 것이다. 죽는 그 순간까지 무릎에 이상이 있어선 안 된다. 그런 각오와 결행과 결과가 나머지 삶의 질을 보장할 것이며 마음의 단련까지도 이루어낼 것이다.

제154장. 병원을 두려워하지 않는 사람이 두려워하는 사람보다 건강

이 안 좋을 가능성이 더 크다.

자만은 늘 귀를 멀게 하고 색맹을 만들기도 한다. 운동선수들의 수명이 유독 짧은 이유를 잘 들여다볼 필요가 있다. 자만과 만용이 부르는 재앙이다. 자신의 몸을 진실된 마음으로 사랑해야 한다. 사랑하면 몸의 어떤 부위가 노래를 부르는지 고통을 호소하는지를 알 수 있지만, 사랑하지 않으면 아무 소리도 들리지 않는다. 늘 자신의 몸에 대한 무한 사랑으로 노래 소리와 비명 소리를 동시에 들을 수 도록 힘써야 한다. 그걸 듣기 위해 필요한 것은 보청기가 아니라 사랑이다.

제155장. 매일 걷는 것은 매일 출근하는 것보다 더 큰 수입을 보장한다.

근로자들은 매일 출근하여 월급을 받아 생활한다. 출근하고 퇴근하는 일상이 그들의 가족을 돌보는 젖줄인 셈이다. 그런데 이런 생활은 출근할 곳이 없는 노후에는 상황이 달라진다. 이 때 꼭 필요한 출근처가 길이라는 직장이다. 어쩌면 매일 출근하던 시절보다 더 행복한 출근길이 될 수도 있다. 길을 걸으면 돈이 든 월급봉투는 없지만 건강과 행복이 담긴 월급봉투가 주어진다. 이 고마운 건강 행복 봉투가 얼마나 큰 수입 봉투인지 경험하기 전엔 모두 고개를 갸우뚱한다. 죽기 전까지 이 갸우뚱한 고개를 한번 곧추세우면서 살아가기 바란다.

제156장. 부지런한 사람이 가장 많은 시간을 소유한다(2).

게으른 사람은 언제나 시간이 없다며 허둥댄다. 부지런한 사람은 언제나 여유가 넘친다. 그것은 게으른 자의 시간을 빼앗아 부지런한 사람이 쓰기에 그렇다. 장수하는 자와 단명 하는 사람을 특별히 구분 짓는 것도 별 의미가 없다. 쓸모 있는 시간, 꼭 필요한 시간을 얼마나 소유하느냐가 얼마나 오래 사냐를 결정짓는다. 잠을 자는 시간, 아파서 누워 있는 시간, 도박하는 시간, 술 마시는 시간 등은 진정한 삶의 시간에서 제외시켜야 한다. 알토란같은 시간만을 놓고 따지면 80살까지 살아도 100세 산 것처럼 살 수도 있다는 얘기다. 자신의 시간을 어떻게 사용하고 있는지는 시간사용 설명서를 작성해보면 금세 알 수 있다. 짧게 살면서 길게 사는 훌륭한 방법이다. 시시한 시간으로 또 골골 병치레하며 오래 사는 것은 진정한 장수가 아니다. 평균수명과 건강수명이 15년씩 차이가 나는 것은 그런 이유에서다. 잘 헤아려야 하는 부분이다.

제157장. 감(柿)의 유혹에 감기면 감(感)도 잃어버린다.

부드럽고 달콤한 홍시도 한때는 딱딱하고 떫은 감이었다. 감은 다른 열매에 비해 독특하다. 맛도 색깔도 열매에서 나오는 즙도 분명하면서 성깔 있다. 맛은 떫고 달고, 색깔은 푸르고 붉고, 껍질은 부드럽고 딱딱하고, 즙은 쓰고 달 만큼 덜 자란 놈과 다 자란 놈이 극명한 차이를 보인다. 감물은 어떤 세제로도 빠지지 않을 만큼 강하다. 그래서 날염으로 훌륭하게 쓰인다. 열매는 홍시와 곶감으로 쓰이는 등, 감은 변신의 귀재이며 능력 있는 탤런트다. 참 재주가 많다. 감은 마임축제에 나가도 단연 주인공감이다.

제158장. 맹목적인 장수가 문제가 되는 것은 여러 측면의 모두다.

사람은 누구나 오래 살고 싶어 한다. 그러나 자기의 바람이 다른 사람에게 이익이 되는 삶인지 해가 되는 삶인지 헤아려야 한다. 만약 잘못을 저지를 확률만 높이는 장수라면 포기하는 게 낫다. 사실 80살 정도가 적절한 수명이라 여겨진다. 아프면서 숨만 쉬고 90살, 100살을 산들 그것이 무슨 의미가 있겠는가. 예외가 있긴 하지만 극소수다. 80살 정도 되면 모든 부품은 노후화되어 기능은 없어지고 통증은 무시로 나타난다. 체력은 쇠약해져 아무 일도 할 수 없고 어떤 의욕도 생기지 않는다. 숨 쉬는 시체며 식충이 신세가 된다. 모두가 장수를 원하지만 그것은 건강이 어느 정도 따라줄 때의 얘기다. 실제로 장수자는 '내가 왜 이리 오래 사는지 모르겠다. 빨리 데려갔으면 좋겠다'고 푸념한다. 그냥 하는 넋두리가 아니다. 그의 몸과 얼굴과 말에서 절실함이 느껴진다. 보기도 애처롭다. 맹목적인 수명연장에 대한 심각한 고민이 있어야 한다. 어느 한 사람을 재앙이라는 요물이 끝까지 긴 시간을 붙어 다니며 괴롭혀서는 안 된다. 그렇게 마무리한다면 그토록 야속한 마지막이 어디 있는가.

제159장. 인간은 가난 때문에 스스로 철학자가 된다.

일시적 가난보다 지속적 가난이 더 훌륭한 철학적 먹이다. 모두 부자라면 철학자는 태어나기 어렵다. 물론 철학자가 되기 위하여 일부러 가난할 필요는 없다. 배부른 철학자는 탄생 자체가 가능하지 않다. 배부른 호랑이가 더 이상 먹이 사냥을 하지 않음과 흡사하다. 운동도 예술도 사랑도 배가 부르면 제대로 된 운동, 제대로 된 예술과 사랑이 힘들다.

제160장. 사랑을 할 땐 곰보도 보조개로 보인다.

사랑을 할 때엔 모두 눈이 먼다. 정상적인 시력인데 희한하게도 나쁜 것은 보이지 않고 좋은 것만 보인다. 확증편향과는 또 다른 콩깍지다. 눈에 콩깍지가 끼면 곰보는 예쁜 보조개로 둔갑한다. 이 쯤 되면 사랑은 걷잡을 수 없는 상황에 접어든 것이다. 모두 도파민과 세로토닌 호르몬이 하는 마술에 걸린다. 그래도 누구 하나 눈을 멀게 한다며 그 호르몬을 밀어내지는 않는다. 떨어져서는 한시도 살 수 없는 그 유일한 해결방법은 함께 있는 것이다. 그것이 바로 결혼이라는 이름의 약속이다.

제161장. 사마리아는 사랑하고, 마음을 따뜻하게 리드한다면, 아름다운 사이가 된다.

물론 성경에 나오는 사마리아 여인 이야기가 아니다. 동음이의어를 차용하여 만든 이야기일 뿐이다. 실제로 성경에서도 예수를 만난 사마리아 여인은 개과천선하고 깨달음이 와 아름다운 믿음의 여인으로 탈바꿈한다.

제162장. 크산티페적 사고보다는 평강공주적 사고를 가져라.

전자는 비생산적이고 부정적 사고다. 후자는 긍정적 사고이며 생산적 사고다. 치부는 가려주고 약점은 채워주고 장점은 북돋아주어야 한다. 어느 것을 택할 것인가. 부부관계에서나 사회생활에서도 여지없이 적용되어야 한다.

제163장. 사상도 의식도 삶의 가치도 없이 케케묵은 고집만 있는 인

간은 하류다.

인간을 상류, 하류같이 계급적 구분을 짓는 것에는 모순이 따른다. 그러나 하류인간이 되어서는 안 된다는 것은 누구나 공감한다. 하류인간은 경제적, 물질적 문제와는 별개다. 그의 사상과 의식과 인생관, 가치관에 관한 문제와 연결된다. 경제적으로 부유한 삶을 살아도 정신적 거지를 면치 못한다면 하류인생이다. 빈한해도 하류의 삶을 살아서는 안 된다. 그게 쉽지 않은 것은 하류정신이 하류층에 머물도록 허리춤을 꽉 잡아서 그렇다. 뿌리치는 데는 용기와 깨우침의 노력이 불가피하다.

제164장. 사색의 샘은 떨어지는 한 잎 낙엽이다.

싱싱한 잎을 달고 있는 여름엔 사색의 샘은 문을 닫는다. 인간은 신기하게도 낙엽이나 고통이나 슬픔을 가져야만 사색의 문이 열린다. 낙엽귀근, 낙엽은 곧 죽음이며 뿌리로의 회귀며 재탄생의 본래의 모습이다. 그 본원적 모습에서 인간은 사색이라는 깊은 내면을 만난다.

제165장. 설거지해야 그릇 깰 확률이 생기고 붓글씨를 써야 손에 먹물이 묻는다.

눈을 굴려야 눈덩이가 커진다. 새도 집을 지으려면 수백, 수천의 나뭇가지를 물어 온다. 거미도 줄을 쳐야 먹이를 잡을 수 있다. 물론 탁란을 하는 뻐꾸기는 예외지만… 아무것도 하지 않으면 아무 일도 일어나지 않는다. 그러니 그릇 깼다고 또 실패했다고 나무라면 안 된다. 그것이 성공으로 가는 피할 수 없는 과정이라는 사실을 알아야 한다.

제166장. 성공과 행복은 자기가 추구하는 가치를 실현하는 것이다.

우리가 성공 또는 출세라 하면 주로 높은 벼슬이나 높은 자리에 오름을 이야기한다. 그런데 수많은 사람들이 어찌 한정된 벼슬자리에 다 오를 수 있겠는가. 애당초 불가능한 이야기다. 불가능한 일에 목숨을 걸고 매달릴 이유가 있는가. 자신이 가지고 태어난 그릇만큼 소질만큼 만족하며 살아가는 게 지혜로운 삶이다. 물론 국가를 경영하고 회사를 경영할 사람이 필요하다. 그러나 모두가 국가를 경영할 필요도 없고 회사를 경영할 필요도 없다. 자신이 갖고 태어난 소박한 꿈을 실현하며 지구에 태어난 사실을 감사하며 그 가치를 느끼며 실현해나가는 것이 어떤 감투나 벼슬보다 값있고 보람되며 마음의 평안과 풍요를 누릴 수 있는 방법이다.

제167장. 문명의 이기가 인류 멸망을 앞당기는 모순 속에서 빨리 벗어나라.

탈출하는 방법을 빨리 찾지 않으면 더 어려워진다. 지금까지 문명의 이기는 인간의 뇌를 적게 쓰고 손과 발을 적게 움직이는 쪽으로 발전하였다. 굳이 용불용설론을 들먹이지 않아도 사용하지 않는 부위가 퇴화한다는 것은 자명한 이치다. 문명의 이기는 인간의 욕심이 만든 발명품이다. 욕심과 이기의 발달은 어느 정도까지는 평행하나 곧 한계를 맞는다. 그것은 인류의 생존문제와 맞닿아 있기 때문이다.

제168장. 밭에서 괭이질하며 글을 고르고 삽질하며 글을 푼다.

괭이질은 글을 고르는 작업이며 삽질은 글을 퍼내는 작업이다.

제169장. 세상의 모든 사람은 위대한 개인이다.

이 세상은 얼핏 보면 잘난 소수가 이끌어가는 것처럼 보이지만 실은 그게 아니다. 어떤 하나의 사건이 만들어지려면 물리적, 공간적, 시간적 상황이 한 치의 흐트러짐 없이 일치할 때 일어난다. 마찬가지로 소수의 리더도 이와 같이 어떤 조건과 상황이 맞아 그 자리에 앉게 되었을 뿐이다. 예외적으로 극소수가 있을 수 있겠지만 본래적으로 그런 자질을 갖고 태어나지 않았다는 말이다. 그렇지 않은 다수의 보통 사람도 그 상황과 조건이 만들어지면 그 자리에 누구나 오를 수 있다. 사람이 자리를 만드는 게 아니라 자리가 사람을 만든다는 이야기는 그래서 나온다. 인간의 탄생 비밀을 조금만 들여다보면 개개인의 인간이 얼마나 위대한 개인인가를 실감할 것이다.

제170장. 손자는 약효가 사라지지 않는 천연 보약이다.

모든 보약은 약효가 미치는 기간이 있다. 만약 한 번의 복용으로 약효가 영구적이라면 약을 취급하는 모든 곳은 문을 닫아야 할 것이다. 그런데 천연 보약이 있다. 그것은 바로 손자라는 보약이다. 이 약은 약탕기에 다리는 불편도 없다. 비싼 돈을 주고 사지 않아도 된다. 그저 바라보기만 해도 효과가 있다. 함께 밥을 먹고 손을 잡고 걷고 운동하고 이야기하고 놀기만 하여도 놀라운 약효가 생긴다. 이 보약을 복용하는 사람이 세상에서 제일 행복한 사람이다.

제171장. 진정한 자유는 제약이 제약되지 않는 자유다.

제약이 없는 자유, 제약이 제약을 넘어서는 자유여야 한다. 어떤 사소한 제약도 진정한 자유를 해친다.

제172장. 술은 잠자는 영혼을 깨우는 새벽이슬이다.

술은 가장 적은 돈으로 가장 큰 효과를 기대할 수 있는 유일한 것이다. 술은 가장 짧은 시간에 10년 지기를 만드는 묘한 재주가 있다. 가장 많은 돈을 들여 가장 적은 소득을 얻는 것 또한 술이다. 가장 적은 돈으로 가장 크게 망가지는 것 또한 술이다. 이런 술의 이중성을 알고도 늘 속는다. 이 외줄타기의 술이 매력이 되기도 하고 악마가 되기도 한다. 이것은 술이 가지는 고유의 각성효과 때문이다. 그러나 지나친 술은 영혼을 영원히 잠재우기도 한다. 늘 야누스의 얼굴을 하고 있음도 간과하면 안 된다. 절제는 이곳저곳 모두 적용된다.

제173장. 시련은 아이디어의 보고이며 안락은 창의의 무덤이다.

평범함은 그냥 평범함일 뿐이다. 좋은 날씨는 그냥 평범한 날씨일 뿐이다. 모든 평범함은 맛이 밍밍하다. 아침에 해 뜨고 저녁에 해 지는 일은 평범함의 대표적 일상이며 어떠한 화제도 될 수 없다. 그 평범함의 일상을 조금만 비틀면 재미있고 흥미로우며 감칠맛이 난다. 일상을 비틀 수 있는 것은 바로 자신이며 삶의 기술이된다. 평범함과 안락은 모든 사고의 문을 닫는다. 뇌가 움직이지 않는다. 이 세계를 좋은 날씨 속에서만 바라보지 말고 비바람 부는 날 일부러라도 집을 나서보라. 전혀 딴 세상이 눈앞에 펼쳐질 것이다. 흔히 여행을 이 생에 살면서 다른 생을 살아보는 것이라고 하는 것도 이런 이유와 맥을 같이한다.

제174장. 여행은 99%의 고통과 99%의 행복이 공존하는 육체와 정신의 싸움이다.

이것은 여행방정식이다. 이 여행방정식을 믿고 실행하기 바란다.

제175장. 신문은 아무런 노동 없이 캐는 하얀 금이다.

신문의 효용성, 유용성, 가치성은 아무리 강조해도 지나치지 않는다. 지금의 시대는 오프라인을 벗어나 온라인 시대로 빠르게 변하고 있다. 모든 사람들이 스마트폰 하나만 있으면 그곳에서 정보를 찾고 읽는다. 그러나 종이신문의 가치를 따를 순 없다. 나는 신문 스크랩을 49년째 해오고 있다. 11개 장르를 연도별, 날짜별, 종목별로 일목요연하게 정리한다. 80쪽짜리 클리어파일이 600권을 훨씬 넘는다. 그 스크랩북은 내게 있어 광맥이다. 금광이기도 하고 탄광이기도 하며 석유가 나오는 밭이며 희토류가 나오는 땅이기도 하다. 그러나 이걸 캐겠다며 곡괭이를 메고 땅속 깊이 들어가 파내는 위험을 무릅쓰지 않아도 된다. 앉아서 편하게 금을 캘 수 있다는 것이다. 매장량은 무한하다. 어떤 눈을 가진 주인을 만나느냐의 문제이지 매장량과 존재 여부를 따지는 건 무의미하다.

제176장. 돈이 많아도 아침밥을 두 번 먹을 수는 없다.

돈이 많아도 두 켤레의 고급 신발을 동시에 신을 수는 없다. 아무리 넓고 큰 집에서도 잠자는 공간은 반 평도 되지 않는다. 돈이 많아도 여름에 모피코트를 입을 수는 없다. 돈이 많아도 좋은 차 두 대를 동시에 탈 수는 없다. 돈이 많아도 돈이 없어도 큰 차이가 나지 않는다. 그러니 너무 애쓰며 살아가지 않아도 된다. 언제나 알맹이가 문제지 거죽은 문제가 되지 않는다.

제177장. 문명의 발전은 분명 끝이 있다는 점이다.

문명은 그 성질상 한없이 발달할 수는 없다. 맹목적으로 편리라는 마약에 취해 문명을 추종한다면 인류는 멸망에 이른다. 하루빨리 온전한 정신으로 돌아와 원시와 자연에 빠져들어야 한다. 문명의 발전은 그 끝이 반드시 있다. 문명의 발전은 인류의 멸망을 보는 가장 확실한 증거다. 크고 느려 지구의 움직임을 인지할 수 없듯 문명의 발달 또한 길고 느려 우리가 인지하지 못할 뿐이다. 아이들이 자라고 봄이 자라는 것이 잘 감지되지 않음과 같다.

제178장. 신비와 마주하는 사람은 늙지 않는다.

신비는 뇌파를 빠르게 작동한다. 첫 경험과 호기심은 늘 마음을 들뜨게 한다. 그 속엔 신비라는 선물이 있기 때문이다. 그 신비와 마주하는 사람은 늙을 사이가 없다.

제179장. 신은 없다. 사후(死後) 효(孝)는 아주 관념적이며 교육으로 머물 뿐이다.

사후세계는 존재하지 않는다. 다만 죽음에 대한 두려움을 조금이나마 위로해주고 약한 마음을 붙잡아주기 위한 수단에 지나지 않는다. 자손들의 우애와 화목이라는 이름으로 또 도덕적, 윤리적 많은 장치도 나약한 인간을 위하여 관념화시킨 것일 뿐이다.

제180장. 실패를 마음껏 축하하라. 그보다 더 좋은 성공 거름은 없다.

실패를 그리워하거나 환상하지는 않는다. 그렇다고 실패가 절망의 대상이 되어서도 안 된다. 사실 실패만큼 자연스러운 성공 자양분은 없다. 성공은 언제나 그 실패를 먹고 크기 때문이다.

제181장. 싸움은 집 안 싸움과 집 밖 싸움 두 종류다(1).

인간은 이 두 싸움으로 늘 갈등한다. 집을 지키는 안 싸움은 작은 싸움이고 집 밖의 싸움은 큰 싸움이다. 어떤 싸움이 진짜 싸움인가. 인간에게 있어 싸움은 필연인지 모른다. 큰 싸움과 작은 싸움 속에서 늘 갈등을 겪기 때문이다. 그 가늠은 현실과 가치가 결정하지만 워낙 많은 판단 기준이 있어 갈등을 겪는 것이다. 개인이나 국가나 마찬가지다.

제182장. 아름다운 마무리는 하나의 현상이지 남김이 아니다.

남김에 매달리면 아름다운 마무리는 이루어지지 않는다. 인간은 만족과 남김을 추구한다. 아름다운 마무리를 위해서는 현상의 마감에서 끝나야 한다. 현상의 마감이 이루어지지 않으면 추한 일이 반복될 뿐이다.

제183장. 아름다운 인생의 토대는 음주와 삶의 균형(Drinking & Life Balance)인 드라밸과 공부와 삶의 균형(Study & Life Balance)인 스라밸과 여성과 삶의 균형(Female & Life Balance)인 휘라밸의 균형을 잘 헤아려야 한다.

아름다운 인생은 술과 공부와 여자와의 조화로운 관계가 좌우한다. 이외에도 여러 요인이 존재하지만 작은 무시로도 되는 것들이다.

제184장. 아버지란 신(神)의 또 다른 이름이다.

'어둑어둑해질 무렵 집으로 가는 길에/빌딩 사이 지는 노을 가슴을 짜안하게 하네/광화문 사거리서 봉천동까지 전철 두 번 갈아타고/지친 하루 눈을 감고 귀는 반 뜨고/졸면서 집에 간다. 아버지란 그 이름은 그 이름은 남자의 인생.' 2018년, 11년 만에 발표한 나훈아의 신곡 '남자의 인생' 1절 가사다. 가슴이 짜안하다. 아버지란 보이지 않으면 칠흑의 밤바다고 보이면 동네 앞에 흐르는 작은 개울이다. 아버지란 수탉이다. 병아리 십여 마리 품고 다니는 암컷을 먼발치에서 말없이 지키는 파수병이다. 암컷 등쌀에 병아리 근처에는 얼씬도 못 한다. 아버지는 늘 수탉 같은 그런 존재다. 아버지는 있지만 없다. 아버지는 보이지만 보이지 않는다. 보이는 것 같지만 보이지 않는 것은 신밖에 없다. 아버지는 곧 신이다.

제185장. 직립보행 인간은 앉아 있으면 생각이 깨져 틈이 생기게 된다.

직립인간이 앉아 있는 시간이 많다면 그 본령이 아니다. 단조로운 길을 지루하게 걸어야 생각이 길을 연다. 네발 달린 짐승은 잘 달린다. 직립보행 인간은 발이 두 개라 네발 달린 짐승보다 못 달린다. 네발 달린 짐승은 몸이 일직선이라 새끼를 쉽게 낳는다. 인간은 직립이라 어렵게 출산한다. 인간이 네발 달린 짐승보다 우수한 것은 바로 뇌가 크다는 점이다. 직립이 만들어낸 진화의 산물이다. 뇌가 발달하여 말하고 생각할 수 있는 것이다. 인간의 뇌는 앉아 있을 땐 아무런 자극을 받지 않고 멍청한 상태로 있지만 운동을 하거나 걷게 되면 BDNF라는 뇌 활성화 물질이 활동을 시작한다. 걸을 때 아이디어가 샘솟고 암기가 잘되는 것도 이 물질 덕분이다. 특히 볼 것이 없고 길이 평탄하고 지루한 길이면 생각은 날개를 단다.

제186장. 이 시대에 필요한 것은 아버지 정신이다.

아버지 정신이 되살아나야 한다. 아버지 정신이 살아나지 않는 한 미래는 없다. 아버지가 보이지 않는 시대에 산다. 아버지는 보이지 않지만 보여야 한다. 아버지가 보이지 않는 시대는 암울의 시대요 우울의 시대며 흔들리는 시대다. 아버지란 이름만으로도 권위와 위엄이 있어야 한다. 오늘날처럼 아버지의 이름이 가볍고 유명무실한 적도 일찍이 없었다. 시대의 흐름이라면 잘못된 흐름이며 시대의 요구라면 잘못된 요구다. 이런 가벼움들이 무질서와 혼탁과 각종 범죄를 양산하는 것과 무관할 수 없다. 아버지 정신은 어느 한 시대만의 필요한 정신이 아니라 오래도록 꼬장꼬장한 딸깍발이 정신으로 존재해야 한다.

제187장. 손자는 찬란히 빛나는 천연의 행복 물질이다.

우리가 행복감을 느끼는 경우는 다양하다. 맛있는 음식을 먹을 때, 마음에 드는 옷을 입었을 때, 아름다운 음악을 들을 때, 여행할 때, 좋은 친구와 함께 있을 때, 자기의 목표를 이루었을 때, 갖고 싶은 걸 가졌을 때 등 헤아릴 수조차 없이 많다. 그러나 손자라는 행복 물질을 따를 수 없다. 손자는 그 존재만으로도 단연 최고의 행복 물질이다. 그런데 그 움직임 하나하나는 그야말로 움직이는 행복 공장이다. 손자의 성장 모습은 영원히 사라지지 않는 추억의 샘이며 행복의 샘이 된다.

제188장. 얌전한 은행원이 부뚜막에 먼저 오른다.

한때 '비실이', '바보'의 대명사로 코미디계의 한 시대를 풍미했던 배삼룡, '배삼룡이 사기 치면 다 당한다'라는 말이 유행했던 적이 있다. 사기꾼들은 웃는 얼굴과 깔끔한 옷은 물론 말이 번드르르하다. 상대를 속이기 좋은 조건을 가지고 있다. 그 모든 것들은 창조주의 작품으로 볼 수밖에 없다. 그것을 무기로 살아가도록 지음 받은 것이다. 돈을 다루는 은행원, 신입사원 연수 시엔 어김없이 '돈을 돈으로 보지 말'고 가르친다. 그러나 사람인지라 돈으로 보일 때가 왜 없겠는가. 그런데 사고를 치는 사람의 유형은 거의 비슷하다는 점이다. 상대방 무장을 해제하게 하는 얌전한 사람이라는 점이다. 참으로 신기한 창조주 작품에 탄복할 뿐이다.

제189장. 양심은 종교의 또 다른 이름이다.

양심을 갈고 닦는 데는 금언(金言)이 제격이다. 나무나 바위에 소원을 비는 것은 할 수는 있으나 얻는 것이 없다. 금언을 떡으로 먹고 얻어야 한다. 그래야 양심이 자란다. 본심이나 양심은 종교에서 성령이라고 하는 것과 같은 것이다. 양심을 갈고 닦으며 키우는 것은 자신이 스스로 해야 하는 것이지만 성령은 교회라는 학교에서 목사라는 선생님으로부터 교육을 받는다는 것이 확연한 차이다. 어느 것이나 쉽지 않지만 좋은 결과를 얻는 것은 결국 자신의 몫이다.

제190장. 어느 누구도 자신의 허락 없이는 자신에게 주어진 시간을 빼앗을 수 없다.

심지가 굳어야 하는 이유다. 줏대가 필요한 이유다. 부지런해야 되는 이유다. '다음에', '나중에'라는 시간은 존재하지 않는다. 바로 '지금'만이 나의 시간이다. '지금'을 잃으면 영원히 회수 불가능이다.

제191장. 어머니는 한 가정의 영혼이다.

한 가정에서의 어머니의 위치는 엄청나다. 가인이여정(家人利女貞)은 그래서 중요한 것이다. 영혼 없는 어머니는 한 가정의 몰락을 가져온다.

제192장. 어린이는 꽃으로도 때려선 안 되고 청소년은 꽃의 매를 들어야 하며 성인은 도덕의 회초리로 다스려야 한다.

매가 가끔 사랑의 매인가 증오의 매인가 하며 이슈가 될 때가 있다. 매는 어떤 경우이든 사랑의 매가 되어야 한다. 증오의 매가 되면 감정이 실려 정신적, 육체적으로 자칫 큰 상처를 남길 수 있다. 진정한 사랑은 원칙적으로 물질이 개입되면 안 된다. 그런데 사랑을 곡해하여 모두들 물질로 사랑을 표현한다. 또 그렇게 하는 것을 사랑으로 알고 있다. 사랑과 애정을 먹고 자라야 하는 어린이들조차도 노골적으로 물질을 요구한다. 요즘 어린이들은 눈치가 100단이라 어른의 그릇된 사랑을 역이용한다. 참으로 희한한 세상으로 나아가고 있다.

제193장. 어린이의 눈은 진실을 비추는 거울이다.

어린이의 눈은 매력 만점이다. 흰자위는 한없이 맑아 깊은 산속에 흐르는 계곡물처럼 푸른빛이 감돌고 검은자위는 하얀 접시 위에 쥐눈이콩처럼 또렷하다. 멀리 군중 속에 있는 할아버지를 용케도 알아보고 찾아온다. 작은 것도 돋보기로 보듯 잘 본다. 그도 그럴 것이 수정체가 잘 닦은 거울처럼 깨끗하기 때문이다. 자라면서 흰자위는 점점 누런빛을 띠고 수정체에도 때가 끼어 사물의 본래 모습을 잘 볼 수 없는 것이다. 더군다나 세파에 시달리지 않아 마음 또한 깨끗하다. 그들이 보는 세계는 어떤 이물질이 끼어 있지 않다. 굴절도 더함도 뺌도 없다.

제194장. 어떤 즐거움도 걷는 것과 비교할 수 없다(1).

즐거움에는 여러 종류가 있다. 전광석화처럼 반짝하는 즐거움도 있고 오래도록 잔잔한 즐거움을 주는 것도 있다. 걷는 것은 잔잔하고 오래도록 즐거움을 준다는 데 매력이 있다. 일반적 즐거움은 반복되면 물릴 수도 있고 지루할 수도 있지만 걷는 것은 예외다. 이유는 육체와 정신이 함께 춤을 추고 있기에 그렇다.

제195장. 비록 가시밭길이라도 남들이 가지 않는 길을 걸어라.

최고의 길보다는 최초의 길이 더 좋다. 최초의 길을 가는 사람들은 가시밭을 두려워하지 않는다. 최고보다는 최초의 길을 택하기 바란다. 최초는 늘 새로운 첫 경험과 함께한다.

제196장. 어떤 즐거움도 걷는 것과 비교할 수 없다(2).

길을 걷는 것은 자연으로부터 무한 보너스를 받는 행위다. 길을 걷는 것은 어떤 수입보다 짭짤하다. 시시한 월급쟁이보다 더 많은 수입을 보장한다. 나이 들어서의 수입은 얼마를 벌어오는가 보다 얼마를 쓰지 않느냐가 중요하다. 노인의 수입은 한 달 내내 벌어야 50만 원 넘기기 쉽지 않다. 그러다 한번 아프면 그 수입의 몇 배가 단 한 번에 날아간다. 길을 걷는 것은 행복을 캐는 행위다. 길을 걷는 것은 진리의 보고인 자연으로부터 끊임없이 배우는 행위다. 배움은 즐거움을 안긴다. 길을 걷는 것은 자연의 보약을 달여 먹는 것이다. 보약을 사는 데 어떤 물질도 요구하지 않는다. 이 보약은 약효가 거의 무한정이다. 걷는 것만 잘 실천하여도 노후 준비는 완벽에 가까울 만큼 이루어진다. 걷지를 않으면서 기능식품, 건강식품에만 매달리면 그것은 일회성, 단기성으로 끝난다. 잘 헤아려야 한다.

제197장. 억새 잎은 작은 톱이다.

나무는 베지 못하지만 살은 충분히 벤다. 갈대와 억새는 여러모로 비슷하지만 뚜렷한 차이를 보인다. 가장 확실한 차이는 잎사귀 가장자리에 날카로운 톱니의 유무다. 있으면 억새고 없으면 갈대다. 억새를 다룰 땐 손이 베이지 않도록 조심해야 한다. 억새는 갈대에 비해 키가 작고 물가보다는 들이나 산에서 자란다. 잎맥 가운데 흰 뼈가 있고 없고의 차이도 큰 차이다. 얼핏 보면 비슷하지만 자세히 보면 많은 차이가 난다. 어떤 사물을 대할 때 얼핏 보는 것과 대충 보는 것은 독이다.

제198장. 얼굴 무거운 사람의 속마음이 넓고 바르다.

그런데 삶에서 늘 속는다. 창조주는 그렇게 균형추를 만들었다. 사기꾼들은 웃는 얼굴에 인상이 좋다. 만약 인상이 좋지 않다고 한다면 그들은 밥줄을 놓아야 한다. 다른 사람에게 어찌 접근을 시도하겠는가. 창조주가 다양한 사람을 만들면서 기울어진 운동장이 되지 않도록, 말하자면 눈물 흘리는 삶이 되지 않도록 균형추를 만든 결과이다.

제199장. AI, 즉 인공지능이 발전하면 인간의 종말도 가까워진다.

발전의 끝은 인간의 끝과 맞닿아 있다. 발전은 언젠가는 끝을 맞을 것이며 그 끝에는 인간의 끝이 기다리고 있을 뿐이다. 인간의 머리는 다른 어떤 것보다 우수하다. 그러나 그 우수한 머리가 인류의 멸망과 관련되어 있다는 데 문제가 있다.

제200장. 걷는다는 것은 자신의 뇌를 아이디어 생산 공장으로 바꾸는 행위다.

걸으면 머릿속에서 아이디어와 생각의 뭉치들로 이루어진 수 만 개의 글자들이 들끓으며 다투어 밀려나온다. 글자들은 저마다 절규하면서 쏟아져 나온다. 걸을 땐 뇌 활동이 활발해짐을 수시로 느낀다. 솟아오르는 아이디어와 언어와 글들을 어떻게 주워 담고 정리하고 잘 꿰느냐가 관건이다.

제201장. 여행은 자아를 채우는 잠깐의 출가다.

길을 천천히 걸으며 사물들에 하나하나 눈을 맞추면 안다고 여겨온 풍경의 깊고 아득한 내면으로 떠나게 된다. 여행은 가출이 아니라 출가다. 가출은 외로움과 고립이 몰고 오는 방황으로의 탈출이지만 출가는 자신을 찾아가는 일종의 구도의 길이며 자아를 채우는 충만의 시간이다.

제202장. 연근은 행복마차다.

연근은 행복 바이러스를 실어나르는 마차 바퀴다. 칭기즈칸의 역사를 쓰고 있다. 연근은 영락없는 하트며 마차 바퀴다. 연근을 먹으면 행복하다. 마차는 대몽골제국을 이루는 데 한몫 단단히 하였다. 연근은 테무진 곧 칭기즈칸이다. 연근은 행복마차다.

제203장. 연장은 불에 달구어져 만들어지고 높은 이상은 깊은 고뇌로 만들어진다.

대장간에선 끊임없는 풀무질과 모루 위에서의 연단이 이루어진다. 좋은 연장을 만들기 위함이다. 높은 이상도 이런 풀무질과 연단과 담금질이 있어야만 가능하다.

제204장. 열대야엔 모기 날개바람도 아쉬운 법이다.

모기의 날개바람이 의식되는 순간이 있다. 그 바람은 아주 예민하고 섬세해야 느낀다. 그 바람은 모기의 '앵~' 하는 절규의 소리와 함께 온다. 자식을 키우려는 모정의 절규이기에 바람의 양보다 훨씬 서늘하다.

제205장. 열두 달 명칭

1월은 일찍이 한 해의 삶을 설계하는 달.

2월은 이한치한(以寒治寒)의 계절을 정리하고 새로운 약동의 순간을 준비하는 달.

3월은 삼진날 제비의 귀환을 알아채고 보은의 박씨를 생각하는 달.

4월은 사물의 근원이 물임을 알고 만물의 생명을 물에서 찾는 달.

5월은 오, 아름다운 달. 모든 이가 간절히 태어나고 죽고 싶어 하는 달.

6월은 유두(流頭)의 싱그러움은 햇빛으로부터 기인함을 아는 달.

7월은 칠석(七夕)의 찬란한 은하를 바라보며 우주의 운행이 얼마나 신비한지를 느끼는 달.

8월은 팔곡(八穀)을 익히는 따가운 햇볕으로 지치기 쉬운 몸을 쉬게 하는 달.

9월은 구공(九空)의 서늘한 바람이 몸과 곡식의 낟알에 기운을 불어넣는 달.

10월은 시원(始原)의 의미를 깨닫게 하며 세상 알곡 영근 기쁨에 모두가 웃는 달.

11월은 십일 동짓달은 한 해를 정리하느라 두 다리로 잰 걸음 치는 달.

12월은 십이 섣달은 침묵과 내공으로 삶의 나이테를 만드는 달.

제206장. 지렛대질하며 큰 꿈을 흔들고 낫질하며 잡글을 골라낸다.

지렛대는 자신의 힘으로 움직일 수 없는 대상을 움직일 때 사용한다. 대상은 무겁고 클 수밖에 없다. 큰 꿈은 그 속에 있다. 대신 낫질의 대상은 가볍고 여리다. 그렇지만 귀찮고 잡스러운 대상들이다. 낫이 아니면 제거가 되지 않는다. 글의 첨삭은 낫질이 최고다.

제207장. 의술의 발달은 아픈 기간을 연장하는 모순을 되풀이한다.

그 결과가 오늘의 장수시대를 열었다. 결과적으로 의술이 발달하지 않고 수명이 짧았던 시절과 미미한 차이는 있으나 별반 다를 바 없다. 의술의 발달로 불치병을 낫게 하고 미리 병을 알아 예방하는 등 분명 환영할 만하다. 그러나 건강수명과 평균수명의 격차를 보면 고개가 갸우뚱해진다. 평균수명이 81세라고는 하지만 건강수명은 67세에 불과하다. 이 14년의 격차를 어떻게 설명해야 하나. 건강수명을 기준으로 하면 수명이 예전과 비교하여 크게 늘어난 것도 아니다. 종합병원도 개인병원도 늘 아픈 사람들로 북적댄다. 경제적 측면을 무시할 수 없다. 물론 복지가 어느 정도 자리를 잡아 부담이 다소 줄었다고는 하지만 삶의 질은 크게 나아지지 않는다. 아픈 것은 아픈 것이다. 질병으로 받는 고통은 고통대로 따르는 것이다. 병원에 다니면서 오래 사는 것이 아니라 병원에 가지 않고 오래 사는 방법을 찾는 것이 중요하다. 그것은 바로 예방의

학이다. 운동이다. 그것을 전 국민에게 주지시키는 의식 확산이
답이다.

제208장. 길은 하나의 두꺼운 잠언집이다.

길은 위대하다. 길은 말이 없지만 말이 있다. 다만 그 말을 잘 듣
지 못하고 이해하지 못할 뿐이다. 꽃의 향기를 맡기는 쉬워도 듣는
것(聞香)은 어렵다. 우리가 길에서 얻는 교훈은 엄청나다. 들을 수
도 있지만 듣지 못할 수도 있다. 들을 수 있는 경지까지 나아가야
한다.

제209장. 인간은 자연의 일부일 뿐이다.

인간도 자연의 일부일 뿐이다. 저기 서 있는 나무나 길가에 피어
있는 꽃처럼 말이다. 다만 조금 고등동물일 뿐이다. 모든 동식물
은 나름대로의 생존을 위한 의식이 있다. 그 의식의 확장, 축소, 고
저가 존재할 뿐이지 멸시나 존귀, 우월 같은 걸 위해서는 아니다.

제210장. 인기나 재산은 후손들에게 쓸데없는 교만함만 남겨준다.

죽은 자는 알지 못하고 산 자는 우쭐거릴 가능성만 높아진다.
재산은 독이 든 축배다. 재산은 나약함과 방탕함을 위한 불쏘시개
다. 어떤 경우에도 예외는 없다. 독배를 웃음으로 마시는 정신병자
가 아닌 바에야 거리를 두는 게 최고의 방책이다.

제211장. 인생 후반부의 행복은 어떤 이론이나 수사(修辭)도 하나의 구실에 불과하다.

결론은 걷기와 공부다. 이것만이 노후에 행복해질 수 있는 절대적 가치다. 인생 후반부의 행복의 절대적 요소는 걸을 수 있느냐 없느냐의 여부에 달려 있다. 이 절대적인 요소를 가볍게 여기는 사람이 너무 많다. 모든 운동은 걸을 수 있는 것과 맞춰져야 한다. 그 다음은 공부로 균형을 맞춰야 한다. 다른 것으로 허둥대면 인생 전체가 허둥거려진다. 다른 모든 것들은 구차한 수단 방법의 천조각이에 불과하다.

제212장. 영혼이 가난하면 몸이 아프다.

몸이 아프면 약을 복용하면 되지만 영혼이 가난하여 아픈 몸은 약이 없다. 유일한 약은 영혼을 풍성하게 하는 것이다. 그것은 독서와 여행이다.

제213장. 온 세상이 여행의 목적지다.

좋은 곳, 나쁜 곳이 따로 존재하지 않는다. 좋은 곳을 여행한다며 평생 여행비용 모으고 기다리는 사람이 있다. 매우 어리석은 짓이다. 여행의 목적지는 이 세계의 모두다. 어떤 눈을 가지고 세계를 대하느냐의 문제일 뿐이다.

제214장. 완벽은 부족한 것을 채우는 것이 아니라 부족분을 버리는 것이다.

부족한 부분을 채우는 것은 어렵다. 그 부족분을 버리는 것이 쉬운 길이다. 전체에 완벽을 기하기는 어렵지만 부분의 깊이를 파는 것은 훨씬 쉽다.

제215장. 요트는 바람이 없는 것이 문제이지 바람이 부는 것은 문제
되지 않는다.

바람은 큰 바람도 문제이지만 작거나 아예 없는 것도 문제다. 모
든 곡식과 꽃의 수분이 되지 않아 인류는 기근으로 멸망할 것이
다. 인류의 생존과 밀접한 관계가 있는 경우를 제외하더라도 작은
바람은 우리의 기분을 좋게 하고 이마에 흐르는 땀을 씻어주고 요
트를 앞으로 나아가게 한다. 큰 바람도 꼭 나쁜 것만은 아니다. 병
든 나뭇가지치기도 하고 바다를 한 번씩 뒤집어 적조현상을 없애
는 등 생태계 순환을 돕는 큰일을 해낸다.

제216장. 욕심 비만을 다이어트하라. 그것이 장수의 비결이다.

장수의 비결은 여럿 있다. 전문가들은 소식, 소일거리, 긍정적
마음, 봉사활동 등을 꼽는다. 이 외에도 음식이나 규칙적인 생활,
운동 등을 친다. 그러나 무엇보다도 욕심을 내려놓아야 한다. 비
결이라고 일컫는 것 중에도 그 속에 욕심이 존재한다면 의미는 퇴
색한다.

제217장. 우리에겐 뼈를 깎는 창조적 고독이 필요하다.

고립은 해악적이지만 고독은 필요하다. 모든 창의는 고독이 만들
어낸다. 고독의 시간을 갖지 못하면 자신을 잊는다. 자신이 없는데
창의가 일어날 수 없다.

제218장. 웃음은 사악한 마음을 감추는 훌륭한 도구다.

그러니 삶에서 늘 속는다. 창조주는 균형의 추를 그렇게 만들었

다. 웃음의 뿌리는 위 '상'자와 소리 '음'자가 합쳐져 만들어졌다. 위에서 들리는 소리, 즉 복음이다. 웃음은 거의 모두 좋은 것이다. 그러나 비웃음은 상대를 매우 불쾌하게 한다. 한술 더 떠서 그 웃음이 사기와 관련을 맺는 경우도 있다. 이럴 경우는 당하는 사람의 피해는 커진다. 본심은 마음과 몸이 한곳에 있는 경우를 일컫음인데 마음이 콩밭에 있는데 웃음으로 그것을 완벽하게 감춘다는 것이다. 미소 띤 얼굴과 이유 없는 친절에 대한 경고는 그래서 유효한 것이다. 사기꾼은 늘 웃는 얼굴에다 좋은 인상을 가지고 있다. 창조주가 그렇게 살도록 한 가지 기능을 준 것이다.

제219장. 월백(月白), 설백(雪白), 천지백(天地白). 월황(月黃), 행황(杏黃), 천지황(天地黃).

달은 밝고 눈은 희고 온 천지가 하얗다. 달은 누렇고 은행도 노랗고 천지는 온통 노르스름하다. 참으로 좋은 경치다.

제220장. 이 세상에서 제일 사랑해야 할 대상은 바로 자신이다.

사랑이 없는 게 문제가 아니라 사랑할 대상이 없는 것이 문제다. 사랑의 대상이 얼핏 생각하면 부모, 아내, 자식, 연인, 꽃 등일 것 같지만 우선순위 1위는 자신이다.

제221장. 여행의 참맛은 불규칙의 규칙에 있다.

여행은 매력적이다. 여행은 마치 나비의 비행궤도와 비슷하다. 나비의 불규칙한 비행이 느리지만 오늘까지 존재케 된 큰 이유가 된다. 여행도 한 치 앞을 내다볼 수 없는 미지의 세계를 뚜벅뚜벅 걷는 것이다. 어찌 보면 참으로 무모하다. 그렇지만 여행의 참맛이 바로 그것인 걸 어쩌랴. 만약 여행이 규칙적이거나 예측 가능하다면 여행이 주는 매력은 이토록 강하지는 않을 것이다.

제222장. 자유와 부자유 사이가 가장 너른 공간이다.

우주는 한없이 너른 공간이다. 그러나 인간의 자유와 부자유의 간극만큼은 아니다.

제223장. 이슬은 신의 눈물이다.

우주에 존재하는 모든 동식물을 키우고 먹이고 하려면 신은 참으로 많은 재주를 가지고 있어야 한다. 눈물로 그들의 생명을 보살펴야 한다. 동식물은 그 이슬을 먹고 자라기 때문이다.

제224장. 이슬은 풀잎의 땀이다(2).

이슬은 하늘이 내리는 생명이다. 그 생명을 마시고 흡입하여 만물이 자라며 생기를 유지한다. 땀은 생명체에서만 볼 수 있는 유일한 근거다.

제225장. 수박은 맞아야 노래한다(2).

잘 익은 수박도 자랄 때의 색깔과 동일하다. 그래서 판단에 애를 먹는다. 결국은 두들겨 맞는다. 세계의 생물은 생존과 번식을 위해 은폐 엄폐를 무시로 한다. 변화무쌍하지만 수박만은 예외다. 얼룩말이 현란한 줄무늬로 포식자의 눈을 헷갈리게 하듯 수박도 아름다운 줄을 믿고 일관된 색깔을 유지하며 생존본능을 드러낸다. 수박은 맞으며 노래하는 유일한 과일이다.

제226장. 인간은 자연보다 우월하지 않다.

단지 미련한 인간만 우월의식을 가진다. 우리가 동식물의 대화나 감정을 이해하지 못하듯 동식물 또한 우리들의 대화나 감정을 알지 못한다. 상대의 언어와 감정 구조는 무시한 채 자신의 편의대로 해석하여 우월한 척하는 데 문제가 있다. 옻나무나 뱀의 독은 그들의 성냄이다. 모든 동식물은 정도의 차이만 있을 뿐이지 모두 화내고 성낸다. 서로의 영역이 있음을 알려준다. 그러나 인간은 그들의 감정을 무시한다. 우월의식은 무지에서 비롯된다는 사실을 알아야 한다. 개울에서 낚시를 할 때 피라미 몇 마리 정도 잡으면 더 이상 고기가 잡히지 않는다. 그들 나름의 점호를 취하고 인원점검을 한다는 사실을 인지하게 된다. 그들의 부모가 새끼의 숫자가 적거나 모자란다면 사고가 났든지 탈영을 했든지 둘 중 하나라고 생각할 것이다. 부모가 자식의 안위를 위해 외출 외박 금지령을 내렸을 수도 있다. 개미가 다리를 다친 개미를 끌고 간다. 두 가지 해석이 가능하다. 하나는 먹잇감으로 쓸 수도 있고 다른 하나는 병원 같은 게 있어 치료를 위한 응급실 행일 수도 있다. 이렇듯 우리가 모르는 동식물세계는 다채롭다. 인간에게 유리한 자의적 해석은 금물이다.

제227장. 당신이 좁쌀을 세고 있을 때 경쟁자는 호박을 세고 있다.

이미 태어날 때 좁쌀과 호박을 각각 가지고 태어난다. 살아가면서 많은 노력을 기울여도 좁쌀은 콩의 크기 정도에서 그친다.

제228장. 인간을 아무리 잘게 쪼개고 분석하고 파헤쳐도 인간 밖은 존재하지 않는다.

따라서 인간의 본연을 능가할 수는 없다. 능가한다면 그건 억지고 궤변이다. 인간의 본연을 따지고 분석하는 것은 매우 어려운 문제다. 그 언저리만 언제나 맴돈다.

제229장. 인생은 100년간 하는 긴 여행이다.

당일치기 여행과 1박 2일의 여행은 준비물 자체가 다르다. 하물며 100년간 하는 여행에 있어서는 더 말할 나위가 없다. 어떤 준비물을 어떻게 해야 하는지는 전적으로 자신의 문제다. 목적지에 도달하면 그때서야 어떤 여행이었는지가 드러난다.

① 유배형 여행: 다산 정약용, 추사 김정희
② 감옥형 여행: 김대중, 넬슨 만델라
③ 지구 돌리는 여행: 아인슈타인, 링컨, 피카소, 뉴턴
④ 공부 여행: 공자, 소크라테스
⑤ 방랑 여행: 매월당 김시습, 난고 김병연, 토정 이지함, 고산자 김정호, 청담 이중환
⑥ 도전 여행: 아문센, 고상돈, 박영석, 베르나르 올리비에, 켄 파워즈, 셰릴스트레이드

제230장. 자신만의 인생의 무기를 만들어라.

장점과 단점을 적어보라. 자기를 똑바로 바라보는 능력이 필요하다. 장점을 무기로, 단점은 보완으로 자기만의 무기를 만들어라. 전쟁의 무기는 총과 칼이다. 인생의 무기는 머리와 가슴이다. 어떤

총과 칼을 만들 것인가도 머리와 가슴이 할 일이다.

제231장. 여행은 즐기기가 아니라 위대한 자각이다.

여행은 시작도 끝도 늘 집이다. 돌아가기 위해 떠난다는 역설이 통하는 이유다. 왜 떠나는 걸까. 떠나면 행복해서다. 여행을 하면 왜 행복할까. 그 답은 배움(Learning)이다. 이 여행의 참맛을 깨달아야 한다. 여행은 집을 떠나는 순간부터 돌아올 때까지 배움의 연속이다. 여행의 행복감은 배움 뒤에 자연히 따라오는 부산물이다.

제232장. 인생 후반부의 행복과 꿈은 장딴지와 허벅지 크기가 좌우한다.

날씬한 다리는 100세 시대의 흉악범이다. 노인의 투박하지만 튼실한 하체는 세련되고 파워풀한 탱크의 캐터필러의 굉음처럼 자신만의 행복음을 지속적으로 낼 수 있다.

제233장. 인생 후반부 행복의 요체는 걷기와 공부다.

단순한 수명의 연장은 자칫 재앙이 되기 쉽다. 따라서 철저한 준비가 필요하다. 그 준비는 걷기와 공부 두 가지로 요약된다.

제234장. 인간의 삶은 고뇌와 고통이라는 삶의 연속을 벗어날 수 없다(1).

삶은 행동과 말의 충돌, 본질과 비본질의 충돌, 사랑과 미움의 충돌, 미움에서 탈출하지 못하는 내면과의 충돌의 연속이다. 행복은 그저 순간이다. 인간은 원래 그렇게 만들어졌다. 이것을 벗어나는 삶은 곤충이나 미물의 삶이다.

제235장. 자동차 버리면 지구는 내 것이다.

자신이 자동차를 버리지 않는다면 자동차가 자신을 버리게 된다. 노후에 자동차를 버리는 행위는 일생에서 가장 위대한 결단의 하나가 된다. 그 깨달음은 90세가 지나야 절절하게 가슴을 파고든다. 자동차를 버리면 비로소 지구의 임자가 된다. 내 땅이기에 내 발로 밟고 다닌다. 흙냄새, 풀냄새를 맡으며 지구의 주인으로 지구를 돌보며 손잡고 함께 살아갈 수 있다. 편리라는 얄팍함에서 벗어나 불편이라는 투박함으로 빠른 갈아타기를 시도하는 현명함이 요체다.

제236장. 자매의 우애는 작은 목소리로 서로 짧게 말하는 것으로 된다.

자매의 우애는 목소리가 크면 이루어지지 않는다. 언제 어디서나 작은 목소리, 소곤대는 목소리가 효력을 발휘한다. 어느 일방의 장황한 이야기도 자매의 우애를 깬다. 언제 어디서 어떤 위치이건 탁구게임 같은 대화가 필수적이다. 사회생활도 그렇다.

제237장. 자식을 사육 꿩처럼 키우면 안 된다.

사육 꿩은 옆은 볼 수 없고 오직 앞만 볼 수 있도록 장치를 해놓았다. 꿩은 성격이 난폭하다. 좌충우돌한다. 사육사들은 그들의 성격을 아는지라 좌우를 볼 수 없도록 장치를 한다. 이관규천(以管

窺天)은 대롱구멍으로 하늘을 본다는 뜻이다. 전후좌우를 보아야 전체를 볼 수 있다. 좌우를 막아놓으면 편향, 편견, 사시(斜視)가 자리하기 쉽다. 균형 있는 사고를 키우려면 사육 꿩 같은 맹목적인 고집쟁이가 되어서는 안 된다.

제238장. 여행은 상처와 치유를 동시에 엮어가는 긴 과정이다.

향유고래의 향유는 고래의 내상(內傷)에서 얻어지며 송진은 소나무의 상처에서 얻는다. 여행을 하면 뇌와 가슴에서 상처를 치유하는 부드러운 연고가 가래떡처럼 밀려나온다.

제239장. 자신의 창조적 파괴만이 이 사회의 파괴를 막는다.

창조적 파괴는 엉뚱함과 비틀기다. 이 엉뚱함과 비틀기는 집중 견제를 받을 수도 있다. 창의는 기죽으면 싹을 틔울 수 없기에 심지가 군건해야 창조적 파괴에 도달할 수 있다. 그렇게 해야만 폐쇄적 틀을 허물게 된다.

제240장. 자신이 중요한 건 존재 그 자체다.

존재만이 모두를 아우른다. 이기와는 또 다른 것이다. 부존재는 모든 것과의 절연 상태며 무를 의미한다. 존재 자체로서 이미 모든 것과의 연결이며 통로이다. 이기와는 또 다른 소통이 된다.

제241장. 이 세상에서 제일 사랑해야 할 존재는 자신의 몸과 사상과 정신이다.

이쯤 되려면 자기 확신과 적절한 나르시시스트가 되어야 가능하다.

제242장. 자존심이란 약점을 감추려는 자기 허울이다.

알량한 자존심은 언제나 큰소리를 무기로 삼는다. 자신의 약점을 들키지 않으려는 발버둥이며 본성이다. 안타깝지만 어쩔 수 없는 현상이다.

제243장. 작은 일에 낑낑댈 게 아니라 지구를 돌리는 일에 낑낑대야 한다.

지구에 하나의 생명체로 등장할 땐 창조주가 어떤 특별한 임무를 지워 보낸다. 그 임무가 무엇인지 찾아내는 게 급선무다. 어떤 일이든 지구 돌리는 일과 관련 있다고 생각하는 게 중요하다.

제244장. 재목(材木)을 화목(火木)으로 쓰는 것만큼 큰 어리석음은 없다.

우선은 재목과 화목을 구분하는 눈을 가져야 한다. 삶에서 재목(材木)을 재목으로 보는 눈, 화목(火木)을 화목으로 보는 눈은 매우 필요하다. 그런 눈을 만들어 가는 게 인간의 배움이다. 그 눈은 여행과 공부와 독서가 만든다.

제245장. 위대한 작품은 참담한 고통의 산물 아니면 절대고독이 만든 작품이다.

절대고독은 글을 만들고 그림을 만든다. 절대고독은 인간의 가슴속 파편들을 끌어 모아 진실의 사리를 만들어내고 하얀 머리를 반죽하여 파란 머리로 만든다. 다산이 500여 권의 책을 강진의 만덕산 기슭에서 18년간의 유배생활 동안 그렇게 썼고 추사가 제주

대정마을에서 8년 3개월의 유배생활 속에서 추사체를 완성하였고 세한도를 그렸으며, 정약전이 흑산도에서 자산어보를 만들어낸 것은 모두 고통과 고독이 만든 아름다운 유산들이다.

제246장. 젊음이란 성장호르몬이 지나칠 만큼 넘치는 시기를 일컬음이다.

반면에 나이가 들면 끊어지거나 줄어든다. 평균수명이 60살이 채 안될 땐 문제가 없지만 100세 시대를 살아가는 지금은 인간의 생체설계가 맞지 않는다. 생체설계가 다시 짜져야 한다. 호르몬 은행이 필요한 이유다. 펄펄 끓던 젊음은 40대 중후반에 이르면 바람 빠진 풍선처럼 쪼그라든다. 모두 테스토스테론과 에스트로겐 호르몬의 감소로 생기는 현상이다. 호르몬이 나오기 시작하는 때와 사라지는 시점에는 변화가 없는데 인간의 수명은 50년 가까이 늘어났다. 그렇다면 이 늘어난 50년의 기간을 어떻게 하면 젊고 활기차게 일하며 즐기며 행복하게 살 수 있을까를 연구해야 한다. 이에 대한 연구와 발명이 없다면 장수는 큰 재앙으로 다가와 우리를 우울하게 할 것이다. 그 해법으로 호르몬이 사라지는 시기에 대비해 자신의 호르몬을 저축할 수 있는 호르몬 은행을 만들어야 한다.

제247장. 젊은이는 어깨 받침을 넣은 양복이며 노인은 어깨 받침이 없는 점퍼다.

젊은이는 튼튼한 뼈와 살과 근육과 힘이 있어 언제나 각지고 반듯하다. 노인은 그 반대여서 어깨는 좁고 등은 굽어지며 인간 본연의 모습은 서서히 사라진다. 볼품없고 빈약해지는 것은 자연스러운 현상이지만 애처롭다. 미리미리 대비하면 적게는 1년, 많게는 30년까지도 늦출 수 있다.

제248장. 젊은이여, 여행과 마라톤으로 삶의 동아줄을 만들어라.

삶의 동아줄은 평생 자신의 뒷줄이 된다. 여행에서 얻어진 건강과 지혜, 마라톤으로 얻어진 도전정신과 끈질김은 아무것도 가진 것 없는 젊은이에게 엄청난 삶의 동아줄이 되어줄 것이다.

제249장. 정당한 욕심은 늙지 않는 유일한 열정이다.

욕심은 정신적이든 물질적이든 가장 강력한 발전 에너지다. 다만 욕심의 크기와 투명성이 늘 문제다. 욕심의 조절은 수행이며 수행 방법의 첫 번째는 공부요 두 번째는 도보여행이다.

제250장. 종교는 곧 양심이다.

종교와 관련된 것들은 종교의 도구다. 인간이 기댈 곳을 찾는 것은 마음이 약해질 때이다. 약해질 때 적절하게 이용하는 것이 기댈 곳이다. 그 기댈 곳에 이름 붙인 것이 지금의 여러 이름표를 달고 있는 종교. 양심을 움직이는 으뜸은 종교다. 이것은 개인을 움직이는 동력이 되며 또 정치를 할 때나 사람을 집단으로 움직여야 할 때도 훌륭한 장치가 된다.

제251장. 종기에 새 살이 돋듯 분노, 좌절, 실패를 겪어야 지혜의 새 살이 돋는다.

종기는 고통을 안긴다. 그러다 나을 때는 새살이 돋아난다. 분노, 좌절, 실패할 때도 서로 다른 크기의 고통이 따른다. 그러다 일정한 시간이 지나면 큰 삶의 지혜가 되어 새싹처럼 돋아난다. 그때까지는 인고의 시간이 필요하다.

제252장. 좋은 글과 말은 뇌에 연착륙하지만 나쁜 글과 말은 경착륙한다.

이중의 스트레스를 받지 않는 것이 좋은 글과 말이다. 뇌에 나쁜 영향을 끼치는 것은 몸 전체의 악영향과 맞닿아 있다.

제253장. 좋은 나무꾼은 선녀를 만난다.

근자열원자래(近者悅遠者來), 가까이 있는 사람이 즐거워야 멀리 있는 사람도 온다. 자신이 선하면 주위에 선한 사람이 모이고 그렇지 않으면 그렇지 않은 사람이 모인다. 이것이 세상의 이치다.

제254장. 주머니가 얇으면 뇌가 풍성해지고 주머니가 불룩하면 뇌가 얇아진다.

주머니가 얇아야 KO 펀치가 나오고 주머니가 얇아야 글감이 풍성해진다. 배가 부르면 펀치는 물러지고 글쓰기는 건조한 가슴이 되어 글이 마른다. 이 아이러니가 모든 예술가를 가난하게 만든다. 그건 숙명이다. 배가 부른 채 하는 모든 행위는 내면의 깊이를 이룰 수 없다.

제255장. 싸움은 집 안 싸움과 집 밖 싸움 두 종류다(2).

개인이나 국가나 마찬가지다. 누구나 평생 동안 1대 100의 외로운 싸움을 한다. 그래서 명장이 되는 명승부가 어렵다. 마지막 승부처가 함락되어도 항복할 수 없는 이유가 된다. 자질구레한 수백, 수천의 이유는 언제나 존재한다. 어려운 결단의 순간들이 수시로 몰려온다. 그것들을 뛰어넘지 않으면 어떤 것도 이루지 못한다. 어떤 싸움에 가치를 두고 어떤 대비를 하느냐가 중요하다.

제256장. 지금의 세계는 자본주의 끄트머리다.

소위 극자본주의 시대다. 부익부 빈익빈의 극심한 양극화가 더 이상 나아가기 불가능한 팽창시점이 온다면 그 대안을 찾아 '수정극자본주의(修正極資本主義)' 현상이 나타날 개연성이 매우 크다. 완벽한 정치체제나 시장경제는 존재하지 않는다. 다양하고 복잡한 인간의 본질이 관련되어 있기 때문이다. 그나마 자본주의는 흠이 적은 메커니즘 중 하나다. 그러나 자본주의도 그 임계점에 다다랐다. 수정자본주의도 모자라 이젠 수정극자본주의(修正極資本主義)로 나갈 것이다. 과연 그렇게 될 때 그 끝은 어떻게 될 것인가 적이 염려스럽다.

제257장. 지식의 사드(THAAD)로 당신의 미래를 구축하라.

내 몸은 내가 지킨다. 내 인생도 내가 지킨다. 내 인생은 나의 삶이다. 나의 삶을 위해 지식으로 무장하라. 내 몸에도 넓고 깊은 지식으로 고고도 미사일 방어망 체계를 구축하라. 그것만이 나를 위험에서 구출한다.

제258장. 지금 이후는 모두 새날이며 첫 경험이다.

지금이 중요한 이유다. 오늘은 내 남은 인생에서 가장 젊은 날이다. 오늘은 어제의 내일이요, 내일은 어제의 오늘일 뿐이다. 그런 날은 존재하지 않는다. 오직 지금만 존재한다. 지금은 매우 짧은 순간이다. 잡지 않으면 잡히지 않는다. 그래도 지금을 의식하면 꽤 머문다는 점이다.

제259장. 칭찬은 용기 있는 자의 멋진 언어다.

칭찬은 쉬운 듯 어렵다. 칭찬은 상당한 용기를 필요로 한다. 그것은 상대를 칭찬하게 되면 자신이 작아지기에 그렇다. 상대방을 크게 하고 자신을 작게 하는 것이 생각만큼 쉽지 않다. 그래서 칭찬받는 사람도 칭찬하는 사람도 크게 보이는 것이다.

제260장. 질투란 인간의 교만함의 한계가 만드는 감정의 표출이다.

질투란 모든 인간이 갖는 마음이긴 하지만 심하면 병으로도 발전한다. 누구나 갖는 마음이지만 밖으로 표출되느냐 안 되느냐와 정도의 문제만 존재할 뿐이다. 사실 질투의 기저에는 교만한 마음이 자리하고 있다. 교만함이 없다면 질투 자체는 발생하지 않는다. 질투는 아주 가끔 발전의 동력으로 쓰일 때도 있지만 거의 모든 질투는 소모적이고 해악적이다. 교만과 오만을 내려놓음으로써만 치유할 수 있다.

제261장. 참고 기다리면 반드시 또 다른 기회가 찾아온다.

참고 기다리는 것이야말로 최고의 덕목이다. 지혜의 왕이신 솔로

몬의 '이것 또한 지나가리라'도 결국은 인내를 강조한 말이다. 참고 견디면 어떠한 것도 이룰 수 있는 힘이 생긴다. 참고 또 참아야 한다. 참지 못하면 자칫 참혹을 만난다.

제262장. 창의력은 곧 독서다.

창의력은 어느 날 갑자기 하늘에서 뚝 떨어지는 게 아니다. 창의력은 꾸준한 책 읽기 속에서 건지는 것이다. 창의력의 또 다른 원천은 길을 걸을 때다. 걸으면 뇌 활성화 물질인 BDNF가 작동한다. 따라서 암기가 잘되는 것은 물론 창의력이 솟는다. 길을 걷는 것은 인간의 육체적 정신적 원천과 동격이다. 창조주가 직립인간을 만든 이유와 가장 근접해 있다. 오늘날 문명의 이기는 모두 직립보행 인간에 반하는 것들이다. 이 문명의 발달이 걱정스러운 가장 큰 이유가 된다. 문명이 발달하면 할수록 인간의 끝을 보게 되지 않을까 하는 염려가 기우이길 바랄 뿐이다.

제263장. 창의적 아이는 모난 돌이다.

모가 났다며 정으로 쪼아대면 그 아이는 죽는다. 창의적이고 호기심 많은 아이는 특별하고 남다를 수밖에 없다. 그 남다름이 다른 사람들 눈에는 이상행동 또는 말썽쟁이로 비친다. 그렇게 바라보는 자신의 눈이 이상한 것은 모른다. 그 빛나는 호기심을 죽이면 어린이도 죽고 가정도 사회도 국가도 세계도 죽는다.

제264장. 창조주가 인간을 만들 때 자동차, 기차, 엘리베이터 같은 것을 염두에 두고 만들지 않았다.

걷고 뛰고 달리도록 만들어놓았다. 문명의 이기가 이들을 방해하여 육체를 연약하게 만들고 있다. 이것은 근본을 위협하는 것이니 하루라도 빨리 벗어나야 한다. 인간의 수명은 분명히 길어졌는데 행복지수는 반비례한다. 소득은 증가하였다고 하는데 생활은 점점 더 어렵다. 이런 모순이 어디 있나. 의술, 환경, 식량이 분명 한몫했다. 그러나 잘 들여다보면 정답이 아닌 것이 여러 곳 발견된다. 먹을거리는 풍족하나 패스트푸드가 판을 치고 국민소득이 늘었다고 하나 빈부격차가 만들어낸 결과물일 뿐이다. 평균수명은 늘어났으나 의술로 아픈 기간을 연장하는 것 이상도 이하도 아니다. 물론 암이나 심혈관, 뇌혈관 질환처럼 시간을 다투는 문제는 분명 의술의 발달이 한몫한 건 사실이다. 그럼에도 평균수명과 건강수명의 격차가 14~15년 된다는 것은 보통 문제가 아니다. 국민 개개인이 건강의식을 갖고 거기에 준하는 상당한 건강지식을 갖고 있으면서 생활에서 실천해야만 이 모든 우려는 사라진다. 다리가 아픈 사람이 자동차, 엘리베이터, 에스컬레이터를 이용한다면 다리 근육은 만들어지지 않는다. 악순환이 되풀이될 뿐이다. 자신이 느끼고 스스로 깨달아 실천해야만 이 우려가 줄어든다.

제265장. 처음 살아 보는 오늘이다. 늘 첫 경험에 새로워하고 가슴 설레면서 살아가라.

똑같은 날이 계속되는 것 같지만 매일 다르다. 매일 저녁 죽고 매일 아침 다시 태어난다. 늘 첫 경험을 하는 마음으로 살아야 한다. 첫 경험은 늘 설렌다. 첫 경험을 많이 해야 하는 이유다.

제266장. 최후까지 버텨준 머리카락, 네가 챔피언이다.

20만 개나 되는 머리카락은 나이가 들면서 낙엽처럼 우수수 떨어진다. 그나마 지금까지 버텨준 놈은 상 받을 만하다. 최후까지 버텨줄 놈은 과연 누굴까. 그 녀석이 곧 챔피언이다.

제267장. 침묵은 무지(無知)의 은닉(隱匿)을 돕는다.

따라서 겸손의 명분을 찾으려는 이중의 망나니다. 침묵과 웅변에 대한 찬사는 오늘날까지도 이어진다. 웅변과 침묵에 대한 가치가 천양지차기 때문이리라. 그런데 침묵은 가끔 무지를 감추는 도구로 사용된다. 겸손함이라는 자잘한 보너스도 챙긴다. 침묵의 장점이 퇴색되는 순간이다.

제268장. 칭찬은 만년설도 녹인다.

한때 칭찬은 고래도 춤추게 한다는 말이 유행했다. 그렇다. 칭찬은 엄청난 힘을 가지고 있음을 말한다. 칭찬은 만년설도 녹이며 어려움과 막힘도 뚫는 힘을 가졌다. 그럼에도 우리는 칭찬에 너무 인색하다는 문제점도 동시에 가지고 있다.

제269장. 타인의 몸을 만지려 하지 말고 자신의 몸을 만져라.

새끼발가락이 자신의 몸을 지고 매일 얼마나 고생하는지를 알면 적정 체중을 왜 유지해야 하는지 조금은 알게 될 것이다. 자신의 몸을 만지는 것은 자신을 사랑하는 훌륭한 증거다. 덤으로 건강도 챙길 수 있고 자신의 몸의 변화를 감지할 수 있는 좋은 방법이 된다. 몸의 각 기관의 부품들이 어떻게 무슨 일을 하는지에 대한 관심이 늘어날 수밖에 없다. 그래야 몸이 보내는 신호를 즉각 알아챌 수 있다. 건강은 그냥 입으로 되는 게 아니다.

제270장. 갈퀴질은 지혜요, 들고양이에게 밥을 주는 것은 박애다.

땅을 갈고 뒤집고 엎고 써레질하듯 삶의 갈퀴질은 지혜를 모으는 것이요, 뭇 생명들에게 먹을 것을 주며 사랑의 심성을 키우는 것은 공존공영의 박애의 삶이다. 작은 것은 늘 큰 것의 시작이다.

제271장. 타인의 시선으로 자신을 보지 말고 자신의 눈으로 자신을 보아야 한다.

타인의 눈을 의식하면 가식이 개입할 여지가 있지만 자신의 눈은 가식이 개입할 수 없다. 양심이란 놈이 독수리처럼 뚫어져라 보고 있기 때문이다. 이것은 주관과 객관과는 다른 개념이다.

제272장. 튜바 부는 아가씨는 늙어도 팔자주름이 생기지 않는다.

모두들 동안을 바란다. 늙음의 대표적 현상은 팔자주름이다. 튜바 부는 아가씨처럼 누구나 튜바를 불 수는 없다. 그러나 혀를 이용해 볼을 밀어주는 운동을 함으로써 혀 운동과 동안이라는 두 마리 토끼를 잡을 수 있다.

제273장. 사악한 마음이란 사물을 바로 보지 않는 간악한 마음이다.

사악한 마음은 간교하면서도 악한 마음이다. 비뚤어진 마음이요, 휘어진 마음이다. 사물을 대하는 눈이 이미 어디론가 기울어져 있다.

제274장. 트위터가 단견과 단세포를 만든다.

젊은이여, 깊은 사유의 세계에 빠져라. 금연처럼 어려울 수 있다. 중독되기 전 자기 노력을 배가해야 한다. 수렁에서 허우적대면 결국 죽는다. 트위터는 140자로 묶여 있다. 긴 글, 긴 문장, 긴 대화를 더욱 어렵게 한다. 단견과 단세포를 만드는 데 모든 게 맞춰진 것 같아 안타깝다. 깊은 사유와 깊은 고뇌의 산물을 만들어내야 한다. 축약어, 이모티콘 같은 정체불명의 언어 대용품들이 나타나 우리글, 우리말을 오염시킨다. 사용하지 않는 언어는 시간이 흐르면 죽게 마련이다. 모두가 위기의식을 가지고 대안과 대책을 강구해야 한다. 자칫 실기할 수도 있다. 먼저 언어의 순화가 이루어지도록 자신부터 노력을 해야 한다.

제275장. 인간 모습을 한 쥐 대가리는 유령이다.

자동차, TV, 스마트폰, 내비게이션, 전자사전, 단축다이얼 등의 사용으로 인간의 뇌는 한 세기 내 쥐 대가리가 된다. 원시 자연으로 돌아가지 않으면 큰 재앙을 부른다. 200여 년 전 라마르크는 용불용설론을 주창했다. 사용하지 않는 기관은 위축되고 녹슬 수밖에 없다. 문명의 이기는 인체의 모든 기관을 편하게 하고 덜 움직이는 쪽으로 끊임없이 진화하고 있다. 이렇게 되면 일을 하지 않는 우리의 뇌는 위축되어 작아질 수밖에 없다. 아날로그적 삶을 곁들이지 않으면 그 속도는 점점 더 빨라진다. 원시 자연은 인간의 본질을 회복시키는 최적의 장소다.

제276장. 큰소리는 약점을 들키지 않으려는 자가 연막이다.

미리 방패막이하는 것이다. 그렇지 않으면 상대가 자기의 속마음을 훤히 들여다보는 것 같은 압박감과 두려움으로 작용할 수 있어 약점을 숨기고 싶어 한다. 겁먹은 개가 크게 짖는 것과 크게 다를 바 없다.

제277장. 큰물은 소리를 내지 않고 큰 고기는 촐랑대지 않는다.

작은 여울이 조잘대고 작은 물고기가 이리저리 바쁘다. 큰물은 조용하다. 큰 고기는 여유가 넘친다. 빈 수레가 요란하고 선무당이 사람 잡고 설익은 과일이 신맛을 내고 선지식이 입이 바쁘며 태권도 초보자가 주먹질한다.

제278장. 큰물이 비버의 댐에 갇히면 큰 배가 들고 나지 못한다.

큰 그릇을 뒤주 속에 가두는 것은 인류와 세계, 삼라만상 우주에 엄청난 손해다. 큰물을 가두기엔 비버의 댐은 너무 작다. 일본의 관상어 코이는 작은 어항에 넣으면 5~8cm로 자라지만 강에서 자라면 1m가 넘게 자란다. 환경에 따라, 조건에 따라 그 크기는 엄청난 차이를 가져온다는 코이의 법칙의 주인공 고기다. 인간도 코이와 같다.

제279장. 큰 인물이 되기 위한 기본 조건은 태어난 곳, 즉 고향의 땅이 넓고 평평해야 한다는 것이다.

얼굴 특히 이마가 굴곡 없이 반듯해야 하고 치아가 고르게 나야 한다. 그리고 목소리가 크고 굵어야 한다. 그래야 큰일을 할 수 있다. 땅이 사람을 만들고 사람이 땅을 만든다. 태어난 곳이 평평하고 넓어야 한다. 넓은 바다와 큰 강이 있으면 더 좋다. 얼굴도 몰염치 아닌 염치 있는 두꺼움이 있어야 한다.

제280장. 자신의 최고의 파트너는 자신이다.

자신의 머리며 발과 손이다. 자신이라는 짝은 생사를 같이하는 의리의 돌쇠다. 자신과 운명을 함께한다는 금석맹약을 한 사이다. 특히 머리와 손과 발은 자신의 대표적인 지지와 소신을 갖고 있다. 그들이 자신의 지주며 행동대원들이다.

제281장. 큰 인물은 O형에 가까운 A형 남성과 A형에 가까운 O형 여성과의 결합이 바람직하다.

위의 경우를 실험한 결과나 통계는 물론 없다. 다만 경험으로 알게 되었음이다. 위의 경우가 되면 마음이 커지고 깊어진다. 큰 인물의 조건은 첫째, 염치 있는 두꺼운 얼굴과 두둑한 배짱이다. 두번째는 수줍음이다. 수줍음은 도덕과 정의의 태반이기에 그렇다. 다음으로 폭넓은 지식, 비전, 판단력, 결단력, 추진력, 언어 표현력 같은 것들이 부수적으로 요구된다. 두 혈액의 조합은 그것을 가능하게 한다. 물론 확률의 관점이다. 큰 인물이 요구되는 것은 큰살림을 원만하게 잘 경영하기 위해 반드시 필요하다. 작은 단체의 장(長)도 남과는 분명히 다른 무엇을 가지고 있어야 한다. 하물며 국가 경영을 작은 그릇의 인물이 하게 되면 본인은 물론 국민들도 자칫 큰 어려움을 겪을 수 있다. 꿀 종지 같은 인물이 가마솥 같은 크기를 감당할 수 없다. 역사를 돌아보면 답이 보인다. 악행을 저지르는 폭군보다 성군을 바라는 인간의 심리는 동서고금을 가리지 않는다. 피라미의 움직임과 큰 물고기의 움직임, 천 년 주목과 50년 사시나무를 보면 답이 명쾌하다.

제282장. 평범한 인간이 가장 훌륭한 행복 옷을 입는다.

그러나 어리석은 인간은 아름다운 행복 옷을 입고도 특별한 행복을 찾는다며 불행한 길을 걸어간다. 행운의 네잎클로버를 찾는다며 행복의 세 잎 클로버를 밟는 식이다. 가장 보편적이고 가장 평범한 삶이 최고 수준의 행복임을 우리는 잘 인지하지 못한다. 특별하고 각별해야만 그 속에 행복이 있다고 착각하며 살아간다. 숨 잘 쉬며 밥 잘 먹으며 잘 자며 이야기 잘 하며 하하 호호 하며 살아가는 그 일상성이야말로 최고의 행복이다. 그런 보편성, 일반성에서 사소한 어느 것 하나라도 탈이 나면 금세 행복에 금이 간다. 사소한 일반성을 인지하는 것, 그것이 무엇보다 중요하다.

제283장. 한반도는 웅크린 호랑이다.

호랑이가 웅크린 것은 공격을 위한 자세며 대륙을 향한 가속페달이다. 한편 해양을 향한 백조의 주둥이다. 무한 질주와 날갯짓이 기다린다. 그러나 일본은 홋카이도를 손잡이로 한 긴 칼이다. 칼 끝 오키나와는 휘고 무뎌졌다. 땅은 사람을 낳고 사람은 땅을 키운다. 이중환의 택리지에 나오는 이야기다. 굳이 200여 년 전으로 돌아갈 것도 없이 현재를 잘 들여다보아도 알 수 있다. 노스트라다무스도 이야기한 바 있다. 동양의 끝 나라는 융기현상으로 사라지고 한반도는 제주도와 합쳐지며 한반도 중심부에서 유전이 솟는다는 이야기도 한껏 마음을 부풀린다. 한반도는 지도에서 보면 영락없이 호랑이가 포효하는 모습을 갖고 있을 뿐 하니라 자동차 가속페달을 연상케 한다. 이것은 곧 대륙을 향한 가속의 의미를 나타내는 게 아닌가. 한반도는 대륙과 해양을 향한 큰 꿈을 품고 있다.

제284장. 한 시대의 거울인 신문은 창의력을 키울 수 있는 좋은 텍스트다.

매일 꾸준히 고정적으로 종이와 글자를 대하는 것 중에 신문보다 더 확실한 것은 없다. 매일 글자가 적힌 종이를 대하는 사람은 학생과 선생님 외에는 그리 많지 않다. 그런 측면에서 신문은 참으로 좋은 친구다. 신문은 세계인이 쓰는 일기며 역사며 정보의 보고이며 창의력을 키워주는 훌륭한 과외선생님이다. 가성비 측면에서도 이보다 더 좋은 대상은 없다. TV와 라디오와는 비교할 수 없는 매력을 가지고 있는 것이 바로 신문이다.

제285장. 한평생 같은 계절을 여러 번 보아도 지루하지 않은 것은 그 길지도 짧지도 않은 절묘한 비율 때문이다.

똑같은 음식을 계속 먹는다면 쉽게 물린다. 같은 노래를 계속 반복해 들어도 쉽게 싫증난다. 적절한 간격을 유지할 땐 사뭇 다르다. 이렇듯 사계절의 순환도 한 계절만 지속되거나 또 잦은 바뀜이 있다면 싫증을 유발할 것이다. 절묘한 황금비율이 이렇듯 멋진 계절을 만들어낸다. 인간의 성격도 함께 형성되니 감탄할 뿐이다. 모든 선진국, 두뇌강국들은 이런 사계절을 가지고 있는 민족들이라는 점도 우연이 아니다. 1년 중 4월 출생 아이들의 지능지수가 높다는 통계도 환경과 밀접한 관련이 있다.

제286장. 인간의 삶은 고뇌와 고통이라는 삶의 연속을 벗어날 수 없다(2).

우리는 늘 고뇌와 고민 속에서 살아간다. 그렇게 엮여진 것이 한 생이다. 세계에 존재하는 모든 물질과 시간과 환경은 대립의 연속이다. 인간은 그 대립의 연속이 만들어내는 현상을 배우고 가다듬고 안고 내치며 살아간다. 단 하나도 순수한 소유나 순응이나 합치는 없다.

제287장. 형제는 하늘이 내려준 벗이다.

아무리 가까운 벗이라도 피는 다르다. 그러나 형제는 같은 피를 가진 하늘이 준 벗이라는 데 불변의 진리가 있는 것이다.

제288장. 소량의 음주는 형제의 우애에도 개입한다.

술은 구전 받지 않는 브로커다. 술은 말이 없다. 그러나 말을 하도록 하는 힘을 가지고 있다. 친구 노릇, 중개인 노릇도 능숙하게 해낸다. 간혹 분쟁을 일으키는 역할도 하지만 술의 본령과는 다르다. 마시는 사람 개체의 성향이 좌우할 뿐이다. 형제의 우애는 소량의 음주가 만든다. 여기서 소량은 매우 적은 양을 말한다. 소량을 뛰어넘으면 술의 본령도 뛰어넘는다.

제289장. 화경(火鏡)도 하나의 초점에서만 불이 붙는다.

초점과 핵심이 중요한 이유다.

제290장. 힘 빠질 때 너그러워지지 말고 힘 있을 때 너그러워져라.

힘 빠졌을 때의 너그러움은 진정한 너그러움이 아니다. 힘 있을 때의 너그러움이 진정한 너그러움이다. 힘 빠졌을 때는 이미 진정성이 사라진 다음이다. 힘이 빠졌을 때는 이미 체념적, 소극적 상태가 마음 가득히 담겨 있기 때문이다.

제291장. 부모는 자식의 대수롭지 않은 언행에 감동하지만 자식들은 사소한 언어나 행동을 아낀다.

대수롭지 않은 언행이 얼마나 대수로운 건지를 자식들은 잘 모른다. 이 아무것도 아닌 것을 대수롭게 여기는 것이 부모에 대한 얼마나 큰 효인지를 깨닫는 것이 중요하다.

제292장. 신문은 아이디어를 일으키는 부싯돌이다.

신문은 아이디어의 창고며 온실이다. 인류가 쓰는 생활일기며 인류의 삶이다. 정보의 원천이며 모든 지식의 파편들의 집합이다. 신문의 유용성은 쉬운 접근성이다. 제아무리 보물의 집합이라도 접근성이 떨어지면 유용성은 떨어진다. 신문에게 매일 절하고 감사함을 나타내야 한다.

제293장. 얼굴은 혼을 담는 그릇이며 주름은 그 혼이 만드는 나이테다.

얼굴은 그 사람의 이력이며 경력이다. 제아무리 좋은 화장품으로 좋은 화장술로 바르고 문지르고 도포하여도 완전히 감출 수는 없다. 한 사람의 혼을 담아내는 훌륭한 그릇이다. 주름 하나는 20

만 번의 수축으로 만들어진다. 나무가 1년에 한 개씩 금을 그어가듯 얼굴의 주름은 그런 과정을 거쳐 혼의 나이테가 만들어진다.

제294장. 세상의 일보다 세계의 문제가 내 안의 모든 문제다.

세상의 모든 일이 밍밍하고 시시하다. 우주에 대한 궁금증, 하늘의 별은 무엇인가. 이 세계는 무엇이며 공기, 바람, 곤충, 새, 짐승들은 무엇을 위한 존재인가. 인간의 탄생과 죽음은 어찌 된 것이며 그 의미는 무엇인가. 이런 의문과 궁금증만 살아가면서 점점 더 커질 뿐이다.

제295장. 세상의 모든 차이는 세상의 모든 차이를 만든다(1).

차이가 차이를 만든다. 이 세계에 존재하는 모든 사물은 같은 것이 없다. 그 차이와 다름은 영속적 차이와 다름을 만든다. 인위적 차이와 다름 또한 어떤 노력이 개입되어도 똑같아질 수는 없다. 차이가 싫으면 차이를 만들면 된다. 똑같음은 아예 존재하지 않는다. 이것은 개인의 시선 차이 때문이다.

제296장. 주름은 당신의 역사를 가장 정확하게 기술한 살아 있는 교과서다.

역사는 강자의 선택적 기록이다. 그러나 주름은 선택적 기록이 아니라 사실적 기록이다. 때문에 훨씬 정사(正史)에 가깝다. 가끔은 주인공이 억지로 잘못된 역사를 지우고 왜곡하기도 하지만 소수다. 역사는 확증편향적인 자세로 기록을 하면 역사로서의 가치는 떨어진다. 역사는 사실과 가까워야 역사로서의 가치를 지닌다.

그런 측면에서 주름은 사초(史草) 없이 기록한 당신에 대한 매우 정확한 역사다.

제297장. 송충이가 뽕잎 먹는다고 누에가 되지 않는다.

송충이는 솔잎을 먹어야 하고 누에는 뽕잎을 먹어야 한다. 서로 바꾸어 먹는다 하더라도 본질엔 변함이 없다. 본질과 일관성이 중요한 이유다.

제298장. 여행은 무목적의 목적, 무계획의 계획, 무작정을 작정하는 무모함의 이행이다.

그 속에서 벌어지는 무한성이 모든 생성의 씨앗이다. 여행의 정수는 목적 없음에 목적이 있어야 하며 계획 없음의 계획이어야 하며 작정하지 않음의 여행이 이루어져야 여행 같은 여행을 수행하게 된다.

제299장. 당신의 운명을 즐겨라.

뇌가 시키는 대로 하라. 자신의 운명을 억지로 누르거나 당기면 안 된다. 그 운명을 그대로 흡수하고 행하여야 한다. 뇌가 시키는 대로 행하는 것은 본질에 충실한 것이다. 본질에서 벗어나는 것은 바른 삶으로부터 거리가 생김을 의미한다.

제300장. 자신의, 자신에 의한, 자신을 위한 행위가 가장 위대한 행복을 낳는다.

누구의, 누구에 의한, 누구를 위한 행위는 자기가 없는 허수아비며 껍질이며 불행의 지름길이다.

제301장. 희망은 삶에서 우리가 공짜로 누리는 가장 멋진 축복이다.

희망과 꿈을 가지고 있다는 것은 살아 있음의 가장 대표적 증거다. 꿈이나 희망은 보이지는 않지만 보이는 것보다 더 확실한 있음이다. 희망이 꺾이면 삶도 꺾인다. 희망을 가짐으로써 우리의 삶은 한층 더 성숙하고 생동감을 느낄 수 있다. 이 어찌 우리의 삶의 축복이 아닌가.

제302장. 인생 후반부의 모든 행복과 불행은 보행 여부에 달려 있다.

하루에 만 보를 걷고 잘 먹고 잘 배설하고 잘 자고 세상을 긍정하며 세계의 모두를 사랑하면 된다. 따지고 교과서와 원칙 들먹거리면 고통스런 삶이 된다. 걷고 또 걷는 것은 이런 시시한 것과의 결별이며 탈출이며 해방이다.

제303장. 세계는 우리가 다가가지 않으면 진면목을 보여주지 않는다.

세계는 우리에게 다가오지 않는다. 우리가 다가가야만 모든 문을 열어 보인다. 그런데 다가올 것으로 착각을 하며 산다. 열심히 다가가는 자만이 세계를 이해하고 세계와 가까워질 수 있다.

제304장. 사람이 사람인 것은 사람이기 때문이다.

따라서 사람다워야 하고 사람답게 살아야 오롯이 사람인 것이다. 사람이 사람이려면 사람다워야 한다. 외양만 사람의 모습을 하였다고 모두 사람은 아니다. 인면수심의 사람 같지 않은 사람이 너무 많다.

제305장. 좋은 생각은 빛과 소음을 좋아하지 않는다.

따라서 생각을 하기에는 밤과 외로움이 좋다. 생각은 떠오를 때 잡아두지 않으면 곧바로 떠난다. 생각을 잡는 방법은 메모가 최고다. 낮은 밝고 소음이 심하다. 이런 때는 한곳으로 생각이 모이기 어렵다. 밝음은 어떤 생각도 흐트러지게 한다. 좋은 생각은 어둠과 고요에서 일어난다.

제306장. 주식시장은 도리짓고땡의 확대판이다.

도리짓고땡은 네 개 중의 하나를 고르지만 주식시장에선 상장주식 수만큼의 많은 종목 중에서 한 개를 골라야 한다. 주식시장에서는 박사도 선생도 존재하지 않는다. 그 선생도 박사도 백전백패할 수 있다. 주식시장의 최강자는 기본에 충실한 사람이다. 자기가 좋아하는 주식을 자기 돈으로 장기 보유하는 그 기본에만 충실하면 승자가 될 수 있는 확률은 높다.

제307장. 나이 백 살이 넘은 사람은 존재만으로도 위대하다.

그는 이미 신의 반열이며 신적 존재다. 온갖 위험과 절망을 넘어 오늘에 이른 사람이기에 그렇다. 그 사람의 얼굴은 바로 역사다. 용문산의 천 년 된 은행나무, 운길산 수종사의 600살의 은행나무, 방학동 연산군 묘역에 있는 800살의 은행나무, 견지동 조계사의 450살의 회화나무 등을 대하면 어떤 외경이 있다. 하물며 인간의 나이가 백 살이 넘으면 천 년 된 은행나무나 다를 바 없다. 그냥 고개가 숙여진다. 그 자체로 역사며 존경과 위대함이다.

제308장. 무엇이든 순간의 아름다움에 현혹되지 마라.

아무것도 보이지 않아야 생각이 흐트러지지 않는다. 생각이 흐트러지지 않으려면 주변 경관이 아름답지 않아야 한다. 말하자면 눈길이 가는 곳이 없어야 한다는 뜻이다. 길이 울퉁불퉁하지 않고 평탄해야 한다. 볼 게 없고 길이 평탄해야 생각이 깨지지 않는다. 경치가 아름다운 것은 눈의 호사이지 마음의 호사는 아니다. 순간의 아름다움은 거죽이지 속 뜰이 아니다.

제309장. 독버섯과 불량식품은 색깔이 화려하다.

화려한 것에 취하면 본질을 구분하는 눈이 멀게 된다. 정신을 깨뜨리고 마음을 혼란하게 하는 것은 거의 모두 원색으로 화려하고 눈에 잘 띄도록 만들어졌다. 우리는 늘 그 빛깔에 속는다. 본질은 언제나 겉으로 드러나는 색깔이 아니다.

제310장. 평범함이 때로는 비범함을 뛰어넘는다.

위대한 사람만 위대하다고 여기는 것은 아주 작은 사고의 결과물이다. 평범함이야말로 가장 위대한 비범함이다. 진실 된 비범함은 확률로 얼마 되지 않는다. 위대한 사람 배후에는 언제나 위대한 평범함이 있다는 사실을 간과하면 안 된다.

제311장. 꿈이 아름다운 건 존재하지 않기 때문이다.

존재하는 것은 언제나 다가갈 수 있지만 존재하지 않는 것은 동경으로만 끝난다. 부존재에서 오는 동경은 마치 확대경으로 사물을 보듯 언제나 실제보다 확대되어 나타난다.

제312장. 진정한 명문은 자신이 만든다.

모든 명문은 영속성보다는 파도처럼 일렁이고 사라지는 일시성이다. 분절형 명문을 만드는 이유가 된다. 얼핏 생각하면 명문은 대대로 이어지는 것 같지만 그런 경우보다는 새로 태어나는 경우가 더 많다. 소위 분절형 명문이다. 3대로 이어지는 명문도 3대로 이어지는 부자도 3대로 이어지는 가난뱅이도 흔하지 않다. 명문이건 부자이건 자신이 만들어나간다. 오바마도 클린턴도 빌게이츠도 정주영도 모두 진흙탕에서 연꽃을 피워냈다. 정진 또 정진만이 답이다.

제313장. 아파트를 비롯한 부동산 가격 인상은 누구의 능력도 아니다.

보이지 않는 손의 작용과 시대가 먹여 키울 뿐이다. 부동산 재산 가치의 상승은 시간이 흐르면서 수요와 공급에 따라 형성된다. 대다수는 장래가치나 발전가능성을 보아가면서 부동산을 선택하지 못한다. 물론 기본적인 입지 조건은 있다. 가능하면 그 조건에 부합하는 입지를 선택하는 것이 훗날 가치상승을 더 보장받는 건 가능하다. 그러나 부족한 돈으로 빚을 내 부동산을 구입하는 처지에 입맛에 맞는 집과 땅을 선택한다는 것은 쉬운 일이 아니다. 그러다 어찌어찌하여 소가 뒷걸음치다 쥐를 잡는 경우가 발생하는 것이다. 주식에서도 비슷한 일이 많이 벌어진다. 소수를 제외하면 호재나 고급정보를 알지 못하여 생기는 일이니 별 뾰족한 도리가 없는 것이다. 부동산도 주식도 기본원칙과 수요공급이 불변의 진리다.

제314장. 위장된 겸손은 자랑거리가 없는 자의 드러내지 못하는 숨은 마음이다.

살다 보면 위장된 겸손을 많이 본다. 밸이 뒤틀리는 경우도 있고 역겨운 경우도 있고 메스꺼운 경우도 생긴다. 마음이 여려 생기는 경우도 있고 철면피의 경우도 있다. 어느 경우든 어색하다. 침묵이 중간은 가게 한다는 어쭙잖은 계산으로 행해지는 겸손이 특히 눈살을 찌푸리게 한다.

제315장. 인생 후반부의 모든 꿈은 하체가 완성한다.

하체 부실은 인생 후반부의 재앙과 동급이다. 노년기에는 어떤 일도 하체를 튼실하게 하는 일보다 우선할 수 없다.

제316장. 종교란 인간의 뇌를 한 방향으로 묶는 고차원의 의식이다.

가축을 대단위로 사육할 때엔 통제가 쉽지 않다. 그래서 농장주는 일정한 규칙을 만든다. 모일 수 있도록 또 우리에 넣기 위하여 호루라기를 사용하든가 먹이를 줄 때 특이한 소리를 일정하게 냄으로써 수고를 던다. 인간도 동물이라는 점에서 유사하다. 많은 사람이 모이면 서로 다른 소리가 나와 시끄럽고 통제가 당연히 어렵다. 호루라기를 사용하든 특이한 소리를 내든 통제를 위한 어떤 특별함이 요구된다. 유럽의 경우 이 때 종교를 적절히 활용하여 통치를 한 것은 주지의 사실이다.

제317장. 주름이라는 그물이 삶의 올가미가 되지 않도록 지혜로운 주름의 충복이 되어야 한다.

주름은 당신이 한 코 한 코 엮은 살아온 흔적이다. 주름은 당신이 살아온 것을 숨김없이 보여주는 거울이다. 소중하게 엮은 한 코 한 코의 그물이 자신을 옭아매는 그물이 되면 안 된다. 그물코가 끊어지거나 빠지면 삶이라는 고기를 잡을 수 없다. 인위적으로 그물코를 없애거나 지우면 안 되는 이유다.

제318장. 이 세상 가장 꼴불견은 기도하는 위선자다.

누구나 기도하는 사람은 선한 자 또는 도덕적인 사람이라 여긴다. 기도하는 모습 또한 아름답다. 거의 무의식적 반응이다. 그러나 예외는 늘 있기 마련이다. 그런데 그 예외가 예외라고 부르기엔 너무 숫자가 많다는 데 문제가 있다. 일반 사람들의 이런 믿음을 역이용하는 자가 늘어난다. 가장 믿을 만하다고 여기기에 속는다. 이황은 자신에 대한 매를 신독(愼獨)으로 삼았다. 세상이 얄궂다 보니 이런 일 보는 것이 흔할 것 같아 걱정이다. 각자는 신독을 삶의 채찍으로 삼음이 좋을 것 같다.

제319장. 넓은 면의 넓이를 넓히는 것은 남은 좁은 면의 넓이를 넓히는 좋은 계기가 된다.

넓은 면적을 가진 사람은 느긋하고 경계심이 떨어진다. 작은 면적을 가진 사람의 경계심은 날이 늘 서 있다. 좁아져봐야 비로소 넓이에 대한 욕심이 움튼다.

제320장. 이 세상 모든 책은 이 세상 모든 선생님들이 모든 여행 속에서 얻어진 것들을 모아 놓은 것이다.

인생은 100년간 하는 여행이다. 여행은 걸으면서 하는 독서다. 이 세계는 진리로 가득 차 있다. 여행은 진리로 가득한 책을 읽으며 걸어가는 것이다. 어떤 선생님도 자연, 이 세계를 능가할 수 없는 이유다.

제321장. 뿔난 뇌 상태에서 대화하고 글을 쓰면 문장과 대화 속에 뿔난 뇌가 박힌다.

뇌에 뿔이 난 상태에서는 대화를 피해야 한다. 글쓰기도 피해야 한다. 뇌에 못이 박히고 문장에 가시가 박히기 때문이다.

제322장. 이 세상에 고독만큼 좋은 여행 에너지는 없다.

모든 행위에는 에너지가 필요하다. 에너지 없이는 일도 생각도 식사도 숨쉬기도 불가능하다. 에너지에는 물질에너지와 정신에너지가 있다. 때로는 정신에너지가 물질에너지를 능가한다. 바로 고독이라는 에너지가 여행을 추동시킬 때이다.

제323장. 탁월한 삶이 되려면 평생 새벽 4시에 일어나는 삶을 살아라.

어느 분야에서건 탁월하기란 쉽지 않다. 천재성을 갖고 태어나거나 고통, 고난을 불굴의 투지로 넘어서야 한다. 탁월한 삶은 그냥 얻어지지 않는다. 꾸준함과 일관성이 있어야 한다. 탁월한 삶을 시도하되 중도에 그치려면 아예 시도하지 말기 바란다.

제324장. 늙는 과정은 탄생 이전으로 돌아가는 과정을 가장 선명하게 보여주는 거울 같은 존재다.

탄생 이전의 상태는 없음의 상태다. 그 없음의 상태를 뚫고 나와 잠깐 있음의 상태로 존재하는 것이 삶이고 없음의 상태로 다시 돌아가는 것이 죽음이다. 탄생은 죽는 과정으로 나아가는 첫 번째 단추를 꿴 것이며 죽음은 마지막 단추까지 모두 꿴 것일 뿐이다. 늙어가는 과정은 첫 번째 단추 꿰기에서 마지막 단추 꿸 때까지 잠깐 사이에 일어난 이런저런 현상들이다. 그런 현상들은 거울에 비친 것만큼 명명백백하다. 삶은 그 이상도 이하도 아니다.

제325장. 이 세상엔 양탄자 깔린 삶은 없다.

모두 레드카펫 밟기를 원하지만 인생길 앞엔 진흙 카펫만이 즐비하다. 모두 양탄자 깔린 삶, 레드카펫 밟는 삶을 원한다. 모두들 보이는 것만 본다. 그 이면에 있는 고통, 고난, 노력, 인내는 보지 않는다. 김연아는 단 한 번의 점프를 위하여 천 번의 엉덩방아를 찧는다. 보이는 것은 단 1%의 갈라쇼일 뿐이다. 보이지 않는 99%의 엉덩방아를 보아야 한다. 마치 빙산과 같다. 무대 위에 드러난 작은 부분만 보고 탐심이나 허황된 마음을 가지면 안 되는 이유다. 인생은 그렇게 녹록하지 않다.

제326장. 종교의 진정한 의미는 양심을 어떻게 쫓느냐와 등가를 이룬다.

종교를 지나치게 앞세우면 위선의 덫에 걸릴 수 있다. 침묵이 주는 유익이 가끔씩 빛을 발하는 경우는 바로 그런 때다. 종교는 곧 양심이다. 양심을 가장한 위선의 덫을 조심해야 한다. 중석몰촉, 한 가지 일을 이루려면 집중이 필요하다. 좌고우면하면 안 되는 것은 믿음에서도 꼭 필요하다. 귀가 팔랑귀면 안 된다. 귀를 나발통처럼 너무 열어젖혀도 안 된다. 자신의 믿음, 의지, 꾸준함, 일관성이 어디에나 필요하다.

제327장. 울음은 호흡이다.

태아는 태반에서 탯줄로 영양을 공급받는다. 세상 밖으로 나온 태아는 이제 숨을 쉬며 살아가야 한다. 첫 걸음마가 걷기의 시작이듯 첫 호흡을 해야 산다. 울음이 없다면 호흡 없음이다. 첫 울음은 첫 호흡을 말한다. 고고의 성은 그래서 더욱 위대하다. 생명체란 신비 덩어리다. 그 울음은 영역을 넓혀 온갖 감정을 실어나른다.

제328장. 경험은 밖을 채우고 독서는 속을 채우며 여행은 안팎을 채운다.

이론도 중요하지만 경험은 더욱 중요하다. 쓰는 것도 중요하지만 읽기가 더 중요하다. 쓰기 위해 읽는 게 아니고 읽기 위해 써야 한다. 모든 행위 중에서 여행 행위보다 우선하는 것은 없다. 여행이 중요한 이유는 삶 자체가 100년간 하는 긴 여행이기 때문이다. 전문 여행가가 되려면 여행 공부와 함께 많은 여행 경험을 쌓아야 한다. 당신이 인생 여행의 전문가 길을 한번 걸어보라. 나이 들어 뒤돌아보면 멋진 인생 여행가가 되어 있으리라.

제329장. 주식(酒食) 형제들아, 즐거움과 조심의 균형을 이루어라.

술을 즐겨 마시면 즐거움의 균형이 깨지고 술을 조심해 마시면 즐거움의 균형이 일어난다. 그 경계를 곡예사가 외줄타기하듯 넘나들면 인생의 짜릿한 맛은 솟지만 떨어지면 큰 상처를 입는다.

제330장. 약점이 있는 사람은 세상을 감지하는 더듬이 하나를 더 가진다.

신의 섭리다. 만약 신이 이런 상황을 방치한다면 세계는 혼돈으로 빠지기 쉽다. 혼돈은 천지창조 이전의 상태다. 그런 상황을 더 이상 원치 않을 것이다. 우리가 어깨동무를 하고 'We are the world'를 외치는 것 또한 같은 맥락이다.

제331장. 누구에 대한 원망은 가슴을 뚫는 것이고 원한은 뇌를 뚫는 것이다.

아름다운 지구에서 흥미롭게 잘 살았다. 지구를 뚫는 눈을 가지지 못한 게 아쉽다. 누구를 원망하고 원한을 품는 것은 자신의 오장육부에 독을 뿌리는 것이 된다. 모든 것에서 벗어나 마음을 피안의 언덕에 두라.

제332장. 말과 글은 지도자의 강력한 무기다.

말과 글은 지도자의 무기이기도 하지만 지도자를 따르는 자에게도 무기다. 말의 훈련 없이 세상에 나가는 것은 무기 없이 전장에 나가는 병사와 같다.

제333장. 여행 가는데 차 안에서 잔다면 그건 여행가는 거라 할 수 없다.

여행은 느끼고 보는 게 아니라 보고 느끼는 것이기 때문이다.

제334장. 모든 것은 불가능의 귀결이다.

이 세상 모든 것은 가능의 귀결보다 불가능의 귀결이 훨씬 많다.

제335장. 꿈은 깨기 전에는 꿈이지만 꿈이 깨면 꿈이 아니다.

길몽이든 악몽이든 꿈의 속성이다. 현실이든 비현실이든 마찬가지다. 악몽은 깨고 싶지만 길몽은 깨고 싶지 않다. 끊임없이 길몽의 꿈을 꾸기 바란다.

제336장. 일상은 매우 위대하다.

사소한 일상을 중하게 여겨야 되는 이유다. 작고 소소한 일상이 위대한 일생을 만든다.

제337장. 없어야 할 있음의 시간이 길어 있어야 할 없음의 시간이 짧아지면 안 된다.

가끔씩 자신이 스스로 지구에 온 것이 적합한가에 의문을 던져 보라. 지구에 무슨 필요로 던져졌는가. 그 의미, 필요가 있기는 한가. 있음이 적절치 않다면 있어야 할 시간이 짧아져야 맞지 않는가. 그렇지 않다면 따지지 말고 있어야 할 이유가 타당하도록 시간을 늘려야 한다.

제338장. 마음에 화장을 하면 꽃밭으로 갈 가능성이 그만큼 높아진다.

꿀벌을 따라가면 꽃밭으로 가고 똥파리를 따라가면 화장실로 간다. 마음 또한 같다. 언제나 마음에 꽃단장을 하라.

제339장. 삶은 담이다.

높은 담, 낮은 담, 철망을 두른 담, 유리 조각을 박은 담 등 삶엔 담이 무시로 나타난다. 무너뜨리든가 넘든가 아니면 주저앉든가 돌아가든가 하나를 선택해야 한다.

제340장. 걷기는 자연이라는 학교에 들어가는 등굣길이며 교문이다.

자연이라는 학교만큼 매력적인 학교가 또 있을까. 교과서도 선생님도 없지만 배울 게 정말 많은 학교, 어떤 규칙도 없지만 규칙이 있는 학교, 자율이 넘치는 학교, 상상이 넘치는 학교, 이 학교를 가는 데는 어떤 교통수단도 없다. 오직 걸어서 가야 한다. 걷기는 자연이라는 학교로 가는 유일한 등굣길이며 교문이다.

제341장. 군인의 수류탄은 인간을 살상하지만 봉숭아 수류탄은 사람을 살리는 아름다움을 지닌다.

봉숭아 씨는 수류탄을 빼닮았다. 군인의 수류탄은 차갑지만 봉숭아 수류탄은 따뜻하다. 군인의 수류탄은 살상용이지만 봉숭아 수류탄은 행복 화수분이다. 같은 모양을 하고 있지만 기능은 사뭇 다르다.

제342장. 지구촌 이력서는 모든 실업으로부터의 해방이다.

눈을 크고 높고 넓게 뜨자. 좁은 곳에서 비비고 부대끼고 아옹다옹하며 사는 것에서 벗어나자. 국내 굴지의 회사에 이력서를 쓰는 것보다 가난한 지구촌 어딘가에 이력서를 내자. 눈앞에 있는 곳감에 현혹되지 말고 멀리 있는 떫은 감에 손을 뻗자. 먼 훗날 인생을 돌아보았을 때 얼마나 살았는가보다 어떻게 살았는가가 당신을 훨씬 흡족한 미소를 짓게 할 것이다. 떫은 감은 먼 훗날 분홍색 홍시로 변해 당신의 품에 안길 것이다.

제343장. 아름다움은 필요가 아니라 황홀이다.

아름다움은 느끼는 것이지 인식하는 것이 아니다. 참된 아름다움은 황홀에서 이루어진다. 아름다움은 인식이 아니라 그저 느낌일 뿐이다. 아름다움은 어떤 필요에 의해 만들어지는 것이 아니라 단순한 황홀감에서 만들어진다.

제344장. 고장 난 호떡은 소중하고 재밌는 먹거리다.

고장 난 호떡은 잘못 만들어진 호떡이다. 한쪽 귀퉁이로 밀려난다. 그러나 고장 난 사과가 그렇듯 고장 난 호떡이 더 달고 더 싸다. 벌은 고장 난 사과, 배를 용케도 분별한다. 맛의 분별은 벌이 한 수 위다.

제345장. 작가는 여행과 독서라는 메뉴를 즐겨 찾는다.

작가들은 일반 사람과 식성이 조금은 다르다. 뇌가 달각대거나 뱃속에서 꼬르륵 소리가 나거나 쌀독 바가지 긁는 소리가 나면 그들은 배낭을 챙겨 길을 나선다. 그게 그들이 즐기는 메뉴다.

제346장. 모든 끊김은 이어짐을 위한 순간의 단절(斷絶)이다.

물은 절단되지 않는다. 우리의 삶 또한 그렇다. 코로나19는 우리 인간에게 어느 날 불쑥 찾아온 불청객이다. 이것으로 끊겨진 삶이 되었지만 이것 또한 지나갈 것이며 새로운 이어짐을 위한 순간의 절단(絕斷)일 뿐이다.

제347장. 파괴적 생각을 파괴해야 생산적 사고가 춤을 춘다.

비생산적인 파괴적 생각은 파괴되어져야 한다. 파괴적 생각이 파괴되지 않는 한 생산적 사고가 뿌리내리기는 어렵다. 파괴적 생각은 물기라고는 없는 건조하고 삭막한 땅이다. 뿌리를 내리기 위해서는 부드러운 흙과 물이 필요하다. 그러나 우리는 사막화되어가는 현장을 자주 목격한다.

제348장. 겨울이 되면 나무는 스스로 두꺼운 옷을 만들어 입는다.

지구의 80%는 식물이 자리하고 있다. 이 거대한 집단을 일일이 옷을 입히고 벗기고 한다면 그게 가당키나 한 일인가. 식물이 이럴진대 고등동물임을 자처하는 인간은 어찌해야 하는가. 그 질문 속에 모든 답이 들어 있음을 인지해야 한다.

제349장. 영광은 무거운 짐이다.

영광은 목숨을 앗아가는 독이 되기도 한다. 그 짐을 견디는 능력은 예술과 같아서 그걸 가진 사람은 드물다. 신은 우리에게 짐을 주셨고 그걸 짊어질 어깨도 주셨다. 우리를 무너뜨리는 것은 짐의 무게가 아니라 짐을 극복하지 못하는 태도다.

제350장. 혀가 때로는 칼보다 위험하다.

자칫 인격살인의 주모자가 될 수 있다. 상황을 즐기고 느끼고 뭇사람과 어울리며 박수 치고 노래하고 웃고 떠들고 이런 것이 인생 즉 삶이 아니겠는가. 자신의 성격과 맞지 않는다고 다른 것을 터부시하고 주변의 시선은 아랑곳하지 않고 사람을 우습게 여기고 격조 있는 척, 인격자인 척 가식을 떨며 인격살인을 하면 안 된다. 혀는 주인의 잘못된 청부를 맡아 그런 일도 서슴없이 자행한다.

제351장. 일기는 자기를 향해 쓰는 기도이고 기도는 신을 향해 쓰는 일기다.

인간이 일기를 쓰는 행위는 자기를 고백해 진정한 자아를 회복하는 과정이고, 기도를 하는 것은 절대자에게 고해함으로써 구원을 얻고자 하는 행동이다.

제352장. 인간이 한 뼘씩 자라는 데는 새 만남만큼 좋은 것은 없다.

새로운 만남, 좋은 인연을 늘려야 하는 이유다.

제353장. 젊은이는 겨울 소나무며 노인은 한여름 호박잎이다.

젊은이는 청청하며 힘이 있다. 노인은 축 처진 무더위 속 호박잎이다. 자연의 순리지만 멋있고 가여운 마음만은 어쩔 수 없다.

제354장. 우리 모두는 고독과 익숙하지 않다. 고독은 다만 상황일 뿐이기에 그렇다.

모든 성공과 위대함은 고독과 친숙한 관계에서 탄생한다. 다만 익숙하지 않아 어색하고 불편한 관계가 되기 쉽다. 그러나 고독은 엄청난 내공과 생산성을 지니고 있으며 폭발력이 있다. 고립 아닌 고독과 가까워지는 훈련이 필요하다.

제355장. 가난은 일종의 병이다.

가난 바이러스를 잡는 데는 공부라는 백신만큼 훌륭한 것은 없다. 가난이라는 병은 가족력처럼 전염된다. 병을 퇴치하는 건 공부라는 백신밖에 없다. 공자나 소크라테스가 공부를 강조한 것과 깊은 관련이 있다.

제356장. 모든 사물은 양면성을 지니고 있다.

어두운 면과 밝은 면, 나쁜 면과 좋은 면. 이 모든 것들이 서로 뒤섞여 있기도 하다. 양면을 함께 바라보고 판단해야 생각의 공간이 넓어지고 여유가 생긴다. 다른 쪽의 위치에서 바라보고, 전체적인 관점에서 바라보면 놓쳤던 면들이 보이기 시작한다. 쏠쏠한 맛을 위해서라도 새롭게 보는 관점이 필요하다.

제357장. 여행 에너지는 늘 고독이다.

필자의 삶에서 여행은 일상이다. 1년의 반 이상을 길 위에서 헤맨다. 그곳은 필자의 에너지 충전 장소다. 길은 훌륭한 친구며 위대한 동반자며 필자의 위안이며 멋진 멘토다. 여행은 늘 고독이라는 엔진의 추동으로 이루어진다.

제358장. 꼭 지켜야 할 것은 꼭 지켜야 할 것을 꼭 지키는 것이다.

지키지 못할 것을 꼭 지켜야 한다고 약속하는 것만큼 어리석은 것은 없다.

제359장. 우리는 광대한 대지로 추락하는 많은 빗방울 가운데 이름 없는 한 방울이다.

그 한 방울 안에는 한 방울만큼의 사상과 역사가 들어 있다. 비록 개체로서의 윤곽을 잃고 뭉텅이로 사라진다 해도 각각의 방울에는 계승해야 할 책무가 있는 것이다. 우리 모두는 그런 존재다. 개체 하나하나는 개체 하나하나다. 그 각각의 위대성과 사상과 역사를 인지하는 것이 중요하다. 그러나 자칫 개체는 사라지고 전체 속으로 화할 수 있다. 그 개체의 존재와 책무를 잊으면 안 된다.

제360장. X는 Y와 평행선에 우선한다.

엑스는 제로에서 극대로 나아가기 위한 찬란한 불꽃이다. 엑스가 와이와 평행선에 우선하는 것은 단순 원리다. 그러나 논리적, 화학적, 물리적 사고를 띨 때는 달라진다. X에 불이 붙을 때 Y와 평행선의 논리적 이론 차가 확연히 드러난다.

제361장. 노릇은 모든 행위의 전체다.

모든 행위의 결과물은 노릇으로 귀결된다. 어떤 노릇을 하였느냐에 따라 어떤 결과가 만들어진다. 논어 안연편에 나오는 글을 한 번 보자, 공자 왈 '군군신신부부자자(君君臣臣父父子子)'라 하였다. 임금은 임금 노릇 하고 신하는 신하 노릇 하고 아버지는 아버지 노릇 하고 자식은 자식 노릇 하여야 한다. 이것이 노릇의 행위 전체의 절대성이다.

제362장. 역사는 잘못 기록될 개연성을 배제할 수 없다.

왜냐하면 역사는 강자의 선택적 기록이기 때문이다. 역사는 지난날과 오늘의 대화다. 역사를 고금지교(古今之橋)라 칭하고 싶다. 역사는 잘못 기록될 개연성이 상존한다. 왜냐하면 승자, 즉 강자의 기록이며 선택적 기록이기 때문이다. 그러나 인간의 이야기라는 본질은 변하지 않는다. 강자의 기록이든 약자의 기록이든 본질의 충실성을 감안한다면 역사는 우리 곁에 한층 가까이 다가선다.

제363장. 없음(無)은 가장 큰 있음(有)이다.

없음은 무한대로 채울 수 있다는 가설이 가능하나 있음은 더 채울 수 있다는 가설이 불가하다. 편 손은 무한으로 잡을 수 있지만 주먹 쥔 손으로는 어떤 것도 잡을 수 없다. 편 손은 무(無)이지만 오므린 손은 유(有)이기에 그렇다.

제364장. 자율적이고 능동적인 품성을 가진 아이가 자기 주도적 삶의 주인이 된다.

축사에서 키우는 소와 방목한 소의 차이, 닭장에서 키우는 닭과 방목으로 키우는 닭의 차이가 무엇일까. 털의 윤기가 좌우한다. 인간도 예외가 아니다. 자율적이며 능동적인 아이들의 얼굴은 생기가 돌고 윤이 난다. 모든 기계가 잘 돌아간다는 증거다. 단 하나의 규칙은 필요하다. 날이 어두워지면 반드시 집으로 돌아온다는 규율이 있다는 점이다. 집으로 돌아오지 않으면 떠돌이 야생이 된다. 아이들도 야생의 짐승이 되지 않도록 한 가지 규칙을 만들어 지키도록 하면 된다. 반드시 집으로 돌아온다는 규칙은 소나 닭이나 사람이나 마찬가지다. 이 규칙이 지켜지지 않으면 야생의 짐승이 되는 것이다. 같은 자유지만 프리덤(freedom) 보다는 리버티(liberty)의 자유라야 한다.

제365장. 인생은 누구의 손도 아닌 자신의 손에 달려 있다.

공부, 미래, 행복, 성공, 실패 등 모든 것은 자신의 손에 달려있지 누구의 손에 달려 있는 게 아니다. 외부요인이나 DNA 같은 것은 보조적이며 극히 일부분이다.

제366장. 젊은이는 이제 안방에서의 싸움을 접고 지구촌과 상대하라.

젊은이는 이제 안방에서 오글오글하며 이전투구의 싸움에서 벗어나자. 창공을 훨훨 날자. 시선을 밖으로, 또 위로 돌리자. 젊음은 패기와 용기로 대표된다. 설령 실패한들 뭐 그게 대수인가. 다시 일어서면 된다. 아기가 걸음마를 배울 때도 수도 없이 넘어지고 자빠진 후에야 걷고 달릴 수 있게 된다. 넘어지는 것은 단단해지는 과정이다. 물렁한 곳에 박은 기둥은 박을 땐 쉽지만 넘어지는 것도 쉽게 넘어진다. 차라리 조금 늦어도 단단한 것이 훨씬 좋다.

제367장. 스마트폰은 작지만 강한 독재자 군주다(1).

모두 스마트폰이라는 동아줄에 매여 산다. 작은 것에 코가 꿰어 질질 끌려다닌다. 한시라도 떨어지면 불안해 못 견딘다. 문명의 이기 아닌 족쇄다. 우리 모두는 문명 하수인이다. 불원간 그 문명의 희생자가 되고 말 것이다. 편리에 취하면 어떤 해악도 인지하기 어려워진다. 마치 사랑의 콩깍지가 끼면 아무것도 보이지 않는 것과 같다. 특히 자동차, 엘리베이터, 에스컬레이터, 스마트폰 같은 문명의 이기들은 우리의 삶을 편리 속으로 몰아가지만 그 편리 속에는 스스로 할 수 없도록 만드는 독약이 들어 있음을 알아야 한다. 인간의 모든 부품은 사용하지 않으면 퇴화한다는 용불용설론이 현대사회에선 우월하다. 그 문명의 이기라는 괴물들의 지배하에 놓일 수밖에 없는 것은 그 피해를 알면서도 모두가 성큼성큼 스스로 걸어 들어가기 때문이다.

제368장. 세상의 모든 차이는 세상의 모든 차이를 만든다(2).

어떤 것도 차이만큼 차이를 만든다. 공통과 평균, 일률은 언뜻 좋아 보이지만 차이만큼 발전을 가져올 수 없다. 그 차이를 만들어내는 것은 전적으로 자신이다. 자유와 민주의 진정한 가치는 경쟁을 통한 차이를 만드는 데 있다. 차이는 차별이 아니기에 그렇다.

제369장. 하늘은 스스로 돕는 자를 돕지 않는다.

하늘은 스스로 돕는 자를 돕지 않는다는 수많은 확신이 있다. 효를 행하면 복을 받고 자신을 다독이며 끊임없이 자기 노력을 한다면 하늘도 스스로 돕는다고 하였지만 소수의 예에 불과하다. 죽도록 노력하고 죽도록 자신을 돕는 일에 스스로 매진해 보아도 아무 일이 일어나지 않는다. 아무런 근거도 통계도 존재하지 않는다. 다만 노력을 독려하고 효를 행하는 마음을 강조하는 것에 불과하다. 그저 작은 위로일 뿐이다.

제370장. 세상은 질그릇이다.

몸이 병들어 시드는 것은 꽃이 시들어 떨어짐과 같으며 인간의 삶은 작은 샘물에서 시작하여 강을 이루다 바다에서 생을 마감함과 같다. 세상은 깨지기 쉬운 질그릇이다. 어느 것 하나 확실한 것은 없다. 몸이 시들어 병드는 것은 아름다운 꽃이 시들어 땅으로 떨어짐과 같으며 인간의 삶 또한 작은 샘물에서 출발하는 탄생을 맞으며 또 개천을 만들고 강을 이루는 청장년 시기를 거쳐 바다에 도달하는 것으로 죽음을 맞는 것과 같은 이치다.

제371장. 두려우면 밤이 길고, 피곤하면 길이 멀고, 어리석으면 생과 사가 길다.

전기가 없는 산촌의 겨울밤은 두려움으로 한없이 길다. 콧노래를 부르며 출발하는 트레킹의 아침과는 반대로 파김치가 된 저녁 무렵의 몸은 길을 아주 멀게 한다. 어리석어 삶이 고단하면 생과 사가 지루하고 길기 마련이다.

제372장. 스마트폰은 작지만 강한 독재자 군주다(2).

스마트폰은 강소국의 강한 독재자 군주다. 작지만 힘이 넘친다. 재주와 능력으로 똘똘 뭉쳤다. 그러나 독재자라는 점에서 바람직하지 않다. 지식과 정보를 무기로 일방적 상명하복의 체계를 가지고 소유자를 통치한다. 그러니 누구나 스마트폰에 의존적이며 절대복종의 모습을 띤다. 그나마 다행인 것은 안하무인이 아니라는 점은 높은 점수를 줄 만하다. 그러나 한 사람의 예외도 없이 충직한 신하의 모습을 띨 수밖에 없다는 점은 우려스럽다.

제373장. 누구는 얇은 허벅지를 위해 누구는 두꺼운 허벅지를 위해 땀을 흘린다. 어떤 가치가 우선할까.

허벅지가 주는 원초적 기쁨과 슬픔이 그것의 좌우를 가린다. 영겁에 비하여 점도 되지 않는 살아 숨 쉬는 기간에 참으로 허망한 일을 많이 한다. 그것 또한 인간의 숙명이다. 그것을 인지하지 못하는 하등동물에 비하면 조금 나은 듯하지만 결국 부질없는 짓이다. '모든 생물은 공동조상일 것이다'라고 하는 세상에 우리는 살고 있다. 그 짧은 기간 동안 얇은 허벅지가 주는 즐거움과 그것을 바라보는 즐거운 마음은 도대체 무슨 쓰임이 존재하는가. 있다면 그 쓰임의 진정한 가치가 무엇이란 말인가. 또 다른 사람은 두꺼운 허벅지를 위해 땀을 쏟는다. 굳이 따진다면 원초적인 기쁨과 슬픔이 좌우하지 않겠는가.

제374장. 교육은 콩나물시루에 물을 붓는 행위다(1).

교육은 콩나물시루에 물을 붓는 행위다. 물을 부어도 모래 위에 부으면 아무 소용 없지만 콩나물시루에 물을 붓는 것은 매우 생산적이다. 교육은 또 뇌에 불을 붙이는 행위다. 그래서 무럭무럭 자라고 요원의 불길처럼 번져나간다.

제375장. 누구에게나 고향은 영혼의 해방구다.

고향은 영원한 영혼의 완벽한 해방구이자 안식처다. 고향은 어머니 자궁 같은 원초적 안식처며 영혼의 자유가 숨 쉬는 곳이다. 고향은 아련한 그리움이며 안개처럼 피어오르는 사랑의 세레나데다. 고향은 막힌 숨을 뚫어주며 닫힌 가슴을 열어준다. 고향은 마르지 않는 영혼의 샘이며 언제나 목마를 때 퍼 마실 수 있는 사막의 오아시스다. 고향은 심장박동을 빠르게 해주는 꼬마 친구들과 뛰놀던 내 마음의 작은 언덕이다. 언제나 그립고 언제나 아련하며 언제나 마음의 전율을 일으킨다. 고향은 목구멍에 부드러운 젤리가 걸린 것처럼 작은 울컥함을 끊임없이 만들어낸다. 고향은 보이지 않지만 언제나 가슴속에 큰 뭉텅이로 남아 있다. 고향은 보이지 않지만 또렷하게 보이고 고향의 소리는 없지만 있고 내 귓전에 언제나 맴돈다. 고향의 냄새는 어머니 냄새다. 작은 젖 비린 냄새인데 그 속에 향기가 섞여 있다.

제376장. 고통스런 경험은 손해 보는 경험이 아니다.

왜냐하면 고통스러운 만큼 삶이 달라지기 때문이다. 살아가면서 누구나 어려움을 만난다. 죽고 싶을 만큼 고통을 느낄 때가 있다. 실패하고 넘어지고 천 길 낭떠러지에 매달려 발버둥치기도 한다. 그러나 이런 어려움들이 한 사람을 성숙시키고 단단하게 만든다. 똑같은 어려움의 반복은 슬기롭게 대처하는 능력을 길러준다. 더 나은 방법을 찾을 수 있도록 기회와 지혜를 준다. 실패와 어려움은 긴 인생을 살아가는 거름과 빛과 자양분이 된다. 절망할 이유가 없다.

제377장. 자신은 자신의 가장 훌륭한 명의다.

자신만큼 자신을 잘 아는 의사는 없다. 자신은 자신과 함께 먹고 자고 일하고 공부하고 여행하고 논다. 늘 함께하니 자신의 몸 구석구석을 현미경처럼 들여다보고 있다. 의사는 여러 기구로 진단하고 문진하고 자신에게 궁금한 것을 물어본 후 처방을 내린다. 그러나 자신은 자신의 몸에 관한 한 의사보다 많이 알고 있다. 음식 섭취, 습관, 운동 내용 등을 소상히 알고 있다. 다만 제대로 지키지 않고 게으름을 피울 뿐이다. 자신은 자신에 대한 최고의 주치의이므로 거부감이나 갈등 없이 잘 순종하고 따르면 된다.

제378장. 인생은 그저 그런 것이다.

종교도 내세도 없는 것, 영혼도 없는 것, 죽으면 그것으로 끝인 것, 다만 약한 인간들이 죽은 자에 대한 도리라며 또 산 자의 알량한 효를 빙자해 만들어낸 작은 이야기일 뿐이라는 것, 산다는 것은 죽지 않았다는 것, 숨이 붙어 있다는 것, 말은 감정전달 수단이 되면 안 된다는 것, 쓰레기 같은 잡지식으로 말장난치며 산다는 것, 모두 겉껍데기일 뿐이라는 것, 이젠 이 모두에서 벗어나야 한다는 것, 삶은 공(空)인 것, 없음(無)인 것, 부부, 부자는 잘 끊어지는 약한 끈으로 잠시 묶은 것, 돈 몇 푼으로도 산산 조각나는 관계인 것, 그냥 무(無)인 것, 숨 있을 때 그냥 잠깐 그런 척하는 것, 있음(有) 전에 없음(無)처럼 되는 것, 죽음은 잘 익은 과일이 떨어지는 것, 익지 않은 과일은 나무에서 떨어지지 않는 것, 익지 않은 것이 떨어지는 것은 태풍 같은, 즉 사고가 나는 경우인 것, 탄생 전으로 회귀하는 것, 영원에서 영원으로 이행하는 것, 인생은 코이처럼 어항에서 길러지는 고기가 아니라는 것, 인생은 색즉시공이라는 것. 인생은 그저 그런 것. 인생을 그냥 푸념한 것.

제379장. 여행은 자신의 속과 거죽을 동시에 볼 수 있는 잘 닦은 거울이다.

여행만큼 자신을 잘 들여다볼 수 있는 거울은 없다. 거죽은 물론이고 깊은 내면까지를 속속들이 볼 수 있다. 모두에게 있어 여행이 없다면 끝내 자신을 모른 채 죽었을 것이다. 작은 것이라도 겨우 알아냈다면 그것은 온전히 여행이라는 잘 닦은 거울 덕분이다.

제380장. 새벽은 신이 인간에게 주는 보너스 시간이다.

새벽 시간을 잘 활용하면 인생의 풍성한 보너스가 주어진다. 낮 시간에 비해 몇 배의 효율성을 얻을 수 있기 때문이다.

제381장. 웃음 띤 얼굴은 창조주가 사악한 마음을 가진 자에게 준 생존권이며 생명권과 같은 것이다.

시도 때도 없이 잘 웃는 사람을 경계해야 한다. 물론 선한 웃음과 사악한 마음을 지닌 웃음을 잘 분별해야 한다. 양두구육의 사악한 웃음은 악의 구렁텅이로 가는 유도된 지름길이다.

제382장. 꿈이라는 것은 머릿속에만 있으면 아무 일도 일어나지 않는다.

인생의 즐거움을 위해 애써 꿈을 찾고 내 삶을 들여다보아야 한다. 꿈이 머릿속에만 존재한다면 그것은 개꿈 아니면 헛꿈이다.

제383장. 한반도는 바다를 향한 백조의 주둥이며 대륙을 향한 가속 페달이다.

인간에게 관상, 수상이 존재하듯 지도에는 지상(地相)이 있다고 여긴다. 한반도는 대양과 대륙을 향해 멋진 자세를 취하고 있음을 알 수 있다. 대륙을 향해서 맘껏 나아갈 수 있는 가속페달을 가지고 있으며 대양을 향해서는 맘껏 날갯짓할 수 있는 백조의 주둥이 모습을 하고 있다. 얼마나 멋진 지상(地相)인가. 큰 꿈을 꾸고 웅비의 나래를 펼 만하다.

제384장. 인생이 덜 여물 때는 매사에 첨(添)을 하고 여물 때는 삭(削)을 한다.

글을 쓸 때 탈고를 하기 위해서는 여러 차례 퇴고 과정을 밟는다. 얼마나 좋은 책을 만드느냐는 얼마만큼 퇴고 과정을 밟느냐가 결정한다. 퇴고는 첨삭의 반복이다. 그러나 삭보다는 첨의 유혹을 많이 받는다. 그러나 잘된 탈고는 퇴고 과정에서 얼마나 삭을 많이 하느냐가 좌우한다. 미성년자와 성년자의 구분이 미성숙과 성숙으로 구분되듯 인생으로의 확장 또한 첨보다는 삭을 많이 하는 삶이 되어야 바른 삶이 된다. 글이나 강연도 여물지 못할 땐 길어지기 쉬우나 여물면 알맹이만으로 충분하다는 걸 안다.

제385장. 모든 사람은 자기만의 밥줄을 갖고 있다.

세계는 넓고 다양하다. 그 속에 사는 모든 생물종도 마찬가지다. 농경사회 때엔 사람이 곧 노동력이며 재산이었다. 자식이 많아야 재산가이며 복의 근원이었다. 가난하던 시절에도 자기가 먹을 것은 갖고 태어난다는 생각이 짙었다. 생김새만큼이나 가지고 있는 재주도 다양하다. 자신의 밥줄을 하나씩 갖고 태어난다. 그 밥줄을 제대로 찾지 못해 오래도록 헤매는 경우가 없지는 않지만 극히 소수다. 밥줄이 밖으로 드러나 쉽게 찾을 경우도 있지만 몸 안쪽 깊숙이 박혀 찾는 데 애를 먹거나 시간이 많이 걸리는 경우도 있다. 그럴 경우엔 삶의 초반에 고생을 한다. 그러나 끝내는 발견된다. 찾지 못한 채 끝을 맞는 경우는 매우 드물다.

제386장. 남자는 영원한 어린이다. 식욕이나 성욕처럼 배고프면 칭얼댄다.

남자는 단순하다. 그런 의미에서 수사자와 매우 흡사하다. 배부르면 그들은 사납지 않다. 평화와 평정심이 그들을 지배한다. 그리고 온유하다. 남자는 동물의 수컷일 뿐이다. 그런 수컷과 싸움을 일으킨다면 수컷을 전혀 모르는 것이다. 남자는 여성학을, 여자는 남성학을 조금은 공부할 필요가 있다. 왜냐하면 앎에 대한 작은 수고가 오랜 기간 화평을 가져오기 때문이다.

제387장. 성공이라는 못을 박으려면 끈질김이란 망치가 필요하다.

성공이란 누구나 바라는 달콤한 유혹이다. 평생을 그 유혹의 덫에서 벗어나지 못한다. 덫에서 벗어나는 유일한 방법은 끈질김이다.

제388장. 자식은 사육 꿩이 아니다.

자식은 절제 있는 자유를 기본으로 한 방목이 좋다. 일단 매이면 언어와 사고와 행동이 매이게 된다. 꿩은 기본적으로 난폭한 성질을 가졌다. 최소한 양 옆을 볼 수 없도록 하는 장치가 필요한 이유다. 큰 아이로 키우려면 울타리 없는 하늘을 맘껏 볼 수 있도록 하는 게 중요하다. 그 넓이를 가늠할 수 없는 바다도 좋은 대상이다. 감성적 창의성이 있는 아이로 키워야 한다. 꿀 종지로는 솥을 만들 수 없는 이치와 같다.

제389장. 덜 익은 열매는 숨어서 큰다.

다 자란 열매는 자신을 드러내고 자신의 존재를 알린다. 모두 번식을 위한 생존수단이다. 그들의 생존은 마법에 가깝다. 그 유전자는 어디서부터 왔을까. 그 유전자를 누가 넣어주었을까. 실패한 유전자는 사라졌을 터이고 성공한 유전자는 지금까지 그 끈질긴 생명력을 이어온 것이다. 만약에 그들이 푸른 잎사귀 사이에서 붉은 빛으로 성장하고 있다면 천적으로부터 온전히 보존할 수 있을까. 다 성장할 때까지 주변의 색깔과 비슷한 것은 고급스런 위장술이다. 식물이나 동물이나 예외가 없다는 사실에 경악한다.

제390장. 시간은 핵을 비웃는 가장 강력한 괴짜 무기다.

시간만큼 무서운 것은 지구에는 존재하지 않는다. 시간은 모든 걸 파괴하고 절멸시킨다. 시간을 능가하는 힘은 없다.

제391장. 사람에게 관상이 있듯 지도(地圖)에는 지상(地相)이 있다.

우리나라는 호랑이를 닮았다고들 하지만 오히려 대륙을 향한 가속페달의 형상이며 바다를 향한 백조 주둥이 모양이다. 일본은 홋

카이도를 손잡이로 한 칼날이 휜 사무라이 검이며 영국은 해양제국다운 무한 우주공간의 달나라 계수나무요 양 자(字)요 미국은 자본시장의 중심국답게 주식의 시세판 모양을 하고 있다.

제392장. 글과 사상의 원천은 길 위의 고독이다.

필자의 글과 생각의 절대적 부분은 길 위의 고독이 만든 작품이다. 필자가 공부하는 것과 읽는 책들은 내 사상의 작은 점이다.

제393장. 자서전은 자신의 경험 기록으로서 생경한 경험이 많을수록 이야기는 풍성해진다.

꽃은 낱개로 있을 때도 아름답지만 여러 송이가 함께 있으면 그에 대한 감동이 더 커진다. 특별하고 생경한 낱개의 경험들을 한데 모으면 마치 아름다운 꽃송이를 다발로 묶어놓은 것처럼 된다. 그것이 삶의 꽃다발을 이루는 자서전이다.

제394장. 모든 것은 없음에의 귀결이다.

형태가 있든 없든 모든 것은 무(無)로 화(化)한다. 다만 무로 화하는 시간만 서로 다를 뿐이다.

제395장. 시계 초침 소리가 들리는 생각이 초침 소리 들리지 않는 생각을 죽일 수 있다. 그것을 이기는 방법은 초침 소리를 듣지 않기 위해 노력하지 않는 것이다.

시계 초침 소리만 유일한 소리일 때 그 소리를 깨트리는 것, 즉 소리가 들리지 않게 하는 것은 그 소리가 들리지 않는 몰입의 경우에만 가능하다. 따라서 그 소리를 듣지 않기 위해 노력하는 것은 그 소리를 들을 수밖에 없다는 사실임을 알아야 한다.

제396장. 자식은 삶의 날개이자 덫이다.

날개인 기억은 쉽게 사라지지만 덫의 기억은 오래 남는다. 모두 덫의 기억만 존재한다고 한다. 작은 날개와 큰 덫이 될 것인가 아니면 큰 날개와 작은 덫이 될 것인가는 자신의 운명이다. 자식은 삶의 날개도 덫도 아니라고 생각하는 게 중요하다. 의지도 말아야 하며 치이지도 않아야 한다.

제397장. 인간의 삶에서 일어나는 모든 행위는 미인을 얻기 위한 치열한 과정에 불과하다.

인간은 탄생과 삶과 죽음이라는 과정 속에 있다. 탄생과 죽음은 삶이라는 행위의 앞뒤에 잠깐 명멸하는 순간이다. 인간의 한 생은 삶이 그 전체다. 삶을 살기 위해서는 일정한 노동행위를 해야 한다. 그게 생존수단이기 때문이다. 그런데 그 생존을 위한 모든 행위, 이를테면 공부를 하든 노동을 하든 그게 어떤 형태이건 간에 그것은 보다 나은 사랑을 얻기 위한 수단으로 귀결된다는 점이다. 그런데 미인의 두뇌는 늘 질문을 던지게 하는 대상으로 헷갈리는 수고를 안긴다.

제398장. 자신의 모든 문제는 자신 때문이지 어느 누구의 때문이 아니다.

자신의 모든 문제는 자신으로부터 기인하고 자신으로 귀결된다.

타인의 개입이 문제를 만든다고 말하고 싶겠지만 그건 그냥 심정적 이기심의 발로일 뿐이다. 그런 이기는 자신을 위축시킬 뿐 도움이 되는 마음이 아니다.

제399장. 거미가 날개 없이 공중에 집을 짓는 것은 바람을 이용하는 지혜가 있어서다.

모든 생물은 완전체일 수 없다. 흠과 부족한 부분을 지니고 있다. 나 아닌 다른 것으로부터 모자라는 부분을 채우는 지혜를 갖느냐 그렇지 않느냐의 문제만 있을 뿐이다.

제400장. 당신의 의식수준이 당신의 삶의 수준을 결정한다.

당신의 삶의 내용, 즉 크기와 질은 결국 당신의 의식수준의 범위 내(內)다. 의식수준은 결국 지적수준과 경험수준의 합으로 이루어진다. 자기 노력의 개입으로서만 해결된다. 당신의 지적수준과 시선은 결국 당신의 삶의 수준이다.

제401장. 역사는 승자의 선택적 기록이다.

역사는 개인이든 국가든 만들어지는 것이 아니라 만드는 것이다.

제402장. 배운 사람은 글 덕으로 살고 못 배운 사람은 발 덕으로 산다.

배운 사람은 머리를 움직여 살아가고 그렇지 못한 사람은 몸을 움직이며 살아간다.

제403장. 나와 나 사이는 가장 가까운 거리이며 또 가장 먼 거리다.

김수환 추기경은 말했다. 머리와 가슴 사이는 한 뼘밖에 안 되는 거리지만 그곳에 오기까지 평생이 걸렸다고 했다. 그렇다. 나와 나 사이는 얼핏 함께 있어 가깝게 느껴지지만 심리적 거리는 구만리 장천처럼 멀고 또 멀다.

제404장. 구멍 파는 데는 칼보다 끌이 낫다.

모든 도구는 적재적소의 쓰임새가 있다. 구멍을 파는 데 끌을 사용하지 않고 칼을 사용한다면 결과는 보나마나다. 적정성, 효용성이 중요한 이유다.

제405장. 상실은 현재의 상실도 두렵지만 예고된 상실이 더 두려움을 준다.

부모의 상실, 연인의 상실, 보물의 상실을 상정하면 이해가 쉽다. 현재의 상실도 두렵지만 예고된 상실의 두려움은 두려움의 시간이 축적되어 일어나는 두려움이어서 가늠되지 않는 큰 두려움으로 온몸을 짓누르게 된다.

제406장. 세상의 소음이 시작되면 내면의 사유는 파편화되기 마련이다.

왜냐하면 내면의 깊은 사유는 고요가 그 절대적 배경이기 때문이다. 고요와 가까워지지 않으면 어떤 사소한 것도 이루기 어렵다. 고요는 어떤 결과물을 얻는 데 필수적 원자재다.

제407장. 세상에서 가장 깊고 아름다운 계곡은 인간이라는 이름의 계곡이다.

인간은 세상에서 가장 높은 에베레스트산이며 가장 깊은 엠덴해구다. 에베레스트나 엠덴해구는 인간에게 정복되지만 인간의 해구는 인간의 힘으로는 정복할 수 없는 무궁·무극의 심연이며 계곡이다. 그것은 남성보다는 여성에게서 더욱 그렇다.

제408장. 진정한 자유를 알려면 자연의 자유를 알아야 한다.

한마디로 자연의 자유는 무법천지다. 인간만 법을 만들어 제한하고 억누른다. 어떤 사소한 규제도 그 규제의 존재만으로 이미 본연의 자유는 박탈당한다. 법이 존재하지 않는 자연이야말로 가장 자연스러운 자연의 자유다.

제409장. 세상과 타협하는 삶이 되어서는 안 된다.

세상이 등을 돌리고 손가락질해도 야료를 부리거나 야합해서는 안 된다. 그들의 손가락이 대수롭지 않음을 알아야 한다. 세상과 타협하는 그들도 평생 손가락질 받을 일을 수없이 저지른다. 다만 그들은 몰래 은근히 저지른다는 점이다. 그들은 드러나는 것이 두려워 드러나지 않도록 조심하고 또 조심할 뿐이다. 그것은 탈과 위선의 유무의 차이다.

제410장. 부분은 곧 전체다.

하나는 곧 전체요 전체는 곧 하나다. 점은 곧 선이요 선은 곧 점이다. 자신의 고향과 조국이 비록 작더라도 그 곳은 세계로 나아가는 시작점이자 종착점이 되는 가속페달이다. 자신의 존재는 언제나 시작점이요 출발선이라는 점을 잊어선 안 된다.

제411장. 세상에서 최고의 지혜자는 농부다.

그것은 자연을 가장 많이 닮았기 때문이다. 세상의 지식인, 또 지혜 있는 자인 척하는 사람들은 대부분 가짜일 가능성이 많다. 그것은 오염을 먹고 자라서이다. 자연을 함부로 하면 안 되는 이유다.

제412장. 좋은 날씨도 쭈글쭈글한 날씨도 똑같은 날씨다.

참 얄궂은 봄날이다. 변화무쌍한 여름날이다. 다림질하는 게 좋은지, 쭈글쭈글한 상태가 좋은지는 자연의 본질을 대하는 마음의 문제다. 쭈글쭈글한 날씨, 얄궂은 날씨가 없다면 이 세상은 어찌 될까. 1년 중 좋은 날씨가 200여 일이고 흐리고 눈비 오는 날이 150여 일쯤이다. 오묘한 조합 아닌가. 이 조합이 아니었던들 수많은 생명체는 어찌 살아가겠는가. 사막이 힘든 건 이 조합이 깨져서다. 더 무슨 설명이 필요한가.

제413장. 수양버들은 타고난 예절과 겸손의 일인자다.

무엇이 그렇게 미안하고 죄송한지 늘 허리 굽히고 고개 숙인다. 무엇이 그리 고맙고 감사한지 늘 배꼽 인사한다. 타고난 예절과 겸손함인지, 우리가 모르는 무슨 대역죄를 지었는지 늘 궁금하다. 수많은 자연 중 한 개의 현상인지 아니면 무슨 사연이 있는지 그것이 문제다.

제414장. 삶에는 추구하는 게 있어야 지루하지 않고 즐거운 삶이 된다.

얄팍한 지식은 늘어나고 깊은 지식은 점점 얇아진다. 책 읽기는 멀리하고 단문 트위터에만 집중하고 언어 아닌 이모티콘과 국적 불명의 신조어, 축약어만 늘어난다. 심히 우려된다. 문장다운 문장, 언어다운 언어는 사라지고 욕설만 난무한다. 세종대왕, 문자, 언어는 어떻게 되는가. 삶을 추구하고 추상해야 하는데 도대체 관심 밖이다. 도대체 어떤 삶을 염두에 두고 있는가. 있기나 한 건가.

제415장. 그 사람의 입을 보지 말고 그 사람의 발을 보아야 한다.

예전엔 말 잘하는 사람이 드물었다. 그래서 귀한 대접을 받았다. 요즘엔 말 못하는 사람이 드물다. 배움의 수준이 높아졌고 인터넷과 매스컴의 절대적 영향 때문이다. 얇지만 넓은 지식들이 인터넷이라는 정보의 바다에 넘쳐난다. 무지로 입을 닫고 있던 시절은 가고 정보의 홍수 덕으로 말 홍수를 이룬다. 침묵이 금이던 시절은 무지를 어느 정도 은폐·엄폐했는데 요즘은 그게 어렵다. 이제는 그 사람의 발을 보지 않으면 안 되는 시절이 되었다. 말 홍수를 따르기보다는 발을 따라야 어떤 한 사람의 정체성을 제대로 볼 수 있다.

제416장. 침묵은 위대한 웅변가의 웅변 위에 있다.

때문에 침묵에서 더 많은 것을 듣고 배운다. 가장 위대한 웅변은 위대한 침묵이다. 위대한 역설이다.

제417장. 인간에게도 밀물과 썰물이 불규칙하게 존재한다.

그것은 이해라는 인력(引力)과 타산이라는 원심력 때문이다. 인간의 내면은 오묘하고 심오하다. 그래서 헤아리기 쉽지 않다. 인간의 마음속에 무시로 밀물과 썰물이 들락댄다. 밀물은 이익과 손해를 말하는 것이요 썰물은 그 이해를 셈 쳐 따져보는 것이다. 단 한 번도 인력만, 또 원심력만 작용하지 않는다. 그래서 인간을 알기가 그토록 어려운 것이다. 더구나 정기적이 아니라 부정기적으로 들락댄다.

제418장. 걷는 자는 길을 먹고 길은 걷는 자를 먹는다.

길을 먹으면 이내 배설되고 다시 길을 먹는다. 걷는다는 것은 길은 걷는 자를 먹고 걷는 자는 길을 먹는 일을 반복하는 것이다. 먹고 토하고 씹고 뱉고 마시고 하는 축적의 반복이 인생과 닮았다. 87일간 전국을 도보로 일주할 때다. 매일 5만 보 이상씩 걷다 보면 걷는다는 의식은 사라지고 거의 무의식의 세계에서 걷는 행위를 한다. 아니, 그런 걷기 행위 자체를 인지 못 할 경우도 생긴다. 길을 먹어야 길이 없어진다. 길이 없어져야 해가 지고 잘 시간이 온다. 다음 날 다시 걷는다. 그때는 길이 자신을 먹기 시작한다. 길에 파 먹혀 지치고 허물어진다. 새끼에게 파 먹힌 어미 거미다. 도보여행이란 곧 걷는 자는 길을 파먹고 길은 걷는 자를 파먹는 행위의 반복이다.

제419장. 신문은 매일 아침에 받는 분에 넘치는 선물이다.

신문이 고마워 미안한 마음이 들 때도 있다. 나를 만나러 눈비 올 때도 지치지 않고 찾아오니 늘 감사한 마음이다. 신문만한 선물이 또 있을까. 신문은 아름다운 선물이다. 문밖에서 살짝 엎드린 자세로 아침인사를 한다. 몸에는 온갖 소식을 한 아름 안고 있다. 세계인이 쓰는 일기를 거의 매일 전해준다. 이런 충직한 비서가 또 있을까. 선물보따리엔 온갖 것들로 채워져 있다. 이 선물의 장점은 같은 선물을 두 번 보내지 않는다는 점이다. 같은 선물을 싫어하는 주인에 대한 배려. 언제나 신선하고 흥미진진한 새 선물로 채워져 있다. 고맙고 고마운 선물, 벌써 반세기를 넘겨 받아오는 분에 넘치는 선물이다.

제420장. 사람이 늙는다는 것은 미래는 사라져가고 과거는 길어지는 생생한 현재의 모습을 보여주는 자연현상이다.

누에는 뽕잎을 먹고 자란다. 작은 놈은 조금씩 먹고 큰 놈은 많이 먹는다. 그 작은 입으로 아래위로 옮겨 다니며 야금야금 갉아 먹는다. 잠깐 사이에 뽕잎 하나가 사라진다. 우리의 인생 또한 뽕잎처럼 유한하다. 언젠가는 뽕잎이 사라진다. 누에가 자라면 뽕잎은 사라지고 누에고치만 남는다. 조금 남은 뽕잎은 우리의 미래요 누에고치는 우리의 과거다. 이 자연법칙은 한 치의 오차도 없이 우리의 삶을 파고든다.

제421장. 몸 주인이 정직하면 몸도 정직하다.

물고기 비늘에 바다가 스미는 것처럼 인간의 몸에는 자신이 살아가는 사회의 시간이 새겨진다. 몸은 자동차와 닮은꼴이다. 몸과 자동차를 보면 그 주인을 단박에 알 수 있다. 같은 날 같은 시간에 출고한 차도 주인의 사랑이 담긴 차와 그렇지 않은 차의 성능은 많은 차이가 난다. 오늘 당신의 건강상태는 과거 당신이 몸을 어떻게 관리하였는지를 보여주는 대표적 증표다. 얼굴은 혼을 담는 그릇이고 주름을 인생계급장이라 하는 이유는 그래서 그렇다. 몸은 워낙 정직하여 속일 수도, 감출 수도 없다.

제422장. 짚신을 짜는 데는 지푸라기가 제격이고 나막신을 만드는 데는 나무가 제격이다.

짚신은 지푸라기로 만들고 나막신은 나무로 만든다. 산은 산이요 물은 물이다. 진리는 본래 자연스러움이 그 바탕이다.

제423장. 고슴도치는 풍선 불기는 절대 안 되지만 풍선 터뜨리기는 최고다.

토담을 쌓는 데는 둥근 돌과 모난 돌, 작은 돌과 큰 돌 등 쓰임새에 따라 모두 필요하다. 모든 것은 적재적소와 안성맞춤이 있기 마련이다. 스스로 예외나 괄호 안에 있다고 생각하지 않기 바란다.

제424장. 불평등의 근본은 잘못된 리더를 뽑은 데서 그 원인을 찾아야 한다.

불평등의 원인은 여러 개일 수 있다. 그러나 가장 으뜸은 리더를 잘못 뽑았기 때문이다. 문제는 그 리더의 머리를 쪼개볼 수도 없고 가슴을 열고 들여다볼 수 없다는 데 있다. 그러나 눈동자 하나만 잘 보아도 폐해를 상당 부분 줄일 수 있다. 눈동자가 중심을 잡지 못하고 흔들린다면 그런 리더는 뽑으면 안 된다. 그런 사람은 십중팔구 심지가 얕고 팔랑귀를 가졌으며 간신의 혼이 들어 있다. 리더

뿐만 아니라 참모로서도 매우 위험하다.

제425장. 교육은 콩나물시루에 물을 붓는 행위다(2).

깨진 독과 구멍 난 그릇에 물을 붓는 것은 아무 소용없는 짓이다. 그래도 예외는 있다. 바로 콩나물시루다. 콩나물시루는 밑바닥에 여러 개의 구멍이 나 있다. 물이 샌다고 모든 구멍을 막으면 어떻게 될까. 보나마나 콩나물 뿌리는 썩는다. 교육은 바로 그거다. 물이 샐 수 있도록 교육도 새나가는 숨구멍을 뚫어놓고 시켜야 한다. 아깝다며 구멍을 틀어막으면 아이들은 숨 막혀 시들고 병든다. 그것은 자율과 자연이다. 구멍이 뚫린 채로 놔두고 교육의 물을 주면 콩나물이라는 아이들은 쑥쑥 자란다.

제426장. 여행은 곧 터미널이다.

모든 터미널은 여행자의 시작이고 끝이다. 여행과 터미널은 이음동의어라 할 만큼 밀접하다. 모든 여행은 터미널에서 시작되고 터미널에서 끝난다. 모든 여행자는 터미널과 친숙하다. 터미널은 집이며 온기다. 모든 여행자는 터미널에 있고 모든 터미널엔 여행자가 있다.

제427장. 어떤 사물이나 상황도 설명할 수 없으면 이해한 게 아니다.

어떤 사물이나 상황도 내가 설명할 수 있어야 한다. 설명과 질문을 할 수 없다면 그것은 반의반도 이해하지 못했다고 봐야 한다.

제428장. 어떤 도전도 막는 가까운 주변 환경을 뛰어넘는 것이 가장

큰 도전이다.

적은 언제나 가까이에 있다. 그러나 우리는 가까이에 있는 사람은 모두 친구나 동료로 여긴다. 그것은 매너리즘 때문이다. 그것은 화장실에서 시간이 흐르면 어떤 냄새도 맡을 수 없음과 흡사하여 속고 또 잊는다.

제429장. 고독만큼 멋지고 훌륭한 친구는 없다.

고독은 최고의 아름다움을 잉태한다. 이 세계에 존재하는 모두는 고독을 방해하는 훼방꾼에 지나지 않는다. 무엇을 이루려면 고독하지 않으면 안 된다. 주변엔 온통 고독을 방해하는 훼방꾼들로 가득하다. 그 훼방꾼들로부터 어떻게 또 얼마의 거리를 두느냐가 당신의 미래를 좌우한다. 고독은 고립과는 다르다. 고독은 고품격의 가치를 향유하지만 고립은 하급의 행태가 만드는 외부와 단절된 고립무원의 외딴 섬이다.

제430장. 자율은 물이 있으면 돌아가는 물레바퀴고 타율은 물이 있어야 돌아가는 물레바퀴다.

더 이상의 인위나 타율은 의미 없다. 물의 흐름을 끊었다 이었다 하는 것은 물레바퀴의 자율을 제한하는 것이다. 자율이 제한받으면 물레바퀴의 기능은 사라지거나 위축된다.

제431장. 마라톤은 영원한 인생 스승이며 가장 치열한 인생 교육장이다.

마라톤은 자신과 죽음과의 싸움이다. 마라톤 중계방송을 들어

보면 벚꽃이 만발하였다 하고 오색 단풍이 만산홍엽에 산자수명하며 강에 어려 아름답기 그지없다 한다. 그러나 마라톤 참가자는 누구나 이런 아름다운 모습을 보지 못한다. 그냥 아스팔트길과 앞사람 엉덩이만 보인다. 마라톤은 훈련을 얼마나 했느냐와 얼마나 자신의 페이스를 지키느냐의 싸움이다. 욕심만 가지고 되는 것도 아니고 요령을 부려서 되는 것은 더더욱 아니다. 오직 참고 견디며 꾸준한 연습만이 완주를 보장한다. 마라톤은 스승이요 교육시설 없는 교육장인 셈이다.

제432장. 실패한 자만이 실패의 가치를 알고 틀을 깨는 자만이 발전을 기약할 수 있다.

실패의 쓴맛은 달콤한 꿀이 되어 돌아온다. 그것은 실패의 교훈을 깨달은 자만의 축복이다. 계란을 깨고 나오면 병아리가 되지만 그대로 놔두면 그냥 계란일 뿐이다. 병아리는 병아리에 그치지 않는다. 어미닭이 되고 알을 낳고 새끼를 기른다. 껍질을 깨고 틀을 깨야만 새로운 세상을 만난다.

제433장. 서로 다른 너와 내가 우리라는 정체성을 만든다는 건 매우 지난한 일이다.

따라서 결혼이라는 번거로운 절차 없이 동거하는 삶도 묵인 또는 받아들이는 때가 올 것이다. 중요한 건 짧은 생애를 즐겁고 행복하게 살아야 한다는 점이다. 어떤 것도 족쇄가 되거나 발목 잡는 것이라면 그것은 사라져야 한다. 종(種)이 씨가 말라 사라지는 것은 당시의 사람들에게 지워지는 책임의 몫이다. 위기감을 느끼면 대책을 마련할 것이다. 그렇지 않으면 어떤 인위적 대책도 무용지물이 된다. 작금의 상황이 그걸 잘 대변한다. 결혼을 기피하고 출산을 기피한다. 나홀로족과 1인 가구 세대가 빠른 속도로 늘어난다. 이 시기, 이 풍조에 넌더리가 나고 위기감이 느껴질 때까지는 어떤 설명도 부족하다. 흐느적거리며 흥청망청 뒤뚱거리며 살아가도록 내버려두고 그들이 깨우쳐 제정신으로 돌아올 때까지 먼발치에서 바라만 보고 방치해두자. 깨달아야 문제가 해결된다. 그렇게 되기까지 시간이 아깝지만 묘수가 없다. 소위 자정작용이다.

제434장. 사람을 움직이는 원초적 동력은 배고픔과 배 아픔이다.

이것은 그 누구도 어찌해볼 수 없는 본능이다. 굶주림은 담을 넘게 하고 타인을 해하기도 한다. 본능은 죽음과 늘 직결돼 있다. 때문에 양단간의 행동이 늘 따른다. 배 아픔은 본능이지만 죽음과는 무관하다. 배 아픔은 때로는 자기를 한발 진전시키는 동력 역할도 하지만 긍정적 쓰임보다는 부정적 쓰임으로 작용할 때가 훨씬 많다. 배 아픔은 자칫 질투, 시기, 저주, 비굴을 낳기 쉽다. 고도의 자기 절제력과 인격 도야가 있어야만 배 아픔을 다스릴 수 있다.

제435장. 공부의 크기는 생각의 크기와 관계가 있지, 암기하는 것과는 미미한 관계다.

언제부턴가 우리의 공부는 단답식, 사지선다형 또는 OX 등으로 압축된다. 잘못돼도 한참 잘못됐다. 그와 같이 시험을 위한 알량한 공부는 공부 축에 끼지 못한다. 모름지기 공부는 연구하고 질문하고 토론하는 등 생각을 넓혀주는 공부를 해야 한다. 생각을 키우는 데는 좁은 공간, 고통, 배고픔, 좁고 험난한 길을 거름으로 삼아야 한다.

제436장. 일미지미(一眉知美), 미인은 눈썹 하나만 보아도 드러난다.

나는 조어 만들기를 좋아한다. 일미지미도 물론 조어다. 사자성어엔 낭중지추라는 말이 있다. 자루 속의 송곳은 드러날 수밖에 없다는 뜻일 게다. 미인은 마스크로 입을 가리고 선글라스로 눈을 가려 눈썹만 보여도 미인임을 알 수 있다. 미인은 어느 한 곳만 빼어나지 않다.

제437장. 모든 경험은 모든 지식을 앞지른다. 그러나 경험을 동반한 지식은 따를 수 없다.

적든 크든 지식은 필요하다. 앎에 대한 갈증을 느껴야 하며 갈증 해결을 위한 자기 노력이 죽을 때까지 필요하다. 산 경험은 죽은 지식을 앞지른다. 다만 모든 경험을 충족시킬 수 없으므로 간접경험인 지식을 습득하는 것이다. 지식을 겸비한 경험이야말로 가장 높은 경지에 이를 수 있다. 그것은 노력과 부지런함이 그 배경이다.

제438장. 자기 성찰의 으뜸은 자기 고뇌이고 자기 고뇌의 으뜸은 자아발견이며 자아발견의 으뜸은 적요와 고통이다.

자기 성찰은 자기 고뇌에서 찾아야 한다. 자기 고뇌를 통하여 자아를 발견하며, 자아를 발견하는 으뜸은 쓸쓸하고 외롭고 고요한 환경 속에서 고통이 따르는 아픔이 있어야 한다.

제439장. 고향은 인간의 순수한 가치를 알려주는 본향이다.

뇌를 세척하는 최고의 장소는 고향이다. 고향에 가면 평안하다. 아니, 고향에 간다고 마음먹을 때부터 이미 평안하다. 고향에는 어머니 가슴팍 같은 따뜻함과 안온함이 있어서다. 고향은 어렸을 적의 마음과 행동들이 응축된 곳이다. 따라서 매우 순수하다. 그곳을 벗어난 곳에서는 그런 순수한 가치를 발견하기란 쉽지 않다. 이런 향수들이 못내 그리워 고향을 찾는다. 그곳에 가면 몸과 마음의 찌든 때가 몽땅 벗겨진다.

제440장. 먹는 개는 짖지 못한다.

식당으로 남녀 한 무리가 들어간다. 주문한 식사가 나오려면 한참을 기다려야 한다. 그 사이 시끌벅적한 말이 오간다. 그러다 밥이 준비되면 모두 숟가락 젓가락을 들고 먹는 데 집중한다. 갑자기 숟가락 소리만 간간히 들릴 뿐 조금 전의 소란함은 사라진다. 밥을 씹으면서 동시에 이야기할 수 없어서다. 개도 예외가 아니다. 그래서 개 도둑은 맛있게 잘 삶아진 감자나 고구마를 먹이로 던져준다. 뜨거운 감자, 고구마는 걸신들린 개에겐 이빨을 몽땅 빼앗아갈 수도 있다. 짖는 건 엄두조차 낼 수 없다. 무지하지만 도둑들이 자주 쓰는 수법이다.

제441장. 주름은 당신의 지난날을 찍은 거친 흑백사진이다.

주름은 컬러로 담을 수 없다. 왜냐하면 그 본질 때문이다. 흑과

백은 컬러에 비해 매우 원초적이며 원시성과 본질과 근접해있다. 그러기에 주름은 지난날에 대한 역사를 윤색 안 된 채로 간직하고 있다.

제442장. 민주주의는 요강(溺江)이다.

민주주의의 대표성 가운데 하나가 다양한 소리를 담아낸다는 점이다. 국회가 대표적 본보기다. 요강을 국회라 하면 지나친 비약일까. 요강은 하나지만 처음 시작부터 마지막 차오를 때까지의 소리가 모두 다르다. 요강은 그 다양하고도 각기 다른 소리를 한곳에 담아낸다. 적어도 국회가 이 정도 수준에 이르면 활짝 핀 민주주의의 꽃이 된다.

제443장. 인간은 누구나 쉽게 살려는 속성을 지닌다.

너무 쉽게 사는 것은 너무 쉽게 허물어질 수 있음을 인식해야 한다. 모르면 큰 낭패를 당한다. 인간은 편리를 추구하는 동물이다. 모든 문명의 이기는 예외 없이 인간의 편리를 도모하기 위한 것들이다. 그러니 달콤한 편리에 이내 취한다. 그러나 인간의 본 모습은 불편함을 잘 견디도록 만들어졌다. 직립보행 인간으로 걷고 달리도록 만들어졌다. 그럼에도 편리는 삶 속으로 파고든다. 땀보다는 한탕주의, 기회주의가 판을 친다. 복권에 당첨된 자가 비극적 종말을 맞는 것도 이 같은 이치와 관련 있다.

제444장. 고향은 누구에게나 영혼의 해방구이자 아름다운 숨구멍이다.

고향의 냄새는 독특하다. 고향의 냄새는 어머니 냄새다. 수구초심도 그렇게 해서 탄생했을 거다. 연어가 북태평양을 돌고 돌아 2~3년 만에 모천으로 돌아오는 것도 모천의 냄새를 나침반 삼아 오지 않는가. 고향은 어머니 가슴팍이다. 따뜻하면서 행복하다. 그리고 자유로움을 느낀다. 물고기는 뭍으로 나오면 죽는다. 아가미가 요동친다. 빨리 물로 돌려보내야 살아난다. 고향은 마치 물고기에게 물과 같은 존재다.

제445장. 인생은 뭔가 알 듯 말 듯 눈이 뜨일 때쯤 눈을 감는다.

그 알 듯 말 듯한 것도 1%도 되지 않는다. 그럼에도 눈을 뜨고 있는 동안 목에 힘을 주고 눈을 부라린다. 알 듯 말 듯할 때 생을 마감하는 것은 시의적절하다. '그때 그 시절 이것을 알았더라면' 하는 아쉬움이 많이 남는다. 그러나 아쉬움으로 끝나는 게 맞다. 냉철하게 보면 그때 몰랐던 것을 지금 아는 정도로 안다면 균형은 깨진다. 아름다움, 미련, 상상, 꿈, 사랑, 성 등 모두 사라질 수도 있다. 어차피 1%도 모른 채 생을 마감한다. 조금 먼저 알아봐야 별 차이가 없다. 자칫 큰 혼돈만 야기할 수 있다. 창조주가 어련히 알아서 우선순위를 배치하였겠는가. 뻣뻣한 목을 하지 말아야 하는 이유다. 코브라처럼 후드를 자랑하며 목 쳐들면 목 날아가기 딱 좋다.

제446장. 시간은 자신을 자신답게 만드는 일급 조력자다.

시간의 위대성은 절대적이다. 시간만큼 위대한 대상은 없다. 시간은 존재하는 모든 물질을 허물고 폐기시키는 힘을 가지고 있다.

시간은 또 창조자이기도 하다. 다듬고 조탁하여 아름다운 예술품을 만든다. 한 인간을 만드는 데도 예외가 아니다. 얼핏 생각하면 선생님과 책이 만들어주는 것 같지만 결국은 시간이라는 조력자의 도움으로 모든 게 만들어진다.

제447장. 기회란 빠른 속도로 왔다 가는 탁구공이다.

때가 왔다는 것을 즉각적으로 인지하는 자만이 한 시대의 영웅이 된다. 때란 빠른 속도로 왔다가 빠른 속도로 사라진다. 때가 왔지만 그것을 붙잡지 않으면 어느새 손가락 사이로 빠져나간다. 그것을 인지하기 위한 방법은 오직 준비밖에 없다. 운동선수들은 공이 자신에게 오지 않을 때도 끊임없이 몸을 움직인다. 그것은 공이 자신에게 왔을 때 미스 없이 처리하기 위해서다. 만약 그가 뻣뻣하게 서 있다면 빠른 속도로 다가오는 공을 처리할 수 없다. 때란 그런 것이다.

제448장. 삶이란 걸을 수 있을 때부터 걸을 수 없을 때까지의 기간이다.

우리는 삶을 이야기할 때 탄생과 죽음 사이 기간 동안의 삶을 말한다. 그러나 냉정히 살펴보면 걸을 수 없을 때의 삶은 자신의 생각과 행동으로 사는 삶이 아니다. 먹는 것, 입는 것, 놀이 등 거의 모두는 어머니나 다른 사람들에 의해 이루어진다. 나이 들어 걸을 수 없는 시기에도 어려서 걸을 수 없는 시기와 마찬가지 상황이 발생한다. 결국 눈은 뜨고 있지만 자신의 의지대로 산다고 말할 수 없다. 따라서 삶에서 걷기 전과 걸을 수 없는 시기의 삶은 진정한 삶이라고 할 수 없다.

제449장. 주머니가 홀쭉하면 생각주머니가 불룩해지고 삶의 공간이 좁으면 생각주머니가 넓어진다.

역설적이게도 뇌는 주머니가 비어야 생각이 활발해진다. 마치 주머니가 두둑하면 편한 의자에 몸을 깊이 박고 TV를 볼 때처럼 뇌는 아무 일도 하지 않는 것과 흡사하다. 마찬가지로 크고 넓은 집에서 살아갈 때도 예외는 아니다. 정주영, 김우중, 미키마우스도 모두 지하 단칸방 아니면 다락방에서 갖은 고생을 하며 젊은 시절을 보냈다. 그 속에서 꿈을 키우고 야망을 불태웠다. 작은 공간에서의 삶을 탓하면 안 되는 이유다. 생각을 키우는 데 이보다 더 좋은 보너스 조건은 없다. 인위적인 없음이나 좁은 공간도 필요하지만 자연스럽게 만들어진 여건보다는 못하다. 축복으로 받아들여야 한다.

제450장. 삶에서 자신이 안다고 자부하는 것은 1%도 되지 않는다.

돌이켜보면 공부는 이 세상을 살아가기 위한 여러 방편 중에서 작은 한 가지에 불과하다. 어떻게 하면 남을 올라타고 밟고 넘어갈 수 있을까를 가르는 수단 중의 하나다. 그러다 보니 평생을 살면서 공부다운 공부는 할 기회를 갖지 못한다. 솔직히 말하면 공부다운 공부가 무엇인지도 잘 모른다. 그냥 틀에 가두고 반강제로 시키니까 하는 것이다. 그러다보니 해 질 녘에 뒤를 돌아보면 공허함이 몰려오는 것이다. 지금부터라도 지렁이나 개미 같은 삶이 아닌 인간다운 공부, 사람다운 공부를 해야 한다. 왜냐하면 자신은 인간이기 때문이다. 그럴 때만이 우주와 지구와 자연과 인간을 아주 조금은 이해할 수 있다.

제451장. 고향의 본질은 동심과 순수다.

고향은 어렸을 때의 영혼이 숨 쉬는 곳이다. 고향은 동심의 결정체다. 그곳엔 때 묻지 않은 맑은 동심과 눈같이 흰 순수가 늘 맴돈다. 고향이 어머니 품 같은 것은 맑고 따뜻한 동심이 가슴팍 한구석에 똬리 틀고 앉아 꼼지락대기 때문이다.

제452장. 당신의 아둔함을 알아채는 것은 언제나 타인이다.

정신이상자나 술 취한 자는 자신의 이상행동을 인정하지 않는다. 당신의 아둔함도 예외가 아니다. 그것은 자존심 때문만은 아니다. 자기모순이라는 혼돈에 얽히면 잘 풀어지지 않기에 그렇다. 그럴 경우는 자신 밖에서 해결책을 찾아야 한다. 산 바로 밑에서는 산이 보이지 않는다. 뺨 맞으며 훈수 두는 경우도 비슷하다.

제453장. 벌을 두려워하면 꿀을 얻을 수 없다.

동식물의 침, 가시, 독, 냄새 등은 그들만의 생존법이다. 그 생존법이 강할수록 역설적이게도 인간에게 이로움을 많이 준다. 인간은 어려움을 뚫고 그것을 얻으려 하고 그놈들은 더 독한 방어수단으로 진화를 거듭한다. 삶에서도 어려움을 극복하지 못하면 달콤한 꿀을 얻을 수 없다. 딱정벌레와 개화식물이 시소하듯 진화하는 과정이 좋은 예다.

제454장. 한 발을 떼면 시야는 한 발에 머물지만 두 발을 떼면 두 발만큼 넓어진다.

한 발을 떼면 한 발만큼의 시야만 확보된다. 두 발을 떼면 두 발만큼의 시야가 확보된다. 당신의 시야는 당신이 뗀 발만큼 늘어난다. 단견에서 벗어나고 울타리 없는 하늘을 보려면 당신의 뗀 발수가 많아야 한다.

제455장. 작은 역사는 낮에 탄생하지만 큰 역사는 밤에 탄생한다.

작은 역사는 거의 낮에 탄생하지만 그것도 어쩔 수 없는 경우가 대부분이다. 그러나 큰 역사는 밤에 이루어진다. 밤에 기획하고 밤에 행동한다. 그것은 어둠이라는 훌륭한 방패와 은닉의 장소가 많아서다.

제456장. 눈에 거름을 줘라.

그래서 당신의 눈을 깊게 뿌리 내리고 크게 자라고 튼실한 열매를 맺게 하라. 눈의 거름은 독서와 여행이다. 눈이 자라야 마음이 자라고 정신이 자란다. 농작물에만 거름을 주는 게 아니다. 눈에도 거름을 듬뿍 주어야 한다. 그래야 뿌리가 튼튼해지고 줄기가 뻗으며 꽃을 피우고 열매를 맺는다. 많은 독서와 여행은 당신의 눈을 건강하고 맑게 빛나게 할 것이다.

제457장. 여행이 배움의 연속이란 걸 안다면 당신은 이미 진정한 여행자다.

여행을 하면 행복하다. 그 속엔 새로운 마음과 사물을 만나는 배움이 있기 때문이다. 소풍이 학교 수업의 연장이듯 여행은 인생 학교의 가장 확실한 현장학습이다. 배움은 병을 이기는 면역력을 가지고 있다. 툭하면 병원을 가는 습관은 좋은 습관이 아니다. 건강하게 장수하려면 병원에 가는 것보다 배우는 데 더 시간을 투자하라. 툭하면 병원을 가지 말고 도서관으로 가는 게 좋다.

제458장. 모험과 위험에 노출되지 않고서는 어떤 아름다움도 만날 수 없다.

역설적이게도 안전과 안위와 편리로는 어떤 아름다움도 만날 수 없다는 점이다. 모든 영광과 아름다움은 모험과 위험 속에 존재한다. 모래에서 사금을 캐듯 모험과 위험 속에 감추어진 영광을 찾아내야 한다. 모든 영광과 아름다움은 피와 땀과 눈물의 결정체임을 안다면 그 속뜻을 모두 이해한 것이다.

제459장. 세상에서 가장 비굴한 위선자는 넥타이 맨 야바위 정치꾼이다.

야바위가 득실대는 곳은 정치판이다. 머리와 몸통은 없고 오직 입만 가지고 있다. 멍게, 말미잘, 성게다. 오늘의 정치판은 얼굴이 두꺼운 철면피만 존재한다. 얼굴 얇은 양심적 인물은 정치판에선 찾기 힘들다. 가뭄에 콩 나듯 하지만 생존여건으로 보면 매우 척박하다. 거기다 넥타이까지 매고 있으니 인면수심의 극치요 내로남불의 챔피언이다.

제460장. 걷기는 몸이라는 건축물의 주춧돌이다.

꿈의 실현은 걷기라는 주춧돌을 얼마나 잘 놓느냐에 달려 있다. 꿈은 추구하고 싶은 욕망의 얼개를 만드는 것이다. 주춧돌은 집을 튼튼하게 짓기 위한 기본 중의 기본이다. 그 기본의 완벽한 실현은 바로 하루 만 보 걷기의 실천이다.

제461장. 작은 있음이나 큰 있음은 모든 없음보다 작다.

작다, 크다는 모두 제한과 한계라는 의미를 내포한다. 그러나 없음(無)은 한계가 없음, 즉 무한을 나타낸다. 따라서 없음은 가장 크다.

제462장. 도보여행이란 걷는 자는 길을 파먹고 길은 걷는 자를 파먹는 행위의 반복이다.

끝없이 뻗은 길을 걷는 것은 길을 먹지 않고서는 길을 넘을 수 없는 것이다. 저녁이면 길을 얼마나 먹었는지 알 수 있고 아침이면 또 길이 얼마나 나를 먹을까를 생각하게 한다. 도보여행이란 길을 먹고 먹히는 일의 반복이다.

제463장. 무지와 도태는 자발적 의지로 이루어진다.

따라서 벗어나는 것 또한 자발적 의지다. 무지와 도태는 타의가 개입될 여지가 없다. 오직 자신만의 의지가 개입한다. 따라서 무지와 도태를 벗어나는 것 또한 오직 자발적 의지가 그 바탕이며 힘이라는 사실에 유념해야 한다.

제464장. 생각의 먹이는 생각이다.

따라서 생각은 생각을 먹고 자란다. 비정상적 생각은 먹이가 빈곤하여 많은 문제를 야기한다. 생각의 장소는 뇌이지만 먹이는 생각이다. 생각을 먹어야 생각이 커지고 자란다. 생각을 생각하지 않으면 어떤 생각도 일어나지 않는다. 좋은 생각은 좋은 영혼을 갖고 있어 좋은 생각을 키워낸다. 억울한 죽음을 당한 동물의 고기를 먹으면 안 좋은 것은 그 억울한 영혼까지 먹기 때문이다. 그것은 끝까지 따라다니며 생각과 영혼을 괴롭힌다. 먹이가 빈곤하면 성정이 고약해진다. 인간에게나 동물에게나 마찬가지다. 그 반대는 그 반대다. 생각을 키우는 데는 여행과 독서를 따를 수 없다.

제465장. 도덕과 정의의 뿌리는 부끄러움이다.

부끄러움을 모르면 도덕과 정의는 사라진다. 낯이 두꺼운 사람은 잘못을 저지를 확률이 높다. 아니 잘못을 저질러도 두꺼운 낯으로 인면수심이 된다는 문제가 있다. 나라를 다스리는 큰 인물은 얼굴이 얇은 인물이 제격이다. 그러나 현실은 그 반대다. 그래서 모든 문제가 야기된다. 물론 병적인 부끄러움은 예외다. 자신의 주변에 어떤 얼굴의 두께를 가진 사람이 있는지 한번쯤 돌아볼 일이다. 염치 있는 자, 말하자면 부끄러움을 아는 자들이 도덕적이고 정의롭다.

제466장. 어떤 운동이든 꾸준히 하게 되면 소위 현상(現狀)이라는 게 생긴다.

이 현상(現狀)은 그간의 노력에 대한 보상이다. 이 현상은 짧은 시간에는 일어나지 않는다. 사람들이 오랫동안 운동을 꾸준히 하지 못하는 이유와도 맞닿아 있다. 인간은 어떤 보상을 바라는 일에는 매우 성급하다. 보상이 없는 것엔 느리고 게으르다. 그런 약삭빠름과 얄팍함은 단기간에 어떤 결과물을 얻으려는 심리에 기인한다. 느긋함과 꾸준함은 언제나 큰 보상을 약속한다. 토끼와 거북이의 경주에서 거북이가 승리하는 것은 비단 우화에서뿐 아니라 현실의 거의 전부다.

제467장. 세상의 진리는 역설과 궤변의 예외로 꽉 차 있다.

역설과 궤변의 진리도 가끔은 존재한다. 그러나 그것은 소수의 예외일 뿐이다. 역설은 오직 역설일 뿐이고 궤변은 오직 궤변일 뿐이다. 세상의 모든 진리는 그 예외의 예외로 가득한 것이다.

제468장. '하루 만 보를 걷지 않으면 발바닥에 가시가 돋는다'며 살아가는 것은 태초 인간이 창조될 때부터의 숙명이다.

인간이 직립보행 인간으로 걷기 시작한 것은 이미 380만 년 전의 일이다. 두 손을 사용할 수 있고, 뇌를 쓰고, 숨을 편하게 쉴 수 있고, 말을 할 수 있게 된 것 또한 직립보행의 결과물이다. 사냥을 하고 물건을 나르는 것 또한 마찬가지다. 직립보행 인간으로서의 걷기는 생존이며 삶 그 자체다. 오늘날 모든 문명의 이기는 그런 생존과 실제적 관계를 맺고 있는 걷기를 방해하는 요물로 등장했다. 문명의 이기는 인간 본연의 모습을 사라지게 만들고 자꾸 나무늘보 같은 모습으로 바꾸어놓는다. 그러나 워낙 서서히 진행되기에 누구 하나 제대로 인지하지 못한다. 그런 무인지가 이런 기막힌 상황을 만들어내고 있다. 위기의식을 느끼고 대처하지 않으면 우리는 그 위기 속에 빠질 수밖에 없다.

제469장. 명절은 옛 조상들의 언어, 습관, 생활이 고스란히 배어 있는 과거의 재현이다.

설, 추석 명절은 그 시작이 신라시대로 거슬러 올라가니 천 년이 넘게 이어진 아름다운 우리 문화다. 그 이름은 조금씩 바뀌어 내려왔지만 옛 조상들의 생활을 엿볼 수 있는 귀중한 재산인 셈이다. 조상들이 음식을 만들고 차례를 지내고 온 식구가 한데 모여 음식을 나누고 먹고 마시고 놀이를 즐기는 것은 천 년을 이어온 과거의 재현임을 새삼 느낀다.

제470장. 만보(萬步)라는 보약은 세상에서 가장 뛰어난 하늘이 내린 약이다.

만보는 상당한 거리다. 성인의 평균 보폭을 70㎝ 정도로 치면 7㎞다. 만만하게 볼 거리가 아니다. 매일 걷다 보면 적잖은 거리에 스스로 놀란다. 실행하기가 쉽지 않다. 많은 사람이 작심삼일에 그치는 것도 무리가 아니다. 그러나 냉정히 따져보면 좋은 것은 도달하기가 모두 어렵다. 쉽게 도달할 수 있다면 그건 좋은 게 아닐 가능성이 많다. 몸에 좋은 약은 입에 쓰다는 이야기와도 일맥상통한다. 그런데 이 만보라는 보약은 하늘이 내린 보약이다. 만 가지 병을 고치는 특효약이다. 이 보약 구입엔 아예 돈이 들지 않는다. 약효가 일반 보약과 달리 길다. 이 보약은 생명을 살리는 보약이다. 많이 먹어도 부작용이 없다. 이런 보약을 시중에서 본 적 있는가. 공짜는 거들떠보지도 않고 비싼 것만 찾는 럭셔리 관광객 서상커

(奢尙客)인가.

제471장. 생산적 사고를 생산해야 파괴적 사고가 끼어들 틈이 없다.

시중에 모기약은 많다. 그러나 근본 대책은 아니다. 모기가 서식하는 웅덩이를 없애고 청결을 유지하는 게 우선이다. 무언가 순서가 바뀐 느낌이다. 몸은 책상 앞에 있지만 이성을 생각하면 공부가 제대로 되지 않는다. 인간의 뇌는 성질이 다른 두 개의 일을 동시에 할 수 없도록 만들어졌다. 생산적 사고를 지속적으로 해야 하는 이유다.

제472장. 국민의 시간, 건강, 행복을 갉아먹는 정치가 가장 싸구려 정치다.

정치란 국민을 안전하게 보호하고 행복하게 하는 것이 본령이다. 자기들끼리 권력을 나눠먹고 자리다툼하느라 국민의 안전과 행복이 뒷전이라면 정치의 존재 의미에 의문을 가지게 된다. 뒷전 정도를 떠나 국민의 행복한 시간마저도 갉아먹는 수준까지 간다면 이거야말로 그들을 자리에서 끌어내려야 한다.

제473장. 모든 죄는 혀로부터 나오고 모든 결과도 혀로부터 도출된다.

말이 원죄다. 구시화문이 있는 걸 보면 그 옛날에도 마찬가지였지 싶다. 말을 잘해야 한다는 경구, 금언, 속담도 넘쳐난다. 말로써 모든 언쟁은 시작되고 끝난다. 법구경에도 인간이 태어날 때 혀 밑에 도끼 하나씩 가지고 태어난다 하였다. 혀를 잘못 놀려 패가망신하는 경우는 동서고금을 따로 구분할 필요가 없다. 말을 잘하면 천 냥 빚도 갚는다 했다. 말을 잘할 수 있도록 자기 노력이 필요하다. 말 한마디로 그간에 쌓아놓은 공든 탑을 한 순간에 무너뜨릴 수 있다.

제474장. 모험이라는 날줄과 위험이라는 씨줄이 인생이라는 아름다운 피륙을 만든다.

아름다움은 그냥 탄생하지 않는다. 난세에 영웅이 태어나고 난산 끝에 옥동자가 태어난다. 밋밋함과 평범함 속에서는 그저 밋밋함과 평범함만 있을 뿐이다. 고난, 고통, 고생, 모험, 위험 같은 난관을 뚫는 자기 성찰이 필요하다. 그것은 직접 경험으로 얻는 게 가장 좋지만 많은 시간과 정력이 따라야 한다. 책은 한 사람의 모든 경험들을 알차게 집약해놓은 결과물이다. 책을 많이 읽어야 하는 이유다. 책을 읽는다는 것은 그 옛날에 살지 않았어도 산 것이요, 그 사람을 모르면서도 아는 것이다. 책은 쓴 사람이 갖고 있는 걸 나는 못 가져도 간접 경험할 수 있고, 가질 수도 있는 유일한 방법은 책을 읽음으로써 해결하는 것이다.

제475장. 외로움이라는 날줄과 고독이라는 씨줄이 아름다운 시를 만든다.

시는 말 없는 언어다. 그림 없는 그림이다. 시는 한 사람의 정신의 알맹이다. 시는 그 한 사람의 전체다. 시는 한 사람의 정신의 정수다. 시는 우리가 매일 먹는 밥과 반찬이 아니다. 가난과 고통과 외로움이라는 간난의 삶이 덕지덕지 눌어붙어야 겨우 생길까 말까 하다. 시는 주머니가 불룩하면 잘 쓰여지지 않는다. 이래저래 시인은 가난한 게 숙명이다. 그래도 세월과 함께 조금씩 바뀌는 것도 감지된다. 다행인지 불행인지 아리송하다.

제476장. 산 경험은 죽은 지식을 앞지른다.

모든 지식은 책이나 선생님으로부터 얻는다. 이 지식들은 자칫 죽은 지식으로 존재하기 쉽다. 갈고 닦고 문지르고 하여야 하는데 교육 분야 종사자 외엔 찾아보기 힘들다. 뭐니 뭐니 해도 경험만큼 좋은 지식은 없다. 간접경험까지 곁들이면 더욱 빛난다.

제477장. 글은 삶을 만들고 삶은 글을 만든다.

글은 스승이고 힘이다. 글로서 삶이 다져지고 만들어지고 변형되고 조립된다. 글로서의 변화는 반드시 참(眞)이라는 점이다. 한편 삶은 글을 만드는 빛나는 도구요 자료다. 삶의 다채로움은 글의 다채로움을 이끈다. 뗄 수 없는 상호 유기성과 보완성을 지닌다.

제478장. 행복은 생각의 방향이다.

행복은 조건이 아니라 자신의 마음을 어떤 방향으로 트느냐에 달려 있다. 행복은 조건이 아니라 방향이다. 조건이라고 하는 것은 자신의 생각이지 바른 방향이 아니다.

제479장. 극자본주의는 인류의 멸망을 향해 한발 내딛는 디딤돌이다.

그러나 비켜갈 수 없다는 데 그 심각성이 있다. 자본주의의 끝은 어딜까. 극자본주의에 이를 것이며 극자본주의의 끝은 파멸이거나 다른 방향으로의 급선회다. 그 방향은 인터넷과 로봇과 밀접한 관계가 있을 것이다.

제480장. 높은 건물을 짓기 위해서는 땅을 깊이 파야 하고 큰 나무를 심으려면 구덩이가 깊고 넓어야 한다.

기초는 전 분야의 알파요 오메가다. 기초가 결여된다면 어떤 것도 이룰 수 없다.

제481장. 배가 고프다며 벼가 패자마자 줄기를 당기는 우를 범해선 안 된다.

바쁘다며 바늘허리에 실을 맬 수는 없다. 인간은 누구나 꿀을 탐한다. 그 꿀이 비록 칼끝에 묻어 있어도 그렇다. 단 꿀을 빨다 혀를 상하게 할 수 있다는 것은 삼척동자도 안다. 그러나 칼끝의 꿀을 비켜가지 않는다. 그것은 인간의 본성 중의 본성이다. 그래도 삼갈 줄 아는 신독(愼獨)을 강조한다. 최소한의 인간다운 삶을 위해서다.

제482장. 늘 과거를 살피고 현재를 설명하며 미래를 상상해야 한다.

과거는 어제의 역사다. 오늘을 이해하는 데는 어제의 역사가 바탕이 된다. 오늘을 모르는데 어찌 미래를 상상하겠는가. 오늘의 바탕이 튼실해야 미래의 상상이 날개를 단다.

제483장. 인류절멸에 대한 소고(小考)

인류는 생명공학, 인공지능 등에 획기적인 발전을 가져왔다. 인간에겐 자유주의, 인본주의가 무너지고 인간 본래의 성을 따라 수렵, 자연 속에서 원시 자연 상태를 희구하게 된다. 따라서 수렵, 원시농경을 꿈꾸는 이상향을 찾아나설 것이다. 중첩된 문명의 깃발은 간난의 땀으로 순수의 자연을 무너뜨리려 앙탈을 부리지만 자연은 미소로 응징한다. 자연이 뿜어내는 양지 같은 5월의 가지는 찬란하다. 문명의 입술은 파르르 황홀한 전율을 일으켜 언뜻 승리를 맛보는 듯하나 그것은 착각이다. 자연법칙은 견고하다. 따라서 여유가 있다. 오랜 세월 동안 겪은 무지무지한 체험의 흔적이 쌓여서다. 나무의 가지는 경쟁을 위한 최고의 무기며 화려한 치장이다. 가지는 자연의 선택조건을 가장 잘 이행한다. 그 외의 현상 무지는 다만 다윈의 안목이 핀치새에 머물렀을 뿐이라는 점이다. 난 나의 존재에 대하여 반항한다. 자연선택 법칙에서 벗어나 있기 때문이다. 다윈이 틀렸든 나의 존재 자체가 틀렸든 둘 중 하나의 분명한 오류다. 난 나의 존재에 대해 끊임없이 반항한다. 문명은 더 나은 문명을 위해 먼저의 문명에 올라탄다. 그러나 문명엔 순치된 문명도 있지만 로데오 같은 문명도 다수 존재한다. 문명의 파괴, 파탄은 로데오에 올라타는 데 있다. 인지 불가한 경우도 있지만 인지해도 올라타지 않을 수 없는 숙명이 가로놓여 인류를 절멸시킨다. 최소의 존재라도 가능케 하려면 자연에 순종하고 경배드리는 것이다. 이것은 인류의 절멸을 피하기 위한 마지막 수단이 된다. 그러나 수단으로서의 기능도 미지수이기에 암담하다. 그나마 그곳에 기대야 겨우 순명(順命)한다.

제484장. 여행이란 걷기라는 노동을 통하여 지혜라는 알곡을 거두는

곳간이다.

여행은 지혜의 샘이다. 집에 있으면 단 한 개의 지혜만 접하지만 여행은 세계라는 무궁한 지혜의 샘을 만난다.

제485장. 문명은 문명의 이기를 양산하고 문명의 이기는 결국 문명을 넘어뜨린다.

문명은 문명을 낳는다. 그러나 문명은 언제까지나 새 문명을 낳을 수 없다. 언젠가는 끝을 맞는다. 그 끝은 말하자면 공멸을 의미한다. 더 나아갈 수 없는 벼랑에 인간은 선다. 진퇴양난에 빠지게 된다. 그때는 어찌할 것인가. 그야말로 문명의 이기는 인간을 넘어뜨리는 우를 저지르게 된다. 자신이 칼을 만들고 자신이 만든 칼에 스스로 베이는 모순을 만나게 된다. 발전을 막을 수는 없다. 발전과 원시 회귀라는 투 트랙으로 나아가야 한다. 미리 대처하지 않는다면 함께 큰물에 휩쓸려 떠내려간다. 차라리 '득수반지부족기 현애철수장부아'가 되는 것이 낫다.

제486장. 어항 속의 코이가 되기보다는 차라리 바다의 해파리가 되라.

코이는 애완용 물고기다. 어항에 따라 크게도 작게도 자란다. 코이는 한평생을 작은 어항에서 살아간다. 코이의 삶은 그 본연의 삶이 아니다. 코이는 불행한 한 생을 살아가는 것이다. 반면에 해파리나 말미잘은 넓은 바다에서 맘껏 유영하면서 자신의 인생을 살아간다. 어떤 삶이 가치 있고 행복한 삶인지는 코이나 해파리에게 물어보기 바란다. 그들의 답을 들을 수 있다면 당신은 인류문명논

자요 생물학자다.

제487장. 자신의 행복이 갉아먹히는 시간은 이미 자신의 시간이 아니다.

숨만 쉬는 껍데기 시간일 뿐이다. 자신에게 주어진 시간에서 행복이 갉아먹히는 시간을 얼마나 빨리 제거하느냐가 행·불행의 갈림길이다.

제488장. 당신은 땅을 잠그는 자물쇠보다 하늘을 여는 열쇠를 가져라.

이것이 당신이 이 세상에서 할 일이다. 모두 눈앞의 이익만 쫓아 아등바등한다. 땅을 바라볼 게 아니라 울타리 없는 하늘을 보라. 잠긴 하늘을 푸는 일에 열정을 쏟아라. 80 평생이다. 앞 뒤 20년을 빼면 40년밖에 남지 않는다. 그 기간만이라도 하늘을 여는 일에 집중하라.

제489장. 수시로 고개를 들고 먹이가 있는 하늘을 보라.

하늘에 먹이가 있다. 먹이가 있는 그 하늘을 보면서 당신 가슴에 어떤 전율이 일어나지 않는다면 비록 눈은 하늘을 향하지만 그것은 하늘을 보는 눈이 아니다.

제490장. 부끄러움을 아는 사회가 정의 사회다.

낮 두꺼운 사회는 파렴치의 사회요, 몰염치의 사회며, 정의가 무너지는 사회다. 짐승의 사회를 향해 가는 막장사회다. 낯가죽이 두꺼운 자는 파렴치한이 되기 쉽다. 독재자는 모두 파렴치한으로 보면 된다. 낯가죽이 얇으면 모든 정보가 얼굴에 담겨 은밀한 일을 할 수 없다. 선정은 비교적 낯가죽 얇은 사람이 편다.

제491장. 질서는 언제나 혼돈에서 성장하며 혼돈을 기반으로 자리 잡는다.

무질서와 혼돈이 없다면 애당초 질서는 존재하지 않는다. 무질서와 혼돈은 질서의 텃밭이다.

제492장. 지위가 높아지는 것은 자신의 무지가 세상에 드러나는 가장 위험한 자리다.

자신의 무지는 계급이 낮을 때는 드러나지 않는다. 그러나 한 계단씩 올라가면서 서서히 무지의 꺼풀이 벗겨진다. 천천히 벗겨지기 위한 노력을 기울여도 꼭대기에서는 어쩔 수 없이 온 세상에 드러나고 만다. 그러함에도 모든 인간은 자신을 발가벗기려고 용트림을 한다.

제493장. 체험은 진리를 낳지만 이론은 진리를 돕는 데 그친다.

모든 이론은 이론에 불과하다. 모든 글은 체험에서 한 올 한 올 뽑아낸다. 특히 건강, 시간 관리, 걷기는 100% 체험이라는 우물에서 두레박으로 하나씩 길어올린다. 이 책을 마주한 당신은 이미 지상에서 점프한 것이다.

제494장. 모든 걸 듣고 모든 걸 말하라. 그리고 쓰고 행동하라.

인간다운 삶을 위해 많은 걸 듣고 말하고 쓰고 행동하라. 그것이 모여 참 삶이 된다.

제495장. 외모에 끌려다니면 영혼은 사라진다.
무얼 하든 그걸 뛰어넘어야 한다. 탈 영혼은 좀비의 삶이다. 인간이라고 하기에는 이미 그 경계에서 벗어났다. 좀비의 삶을 살 바엔 차라리 인간이기를 포기하는 편이 낫다.

제496장. 모두 자신은 없고 그 집, 그 사람, 그 매스컴만 존재한다.
그렇게 하는 이상 살아 있다고 말하기 어렵다. 단 하루를 살아도 자기의 삶, 자기의 인생이 되어야 한다. 그게 무엇이든.

제497장. 나는 낙지다.
나의 몸을 구성하고 있는 것은 무엇일까. 아무리 생각해도 걸을 수 있는 발과 글을 끼적거리는 머리밖에 없는 것 같다. 고로 나는 낙지다.

제498장. 가슴의 소리가 아닌 한 어떤 언행도 맹물이다.
용서, 위로, 행복은 가슴에서 나오는 소리의 결과물이다. 혀만 움직여 내는 언어는 그냥 언어일 뿐이다.

제499장. 문명을 멈추지 않으면 파멸도 멈추지 않는다(1).
문명의 이기가 빛나는 발전을 거듭해도 결국은 자연 앞에 굴복된다. 치열한 싸움이 길어질수록 회복되는 시간만 길어진다. 빨리 멈추어야 한다. 문명의 이기란 결국 만들어내는 자의 욕심의 결과이다. 멀쩡한 사람들을 들쑤셔 욕망을 채우려 잔머리 굴린다. 꼭 필요한 문명의 이기도 있지만 아주 소수에 그친다. 나머지는 모두 멀쩡한 사람들의 주머니를 노린 강도의 마음에서 탄생한다. 풀이 자라는 것은 보이지 않는다. 빗물이 모여 바닷물이 불어나는 것도 보이지 않는다. 너무 크거나 작으면 인간은 맹꽁이처럼 인지하지 못한다. 문명의 이기가 인간을 파멸시키는 것도 보이지 않는다. 똑똑한 척하는 바보며 벌레 같은 존재 그 이상도 이하도 아니다.

제500장. 성공이란 후회 없는 삶이다.

재력과 권력을 잡는 삶을 성공한 삶이라 하기 어렵다. 재력과 권력을 잡는 것은 짧은 영광이며 긴 실패의 삶이다. 또 가장 헐한 삶이 된다. 자신의 자아를 실현시켜 나아가는 삶이야말로 알짜배기 삶이다. 그래야 100년 뒤 돌아보았을 때 후회 없는 삶이 된다.

제501장. 세상의 관계를 깨지 않는 자신의 삶을 살아라.

자신의 삶을 살아야 한다. 너의 삶이 아닌 나의 삶, 누굴 위한 삶이 아닌 나를 위한 삶이 되어야 한다. 모두 남에게 보이기 위하여 죽을힘을 다한다. 알토란 같은 나의 삶에 집중하라. 중석몰촉의 삶을 살아라. 이건 이기의 삶이 아니다. 그렇다고 이타의 삶도 아니다. 진정 나를 위한 삶에서 벗어나면 어떤 이타도 이기에서도 벗어난다. 세상의 관계에서도 벗어나는 삶이 된다. 그런 삶은 겉은 화려해도 결국 껍질의 삶이다.

제502장. 100m 달리기에서 0.1초 차이는 크지만 생과 사의 길이는 몇 년의 차이라도 별것 아니다.

블랙홀처럼 다 한곳으로 모이기 때문이다. 그곳엔 등수를 따지지 않으니 몇 년의 차이가 난들 뭐 그리 대수인가. 그저 상술과 언변에 흔들릴 뿐이다.

제503장. 사람은 새벽에 책을 만들고 책은 새벽에 사람을 만든다.

예외가 없는 것은 아니지만 창작 일을 하는 대부분의 사람들은 새벽 시간을 많이 이용한다. 그 시간은 세상이 가장 고요할 때이고 정기가 힘차게 솟아오를 때이다. 새벽의 한 시간 일의 능률은 낮 시간의 세 시간보다 더 생산적이다. 글을 짓는 사람들은 특히나 이 시간을 사랑한다. 이 시간은 공부하는 학생이나 연구자들이나 창작자 모두에게 보너스로 주어지는 시간이다. 시간은 무주물이다. 때문에 부지런한 사람이 먼저 점유한다면 그 사람의 것이 된다. 시간의 보너스를 받으려면 부지런함이 생명이다. 부지런한 것도 건강해야 가능하다.

제504장. 지금의 사회는 극 민주주의다. 완충장치가 없는 극 민주주의는 패망의 지름길이다.

자유주의국가는 자유, 민주, 경쟁이 주어진다. 공산주의국가는 공산주의, 전체주의, 사회주의, 군국주의 개념이다. 자유는 압박당하며 일인 독재가 횡행한다. 자유국가의 자유와 민주와 경쟁은 극을 향해 달린다. 이 끝은 과연 어디일까. 불행하게도 정답은 존재하지 않는다. 다만 변칙의 자유, 민주가 판칠 것이다. 지금 그런 조짐이 각 분야에서 나타난다. 변칙의 명수가 날뛸 가능성이 매우 높다. 그것을 부추기는 것이 매스컴이나 SNS 같은 매개체들이다. 빛의 속도로 나아가는 오늘의 세계를 꼼꼼히 살펴야 하는 이유다. 하품하는 사이 금니 빼가는 것은 고전이다.

제505장. 말은 소리가 나지만 행동은 소리가 나지 않는다.

그 사람의 입을 보지 말고 발을 보라는 말과 일맥상통한다. 행동 뒤의 말 또한 온당치 못하다. 말 뒤의 행동보다 더 못하다. 소리 나는 행동도 조용한 행동에 비하면 질이 떨어진다. 말없이 보여지는 행동은 무게도 있지만 어떤 두려움까지도 가질 만하다.

제506장. 본능은 언제나 상식을 뛰어넘는다.

본능은 언제나 상식 저편에 있다. 본능은 깊은 우물에서 끌어올리는 샘의 시원이다. 상식은 하늘에서 떨어지는 빗방울이다. 빗방울도 우물물에 섞이면 구분하기 쉽지 않다. 그러나 깊숙한 부분까지 뚫어 분석하면 드러난다. 본능은 씨다. 우물에 고인 샘물, 원류 또한 물의 씨인 셈이다.

제507장. 지혜란 인터넷 검색에서 나오는 것이 아니다.

지혜는 외부에서 얻는 것이 아니라 내부에서 얻는 것이어서 그렇다. 지식은 인터넷에 넘치도록 쌓여 있다. 세상에는 검은 안경 쓴 사람이 너무 많다. 검은 안경을 쓴 채 검지 않은 문장을 보고 세상을 재단하거나 예단하면 안 된다.

제508장. 자신의 성장과정을 알고 싶으면 자식이 성장하는 모습에서 찾는 것이 가장 정확하다.

자신의 성장을 되돌려볼 수는 없다. 부모나 형제로부터 또 동네 사람들로부터 듣는 이야기로 희미하게 유추할 뿐이다. 그 희미한 유추를 확실하게 하는 것은 자식이 성장하는 모습에서 찾는 것이다. 자식이 어떻게 자라든 그것은 자신의 과거 성장의 모습이다. 그것을 인지하지 못하면 자식의 잘못을 호되게 나무라고 자식이 잘하는 것은 모두 자신을 닮았기 때문이라고 착각하게 된다. 장점과 단점 모두 자신을 꼭 빼닮은 것이라 여기면 틀림없다.

제509장. 고요를 먹다(1).

자연은 진리를 쌓아둔 곳간이다. 그 자연은 두려움이다. 그 두려움의 뿌리는 고요다. 고로 진리의 뿌리는 고요다. 모든 진리는 고요가 잉태하고 고요가 생산한다. 때문에 고요만한 진리의 원자재는 없다. 천둥소리, 새소리, 물소리, 자동차 소리는 고요를 돋보이게 하는 작은 보조적 소리일 뿐이다. 고요가 고요를 먹었다. 소리의 고요는 고요의 소리에 백기를 들었다. 물소리 고요는 고요의 소리에 눌렸다. 이젠 고요의 고요뿐이다. 물소리 고요는 그저 한때 지나가는 고요일 뿐이다. 이제 세상은 고요의 세상이다. 고요의 성정은 부드럽고 착하다. 가끔 소란이 고요를 누르고 점령하지만 아주 잠깐이다. 고요의 위대성은 바로 부드러움이다. 고요가 세상을 지배하여야 평화와 행복이 온다. 소란은 잠깐 고요를 탈취할 수 있지만 영원하지 않다. 무한한 힘의 고요를 압도할 수 없다. 고요의 힘의 원천은 바로 부드러움과 관용이다. 어떤 힘이 밀고 와도 받아준다. 그 힘은 일시적이라는 걸 알아서다. 따라서 고요를 깨치면 모든 것을 깨친다. 고요를 닮은 사람이 현자요 성군이다. 말은 소리가 나지만 행동은 소리가 나지 않는다. 행동 뒤의 말도, 말 뒤의 행동도 온당치 못하긴 마찬가지다. 고요는 지혜며 지성이며 인격이다. 고요가 빠진 지혜, 지성, 인격은 모두 가짜며 겉껍데기며 허울이다. 문제는 고요치 못한 사람에겐 고요가 잘 보이지 않는다는 점이다. 여기서의 고요는 맹목적인 침묵을 이야기하는 것과는 구별돼야 한다. 법정스님의 무소유가 아무것도 소유하지 않음이 아닌, 불필요한 소유를 하지 않음을 이야기하는 것과 마찬가지다.

제510장. 어떤 합리도 합리의 허울을 쓴 불합리다.

애당초 합리는 존재하지 않는다고 봐야 한다. 덜 불합리하고 덜 비합리적일 뿐이다. 합리의 허울을 쓴 비합리적이고 불합리한 일이 비일비재하다. 호도하는 사람들이 있어 착각 속에 있는 것이다.

제511장. 상처는 큰 상처보다 작은 상처가 더 아픈 법이다.

장사를 할 때도 기업을 경영할 때도 작을 때가 훨씬 어렵다. 규모가 커지면 조직이 움직이기 때문에 힘이 들지 않는다. 빚을 질 때도 큰 빚보다는 작은 빚이 훨씬 신경 쓰인다. 헤엄을 칠 때도 깊은 물보다 얕은 물이 어렵다. 큰 빚, 큰 기업, 깊은 물은 크기와 깊이가 주는 두려움이 있지만 작은 물고기처럼 팔딱대지 않는다. 상처도 이와 크게 다르지 않다.

제512장. 폭포를 거슬러 올라가는 연어처럼 당신도 당신의 폭포를 거슬러 올라라.

비록 목 좋은 곳에 당신을 노리는 갈색 곰이 있다고 하더라도 말이다. 그 폭포는 숙명이며 거쳐야 할 너무나 당연한 길이다. 그 폭포를 올라야 알을 낳고 아름다운 죽음을 맞음으로써 마지막 임무를 수행한다. 연어처럼.

제513장. 신문은 지식의 밭을 가는 하얀 빛깔의 쟁기다.

신문만큼 좋은 지식의 밭은 흔하지 않다. 신문만한 가성비를 가진 것은 과거도 없었고 현재도 미래도 없으리라. 장점으로 꼽히는 첫째 이유는 가격도 가격이지만 우선 접근성이다. 읽고 싶은 책을 사려면 메모를 해두었다가 서점에 가거나 인터넷 주문을 하고 기다려야 한다. 그러는 사이 잊을 수도 있고 사고 싶다는 마음이 바뀔 수도 있다. 그런 측면에서 신문의 접근성은 이런 두 마음을 완벽하게 해결한다. 나 같은 사람도 50년 신문 스크랩이 가능했던 것은 코앞까지 배달해주는 이 접근성을 제일로 꼽고 싶다. 종이신문은 세계인이 쓰는 일기다. 세상의 흐름과 지식과 정보가 빼곡하게 담겨 있다. 어떤 책도 정보지도 신문을 능가하기란 쉽지 않다. 나는 종이신문의 매력에 늘 빠져 산다. 나는 서재에 책보다 신문 스크랩북이 훨씬 많은, 흔치 않은 경우일 거라 생각한다.

제514장. 모든 책은 모든 지식과 경험의 총화다.

책 한 권은 꽤 괜찮은 사람 한 명과 깊은 관계를 맺어준다. 존재하는 사람보다 더욱 가깝게, 존재하지 않는 어떤 한 사람과 친밀하고 내밀하게 관계를 맺게 한다. 이보다 더 알찬 인간관계는 흔하지 않다. 현존하는 거의 모든 관계는 갑을관계다. 그러나 책과 만나는 관계는 대등의 관계며 상호 존중의 관계다.

제515장. 미명등(未明燈)은 미명등(未明燈)이다.

철학은 내 귀 밖에서 떠돌다 나를 만나지도 못하고 하늘로 날아갔다. 하늘을 쫓던 나와 내 안의 내가 허공에서 부딪쳤다. 명제(命題)는 다시 나의 귀를 뚫고 들어와 오랜 해후(邂逅)를 만끽하는 듯했으나 재도약의 끈은 뇌리 속을 떠나지 못하도록 센 동아로 조여 맸다. 그러자 논리는 비약(飛躍) 밖에서 춤사위를 흐느적거려 패망의 뒷전으로 설핏설핏 패퇴(敗退)의 징후(徵候)를 은근과 끈기로 잔명(殘命)의 최소 존재화로 표출하고자 했지만 이미 기울고 말았다. 논리의 비약으로 만회의 기회를 엿보았으나 쇠잔(衰殘)으로 더 이상의 기운은 까마득하다. 상황인식을 단숨에 말아 삼키기엔 거칠고 조악(粗惡)하다. 그의 숨결이 마지막을 치닫는 풀무의 소리로 목구멍에 꽉 찼을 때 더 이상의 합리와 합목적은 더 큰 간극(間隙)과 괴리(乖離)를 낳을 뿐이다. 논리의 부정교합(不精巧合)은 모순을 양산하고 그곳에 모인 많은 지식을 와해(瓦解) 또는 괴멸(壞滅)시켰다. 반론의 근거를 찾아 헤매며 우수마발(牛溲馬勃)의 중심 속에서조차도 아무것도 얻을 수 없다는 극한의 상황을 맞자 모든 물체는 백색(白色)의 공포(恐怖)로 부서진다. 나는 나일 뿐 어떤 나가 아니다. 나 아닌 모든 타자 또는 객관과 대면의 희열(喜悅)을 맘껏 발산하고 싶지만 공포를 머금은 그들을 발견하곤 했다. 나의 지나친 밝음이 그들의 홍채(虹彩)를 마비시켜 눈부심의 상향등 역할을 감당케 함으로써 불발의 상황에 이르렀다. 그렇다고 밝음의 명도(明度)를 인위적 하향을 시도한다는 것도 정반합의 이치로 가져오기엔 맞지 않다.

빛과 물체의 접합점에서 그림자의 탄생을 볼 수 있는데 명도의 지나침에 홍채를 망가트리는 악의 구실로 자체케 하는 상황은 매우 지난(至難)한 도전의 상실을 전제 또는 잉태할 뿐 뾰족한 대책을 찾는 자만 무형화하는 작금(昨今)일 뿐이다. 이 작금의 무형화는 계속될 개연성(蓋然性)이 매우 높아 상당기간 고고(孤高)의 틀 밖의 가웃거림도 쉽지 않을 것임을 인식해야 한다.

그럼으로써 세계의 사물과 온전(穩全)의 나가 더욱 멀어져 자유의 단맛을 빠는 벌처럼 학문의 부피를 극대화하는 천재일우(千載一遇)의 기회를 맞을 것이다. 이 기회는 하늘이 내린 기회이므로 헛되이 쓰는 것을 금하며 금세기의 존재(存在)는 물론 아득한 후대까지도 길게 또 오래 파급되는 경지에서 맘껏 희롱(戲弄)해야 한다는 순명(順命)을 결코 잊어선 안 된다.

설단(舌端)은 이성에서나 친밀의 깊이에서는 훨씬 낮은 도수를 보인다. 그러나 학문의 설단은 매우 높다. 내가 좋아하는 손자 손녀와의 관계가 개입할 때는 설단의 현상은 거의 나타나지 않는다는 점이다. 그렇다면 학문에서도 손자의 영상으로 일어나는 축색돌기나 뇌세포와 뉴런의 현상을 그대로 도입한다면 획기적 개선 효능을 얻을 수 있지 않을까. 그것은 신나는 뇌파의 접합으로 이루어질 수 있다고 보기에 절망은 금물이다. 이것이 논리적 이론과 논거(論據)의 확충을 실현한다면 기억의 세계에도 혁신적이며 획기적 성과를 안길 것이다.

또 하나, 왜 적정량의 알코올 섭취가 설단을 없애주고 활발한 언어 인출을 장기기억으로부터 자유자재로 꺼내올 수 있을까 하는 것은 매우 흥미롭다. 그렇다면 알코올 200㎖의 섭취와 똑같은 효과 효능 성분을 영향케 하면 될 게 아닌가. 그것은 아마도 몸과 마음이 가장 릴렉스된 상태에서 뇌세포, 뉴런, 축색돌기가 원활해진다는 사실이다. 그 양의 정합도(整合度)를 어떻게 맞추느냐가 관건이다.

물의 빙점과 끓는점이 있듯 뇌세포 속에도 빙점과 끓는점이 존재한다는 점이다. 그 최적화가 알코올의 섭취 없이는 불가능 한가, 가능한가. 그 가능성을 찾아내는 것이야말로 인류 학문 발전에 대변혁을 가져올 수도 있을 것이다. 적당량의 음주가 가져오는 맥박의 빠름과 그에 따른 피의 순환과 그 순환이 실어나르는 영향이 뇌세포 일정 장소에 닐 암스트롱의 달 착륙 때와 같은 소프트한 만남이 어그러지는 것이나 착각의 밖에서 섬세하고도 정교한 터치로 만들어내는 인체의 환상적 오케스트라의 웅혼(雄渾)한 랩소디가 일어나고 있다는 점일 게다. 그것은 마약 같은 혼미의 양태가 아니며 수정같이 맑고 고운 빛나는 보석일 것이다.

제516장. 모든 있음 전엔 없음이 그 태반 역할을 했다.

없음이 있다는 전제가 없는 한 있음은 존재할 수 없다. 따라서 없음은 있음을 위한 가장 큰 재료며 조건이 된다.

제517장. 인간이란 깊이를 알 수 없는 무한의 계곡이다.

당초 인간의 마음은 혼돈이다. 질서가 있을 때와 그렇지 않을 때가 섞여 있다. 어느 쪽으로 많이 기울어져 있느냐가 그 사람의 교양의 척도가 된다. 그 척도를 위해 교육을 시키며 공부를 하는 것이다. 그 사이를 곡예사가 줄타기하듯 생활하기에 어떤 한 사람을 정확히 안다는 것은 거의 불가능에 가깝다. 깊이를 알 수 없는 심연이며 계곡이다.

제518장. 멀지 않은 미래에는 인터넷 당, 클라우드 당이 세상을 지배한다.

사소한 세상의 움직임에 흔들리지 말아야 한다. 고유의 보편적 가치에 무게 중심을 두고 보람과 의미를 찾으며 빛나는 경륜을 무기로 허허실실, 유유자적하며 살아야 한다. 이것이 천만 노인의 갈 길이며 존경받는 길이다.

제519장. 글은 영감으로 쓰는 게 아니라 영감과 엉덩이의 합작이다.

글을 쓸 땐 어떤 영감이 필요하다. 그러나 그 영감만으로는 글을 만들지 못한다. 영감이라고 하는 것이 끝없이 줄줄 이어져 나오는 것도 아니다. 글은 끈질김으로 쓴다. 엉덩이가 짓물러질 때까지 쓰고 또 써야 한다. 그것이 글 쓰는 요령의 알파요 오메가다. 영감은 그저 순간일 뿐이다.

제520장. 인간의 삶은 무수히 일어나는 생각의 조각을 어떻게 짜깁기하느냐의 긴 과정이다.

생각은 무시로 일어난다. 누군가는 생각하는 대로 살지 않으면 사는 대로 생각하게 된다고 했다. 컴퓨터에 쓰레기를 넣으면 쓰레기가 나온다는 불변의 이론이 존재한다. 생각도 그렇다. 쓰레기 생각을 하면 쓰레기만 나온다. 쓰레기 아닌 생각을 수시로 생산해야 하는 이유다. 괜찮은 삶이란 쓰레기 아닌 생각을 짜깁기하며 엮어가는 긴 과정이기에 그렇다.

제521장. 공부는 강도(強度)보다 빈도(頻度)다. 행복도 그렇다.

공부를 말할 때 집중과 선택을 흔히 말한다. 그런 공부는 시험을 위한 공부밖에 되지 않는다. 강도는 일반적으로 수명이 짧다. 공부는 꾸준함으로 책과 가까워져야 한다. 그런 습관으로 하는 공부는 오래도록 머리에 남는다. 행복 또한 강도나 집중보다는 작고 소소하지만 잔잔한 행복이 죽 이어져야 행복한 삶이 된다.

제522장. 젊은 시절의 시련과 외로움은 성장 후 단단한 삶을 만든다.

시련과 홀로에 익숙지 않으면 단단한 삶이 되는 건 지극히 어렵다. 젊은 시절의 고통과 고난은 삶에서 어려움을 극복하는 데 그보다 더 좋은 명약이 없다. 명약을 피하면 작은 병에도 쓰러진다. 그 허약한 몸으로 망망대해 같은 인생살이를 어찌 헤쳐나갈 수 있겠는가.

제523장. 농사의 95%는 하늘이 짓고 5%는 하늘의 심부름꾼인 농부가 짓는다.

농사는 농부가 짓는다는 편견에서 벗어나야 한다. 농부는 아주 작은 일을 거드는 심부름꾼이다. 그러나 심부름도 잘하고 못하고에 따라 많은 차이가 난다. 농부가 하늘이 농사짓는다는 사실을 눈치 채지 못하면 농사는 하나마나다. 농부의 위대성은 바로 그 점이다. 농부는 모든 문화의 최상위에 앉아도 조금도 어색하지 않다.

제524장. 일반적으로 나눔은 나눔 의식으로, 협력은 말의 협력으로 끝난다.

보통 기쁨은 함께, 슬픔은 여럿이 나누라고 한다. 그러나 잘 따지고 보면 기쁨도 함께하면 클 것 같지만 그 속에는 질투심을 가진 사람이 끼어들 수 있다. 그것은 오히려 혼자 즐기는 것만 못하다. 슬픔 또한 나누면 줄어들고 적어질 것 같지만 그 군중 속에는 분명 박수 치는 사람이 있다. 그것은 인간이 가지고 있는 본성이기에 가릴 수 없다. 힘 또한 마찬가지다. 힘이 합해져 클 경우는 똑같은 마음과 마음이 모였을 경우이고 그렇지 못한 힘은 한 사람이 최선을 다해 꾸준히 하는 것보다 못한 경우가 허다하다. 그 한 사람 한 사람 마음의 깊이, 넓이가 같을 수 없다는 데서 협력은 그냥 말의 협력으로 그친다.

제525장. 믿음은 어떤 확신으로부터 생기고 어떤 확신으로부터 멀어진다.

사랑과 우정은 모든 불신과 확신의 반복으로 형해 되어 그 어떤 단서도 남아 있지 않다. 그 뿌리는 모두 불신과 확신의 반복이 만든다. 나는 나의 믿음이 하늘 저편으로 날아갔다는 것을 알았다. 가장 가까운 사람으로부터의 불신은 나를 고독하게 만들었다. 하늘 갈매기로 히말라야를 넘었고 콘도르에 의해 안데스를 넘었다는 사실을 알았다. 난 나의 믿음이 다른 사람에 의해 깨질 줄은 예전엔 몰랐다. 난 이제 콘도르를 따라 저 안데스 너머로 사라진다. 콘도르가 비록 토착민들의 영혼일망정 난 안데스를 넘는다. 콘도르는 날개로, 난 날개 없이 넘을 것이다. 안데스 골짜기의 깊이는 3천 미터, 영혼이 되기에는 턱없이 얕다. 상처는 깊을 때보다 얕을 때 더 아프다. 난 비정상을 사랑한다. 단 그 비정상이라 하는 것은 정상을 위한 것이어야 한다. 콘도르는 3천 미터의 안데스를 넘나든다. 난 골짜기 깊이의 0.1%도 못 되는 곳에서 떨어져 한쪽 발목에 금이 간 적이 있다. 난 무엇인가. 그렇다면 난 그들의 삶인가 죽음인가. 나의 믿음은 나에 의해 여지없이 깨졌다.

제526장. 행복의 감정은 행복 행위에 선행한다.

여행은 이미 준비단계에서 시작되며 마무리는 여행의 모든 정리를 마쳤을 때가 끝이 된다. 행복 또한 그렇다. 행복은 행복 행위에 이르기 전에 이미 행복한 감정이 뇌에서 분출된다. 행복 행위를 만드는 것은 오직 자신의 몫이다. 타인이 만들어주는 행복은 지속적이지도 않지만 행복의 강도도 떨어진다. 자신의 행복은 자신이 계속 만들어가야 한다. 자신의 의도로 만들어지는 행복은 그 감흥이 강렬하다. 그리고 지속적이다. 행복의 크기는 행복 행위와 행복 선행 감정을 더한 값으로 결정된다.

제527장. 당신의 가슴에 굴삭기 한 대쯤 품어라.

모든 개발은 굴삭기로 시작하고 굴삭기가 마감한다. 현대의 발전과 개발은 굴삭기가 주인공이다. 어떤 개발 현장에도 굴삭기가 처음 등장한다. 깨고 부수고 까고 덮고 고르고 파고 헤친다. 자신을 개발하는 것도 이와 같은 깨고 부수고 파고 헤치고 덮고 고르고 하는 과정을 거쳐야 한다. 그대로 놔두었다간 어떤 개발도 발전도 없다. 성능 좋은 굴삭기 한 대쯤 가슴에 품고 살아야 한다.

제528장. 고요를 먹다(2).

움집에서 건진 고요의 사리, 침묵의 고요가 만든 것이라 자연스럽지 못하다. 진정한 고요는 모든 잡소리와 인위적 침묵이 제거된 상태다. 얼음 공기, 얼음 뇌, 얼음 철학, 얼음 사상, 얼음 이성을 찾아내야 한다. 영하의 움집이 진정한 앎의 접근 장소이다. 아리스토텔레스는 걸으면서 질문하고 답하고 강의하면서 소요철학을 탄생시켰다. 난 고요철학의 신봉자이며 고요철학의 의미 이론을 정립하고 싶다. 인위적이고 작위적 소음 아닌 소리, 즉 고요의 소리는 진정한 평화이며 행복이며 아름다운 고요다. 우리가 하는 모든 공부 또한 아름다운 고요를 향해 가는 구도의 길인 셈이다. 움집에서 건진 고요의 정수, 밖으로 나온 움집, 얼음 뇌의 출산은 고요철학의 부분들이다. 난 조어를 좋아한다. 눈썹 하나만 봐도 미인을 알아본다는 일미지미, 극자본주의, 극 민주주의, 젊은이 속에서의 청춘욕, 지구가 태양을 돌면서 일어나는 자연현상인 일몰 대신 지잠, 일출 대신 지몰 등은 내가 만든 조어들이다. 이외에도 다수가 있다. 아리스토텔레스의 소요철학이 있다면 내겐 고요철학이 있다. 얼음 뇌는 빙붕(氷棚, ice shelf)을 만났다. 빙붕이 녹으면 얼음 뇌는 기능을 잃고 만다. 얼음 뇌와 빙붕의 상봉은 어떤 결과를 만들어낼까.

제529장. 인간은 겨울에도 피는 움직이는 꽃이다.

인간만큼 아름다운 꽃은 없다. 다만 예쁜 꽃, 미운 꽃 따지는 타락한 하급의 심리만 존재하고 있어 꽃향기를 제대로 맡지 못한다. 겨울엔 꽃이 피지 않는다. 아니 꽃이 필 수 없다. 그러나 이 움직이는 꽃은 계절을 따지지 않고 핀다. 뜨거운 여름에도 추운 겨울에도 핀다. 향기 또한 얼마나 아름다운가. 인간은 장점이 많은 신의 작품이다. 예쁜 꽃 미운 꽃 따지는 건 거죽만 보기에 그렇다. 그렇게 보는 인간의 안력(眼力)이 늘 문제다.

제530장. 허기라는 날줄과 가난이라는 씨줄이 파도를 이기는 용기를 만든다.

매를 많이 맞으면 소위 맷집이라는 게 생긴다. 뭐든 자주 하면 좋든 나쁘든 면역이 생긴다. 좋은 면역도 매너리즘화하면 결코 이롭다 할 수 없다. 태권도를 하려면 정권단련은 필수다. 정권이 단련되지 않고서는 솜방망이 주먹이다. 그 주먹으로는 파괴력이 만들어지지 않는다. 허기와 가난과 고통은 용기와 담대함과 결의를 만드는 원자재며 목표를 이루는 정권단련이다. 젊어 고생은 사서 한다는 속담이 존재하는 이유다. 설령 세월이 흘러 삶의 형태가 바뀐다 해도 그 원자재는 생략될 수 없다.

제531장. 일렬종대는 한 명의 1등이 나오지만 헤쳐모여는 여러 명의 1등이 나온다.

교육은 바로 헤쳐모여 교육이어야 한다. 수직과 수평의 차이만큼이나 중요하다. 일렬종대는 1등이 한 명밖에 나올 수 없는 구조다. 그러나 헤쳐모여는 각 방향에서 모이기에 그 방향마다 각각의 1등이 존재한다. 교육은 바로 그런 교육이어야 한다.

제532장. 즐거움은 순간이지만 행복은 그 즐거움을 먹고 한참 동안 이어진다.

즐거움은 행복의 모태다. 사소한 것이라도 그곳에 즐거움이 있으면 행복해진다. 행복은 꼭 크고 대수로워야 하는 것은 아니다. 그것은 전적으로 마음이 좌우한다. 마음이 사나우면 행복은 움을 틔우지 못한다.

제533장. 시간이 사라지는 삶이 아니고 시간을 살아가는 삶이 되어야 한다.

자신이 시간의 능동태가 돼야지 수동태가 되는 삶이 되어서는 안 된다. 그 차이는 실로 하늘과 땅 만큼이다. 그렇게 되면 자기 주도적인 삶이 아니라 끌려가는 삶이 된다. 그런 삶은 힘들고 지루하다. 내가 주도적으로 시간을 부리고 썰고 배분하고 요리하여 끌고 가야 한다. 마차가 말을 끄는 모순은 시간에서도 마찬가지다.

제534장. 모든 희로애락은 순간이다.

모든 것은 순간이다. 순간에서 순간으로 이어지는 영원만큼 좋은 것은 없다. 기쁨이든 슬픔이든 이 또한 지나간다. 그런데 지나가는 것도 흔적을 남긴다면 의미 있다. 노는 것은 흔적이 남지 않지만 공부에 대한 수고는 흔적이 남는다. 특히 희(喜)와 락(樂)은 수명이 짧다. 가능한 한 수명이 긴 생산적인 것에 공을 들여야 한다.

제535장. 짧은 줄로는 깊은 우물물을 길을 수 없다.

부족한 것은 충분한 것을 따를 수 없다. 일이든 공부든 성공의 길로 나아가려면 길고 튼튼한 줄을 만들어야 한다. 깊은 우물물을 길을 땐 길고 튼튼한 줄을, 높은 산을 오를 땐 튼튼한 지팡이를, 감나무 홍시를 딸 땐 긴 장대가 있어야 한다.

제536장. 항상 즐겨라. 그렇지 않으면 항상이라는 시간에 먹힌다.

항상 즐기는 삶이 되어야 한다. 누가 만들어주는 즐거움은 일시적이다. 늘 즐거우려면 자신이 즐거움을 만들어야 한다. 늘이라는 시간은 항상 있기에 잘 의식하지 못한다. 말하자면 매너리즘에 빠지기 쉽다. 그러면 자신도 모르게 늘이라는 시간에 먹히고 만다. 먹히는 줄도 모르고 먹히는 데 문제가 있다.

제537장. 체력이 곧 기억력이며 잠은 기억 강화제다.

체력이 떨어지면 모든 게 떨어진다. 특히 기억력이 그렇다. 뇌는 우리 몸에서 고작 4%에 지나지 않지만 에너지는 20%를 쓴다. 많은 에너지를 쓰는 대신 그만큼 많은 일을 한다. 뇌 밥을 잘 줘야 하고 뇌로 올라가는 혈관이 튼튼하고 때가 끼지 않도록 해야 한다. 뇌 밥은 탄수화물이다. 제때 주지 않으면 이내 태업에 들어간다. 잘 보살펴야 한다.

제538장. 인간은 누구나 허무와 함께 지내다 허무와 함께 간다.

인간의 삶은 한마디로 허무 그 자체다. 숨이 붙어 있는 동안은 천 년 살 것처럼 모두 날뛰지만 헛짓에 불과하다. 죽음을 맞는 순간 그 모든 것은 끝난다. 초혼(招魂)을 부르짖어도 바람과 먼지 되어 우주공간으로 사라진다. 그것으로 끝나는 것이다. 모든 의식은 가짜고 형식이다. 산 자의 위로일 뿐이다.

제539장. 난 아무것도 알지도 못하고 알 수도 없다는 것을 일흔이 돼겨우 알았다.

작은 지식 나부랭이를 가지고 어깨에 힘준 것을 생각하면 절로 웃음이 난다. 낯이 뜨거워진다. 아무것도 모른다는 것을 늦게야 겨우 알았다. 정말로 아무것도 알지 못했다는 것을 진실로 고백한다.

제540장. 바늘로도 여러 번 찌르면 죽는다.

모기도 많이 모이면 천둥소리를 낸다는 속담이 있다. 방망이나 망치만 꼭 무기가 아니다. 바늘도 충분히 무기가 된다. 마부위침(磨斧爲針), 도끼를 갈아 바늘을 만든다고 하지 않는가. 대수롭잖은 것은 전혀 대수롭잖은 것이 아니다.

제541장. 바늘의 끝은 눈으로 볼 수 있는 끝 중에서 가장 작은 끝이다.

바늘 끝만큼 작은 점이 또 있을까. 두 눈으로 확인할 수 있는 가장 작은 끝점이다.

제542장. 인생은 한 마리 벌이 눈앞을 휙 지나가는 것과 같다.

일봉과비(一蜂過飛)다. 짧은 인생을 나타내는 말에는 여러 개가 있다. 일장춘몽이니 백구과극이니 설리홍조니 하는 것이 그렇다. 눈 깜박할 새도 그렇지만 한 마리 벌이 눈앞을 휙 지나가는 것 같은 찰나 역시 짧은 인생을 나타낸다.

제543장. 인간은 생김새와 소통수단만 곤충과 다를 뿐 똑같은 지구의 생물체다.

우주에서 본 지구는 하나의 작은 푸른 점에 불과하다. 그 지구 안에 수많은 움직이는 것 중에 인간은 한 종류일 뿐이다. 조금 크고 작은 것은 있겠지만 움직이는 생물일 뿐이다.

제544장. 누구나 아주 잠깐 숨 쉬는 구름이며 숨 쉬는 바람이다.

누구나 흩어졌다 모이고 모였다 흩어지는 구름이다. 단 숨을 쉬는 구름일 뿐이다. 또한 휙 지나가는 바람이다. 그 이상도 이하도 아니다. 제아무리 젠 체해도 100년도 못 살고 바람처럼 구름처럼 영원히 우주의 미아로 사라진다. 청산원부동 백운자거래(靑山元不動 白雲自去來)다.

제545장. 누구나 지구에서 아주 잠깐 있음 같은 없음으로, 없음 같은 있음으로 존재한다.

누구나 마찬가지다. 아주 잠깐의 있음으로 스쳐간다. 아주 잠깐을 인식하지도 못한다. 그러나 그 잠깐의 시간도 싸우면서 눈 흘기면서 후회막급의 삶을 살다 사라진다. 이런 삶을 왜 살아야하는가 하는 자문을 하면서 말이다. 물론 살 때는 열심을 다하여 살아야 한다. 열심을 다할 때는 그 가치가 우선돼야 하며 올바른 방향설정을 해야 한다. 그래야 아주 잠깐이 영원으로 바뀔 수 있다.

제546장. 여행은 새로운 곳을 만나는 게 아니라 새로운 마음을 만나는 행위다.

여행은 돌아오기 위해 떠난다는 역설이 언제나 존재한다. 그 떠남은 새로운 곳을 끊임없이 만나지만 그것은 외형에 불과하다. 그 새로운 곳의 만남은 언제나 새로운 마음을 안겨준다. 그것이 여행의 본질이며 실체다.

제547장. 인간은 누구나 무(無)의 유(有)요 유(有)의 무(無)다.

원래 인간은 무의 존재였다. 그러다 어느 날 선택지에 의하지 않고 홀연히 지구에 등장하였다. 그러다 또 어느 날 홀연히 사라진다. 그 틀을 벗어나는 경우도 없지만 그것은 불가능이다. 이것을 인지해야만 삶다운 삶으로의 가능성이 생겨난다.

제548장. 인간은 사회라는 초원에서 펼치는 가장 극렬한 동물의 왕국이다.

인간사회는 가장 극렬한 약육강식의 세계다. 세렝게티 평원의 야생의 세계다. 여타 동물과 달리, 인간이라는 동물에게는 규제하는 법과 규칙을 만들어 그 무지막지한 동물들과 구분지어 놓았다. 원시시대는 지금의 동물들의 삶과 다를 바 없었다. 더 극악무도해지기 전에 인성을 기르는 대책밖에 없다.

제549장. 음악은 영혼이 매우 좋아하는 양식이다.

그러나 영혼이 먹다가 체하는 음악도 있다. 소화제가 없기에 영혼이 체하면 많은 고통을 받는다. 몸이 살찌면 해롭지만 영혼이 살찌는 것은 바람직하다. 인간다운 삶은 영혼의 비만 여부에 달렸다. 영혼을 살찌우는 방법엔 여러 가지가 있지만 음악은 그 여러 방법 중에 괜찮은 하나다.

제550장. 아이가 자라는 모습은 자신의 자라온 모습을 가장 정확하게 보여주는 거울이다.

아이가 사고나 치고 말썽을 부리면 자기를 닮지 않았다며 열을 올린다. 공부 잘하고 착하면 자기를 닮아 그렇다며 우쭐댄다. 그러나 어떤 경우이든 자기를 닮았다는 것을 인정해야 한다. 인간은 누구나 자식이 잘 자라주면 자랑스러워하지만 그 반대면 자신은 그렇게 자라온 사실에서 빠지고 싶어 한다. 그러나 그럴 필요가 없는 것이 언젠가는 같은 모습을 띠고 자신의 삶 속으로 들어온다. 다만 크기와 색깔과 속도에서 조금 다를 뿐이다. 유전자 자체가 다르다면 그거야말로 어찌 대단한 문제가 아니겠는가.

제551장. 삶은 한마디로 정의하면 허무(虛無)다.

잘살았든 못살았든 인간은 유한한 삶을 잠깐 살다 간다. 권력자도 잘난 자도 시간 앞에서는 무참하게 허물어진다. 제아무리 떵떵거리는 삶을 산 자도 때가 오면 스러진다. 아니라고 발버둥쳐도 소용없다. 끝에 가면 다 부서지고 허물어지고 쓸모없어져 세상을 등진다. 지구라는 작은 그릇 안에서 큰소리친 것이 부끄러워질 때 인간은 떠난다. 이 모든 것은 허무라는 글자 속에 오롯이 담겨 있다.

제552장. 두려움은 안개처럼 실체가 없지만 공포는 실체가 있는 두려움이다.

두려움과 공포의 차이는 실체의 유무에 달려 있다.

제553장. 좋은 기억력을 위해서는 기억 갈고리와 기억 행거를 잘 만들어야 한다.

갈고리는 연관어며 행거는 인출부호다. 기억 갈고리는 기억 대상에 대한 관심, 메모, 한 번 더 보기, 연관어 찾기, 한번 써보기 등으로 만든다. 섬광기억 같은 단기기억은 워낙 짧아 기억이 잘 되지 않지만 기억 갈고리를 잘 만들어 장기기억처럼 차곡차곡 저장하면서 인출부호를 제대로 정리하면 꺼내 쓰기 편하다. 그렇게 지속적으로 훈련하면 자동으로 기억, 저장, 인출의 기억 뇌가 발달한다.

제554장. 인간은 언어를 구사하는 혀의 기능으로 발전하고 그 기능으로 망하는 존재다.

혀의 기능은 다양하지만 그중 언어구사 기능은 각별하다. 인류 문명은 어쩌면 언어구사 능력으로 발전하였다고 해도 과언이 아니다. 그러나 이 언어가 남발되어 큰 재앙으로 다가온다는 데 문제가 있다. 인간이 태어날 때 혀 밑에 도끼 하나씩을 품고 태어난다는 선현들의 얘기는 그냥 흘려들을 얘기가 아니다. 말 폭탄 세상에 살고 있다. 줄이고 또 줄이고 삼가고 또 삼가야 한다.

제555장. 인간이 가지고 태어나면 안 되는 가장 대표적인 것은 바로 사악한 마음이다.

이 마음이 모든 걸 그르치고 깨뜨린다. 나쁜 마음은 용서돼도 사악한 마음은 용서될 수 없다. 죄는 다 같은 죄가 아니다. 죄질이 나쁜 죄가 있다. 사악한 마음이란 바로 질이 나쁜 마음, 악의 마음이다.

제556장. 인생은 쉼 없이 달리는 100리 길 마라톤이다.

누구나 마라톤 할 때처럼 99%의 고통과 1%의 행복, 끝난 후엔 1%의 고통과 99%의 행복이 공존하는 삶을 산다. 어느 쪽으로 기우는 추를 만드느냐는 전적으로 자신의 몫이다. 삶은 행복만 있는 것도 아니고 불행만 있는 것도 아니다. 조화롭게 잘 섞는 것은 오직 본인이다.

제557장. 좋은 친구란 흡수력이 좋은 친구다.

흡수력은 바로 물과 같음을 의미한다. 물은 유연함이 대표적 본질이다. 스폰지 모양으로 잘 흡수하는 친구다. 물은 부드럽고 낮은 곳으로 임한다. 장애물이 나타나면 돌아가든 다른 대안을 찾으며 저항하지 않는다. 유연하여 휠 수는 있으나 복원력 또한 뛰어나다.

제558장. 나쁜 친구란 바람 같은 친구다.

바람 같은 친구란 바로 종잡을 수 없는 친구, 변화무쌍한 친구를 이름이다. 예측불허다. 종잡을 수 없다. 변화무쌍하다. 따라서 믿음이 가지 않는 친구다. 손자삼우(損者三友)의 으뜸이다.

제559장. 멋진 인생 여행가의 꿈을 실현시키면 당신의 인생은 아름답게 마무리된다.

인생이란 100년 동안 하는 긴 여행이다. 멋진 인생 여행가로 살아보라. 눈을 감기 전 자신의 인생을 돌아봤을 때 흐뭇해할 것이다. 여행의 본질은 99%의 고통과 1%의 행복이다. 그것이 여행이 끝나면 99%의 행복과 1%의 고통으로 마법처럼 변한다는 점이다. 여행의 장점은 일일이 다 열거할 수 없을 만큼 많다. 경험으로 하나씩 찾는 기쁨을 누리기 바란다.

제560장. 일기 쓰기는 글쓰기의 삼시세끼다.

일기는 자신에 대한 생의 기록이며 살아온 흔적이다. 일기는 자신의 탄생에 대한 경배며 자기 축복이다. 무에서 유로의 탄생을 기록으로 입증한다. 이러한 삶의 기록들은 아주 자연스럽게 언어에 대한 이해력과 문장력을 키워준다. 그 문장의 힘은 어쩌면 삼시세끼의 에너지 공급원이 된다.

제561장. 운 타령 팔자타령 하는 사람은 자신과 주변에 제초제를 뿌리는 사람이다.

부정적인 사람은 주변을 온통 사막으로 만드는 사람이다. 운이라는 것은 때를 말한다. 때를 자신이 잘 만들면 좋은 운이 되고 못 만들면 나쁜 운이 되는 것이다. 좋은 운은 때를 어떻게 요리하고 조정하느냐에 달려 있지, 운 타령 팔자타령으로 해결되는 영역이 아니다. 운 타령, 팔자타령 하는 사람은 제초제와 동격이다.

제562장. 본질은 다이몬드처럼 빛나는 가치를 지니며 외부 환경에 변하지 않는다.

침묵은 본질을 이해하는 본질이 아니다. 본질은 꺼내볼 수 없는 깊은 침잠이지만 형식은 누구나 쉽게 접할 수 있는 표피다. 본질은 태생적이어서 더하고 빼기가 쉽지 않으나 형식은 후천성이어서 변환의 가능성을 내포하고 있다. 본질은 두 개의 층위로 이루어졌다. 그 두 개의 비율은 서로 다르다. 알맹이는 밑에 가라앉아 있고 껍질은 위에 떠 있다. 우리가 만나는 것은 늘 윗부분이다. 본질은 숨을 쉬는 부분이고 형식은 눈을 깜빡이는 부분이다. 본질은 움을 틔우는 부분이고 형식은 드러난 잎사귀다. 진리는 많지만 발견하기 쉽지 않다. 도덕경, 법구경, 숫타니파타, 채근담, 증광현문 책의 공통점은 두껍지 않다는 점이다. 진리의 발견이 쉽지 않음을 보여준다.

제563장. 어둠과 고요는 자신을 만나게 해주는 유일한 친구다.

몸과 정신은 함께 있는 게 정상이다. 그런데 살다 보면 영과 육이 따로 떨어져 있는 게 다반사다. 진실, 온전, 정의, 의지, 본심 같은 것은 영과 육이 함께 있어야 가능하다. 가끔 정치인들의 유체이탈화법이 화젯거리가 되기도 하는데 이런 말 따로 행동 따로의 행태는 매우 위험하다. 본심과 양심과 정의와 정직과는 거리가 멀기 때문이다. 이런 현상은 주변이 오염되면 일어나는 일들이다. 자신 속에 있는 자신을 만나지 못하고 겉돌기에 일어나는 이런 현상은 고요만이 해결해준다.

제564장. 헐한 무는 헐한 값을 받고 실한 무는 실한 값을 받는다.

인간이나 물건이나 제값을 하려면 알맹이가 온전해야 한다. 알맹이는 비교적 단단하다. 무른 알맹이는 덜 된 알맹이다. 마음도 땅도 무도 단단해야 한다. 물러터지면 맛이 없고 문제만 생긴다. 가치도 당연히 떨어진다.

제565장. 뿌리가 있으면 언젠가는 꽃이 핀다.

사람이건 식물이건 뿌리가 없으면 살 수도 없지만 살아도 헛껍데기 삶이 된다. 뿌리가 없으면 실체를 의심받는다. 어떤 경우도 뿌리가 있으면 살게 마련이고 언젠가는 꽃도 피우고 열매도 맺는다. 뿌리가 중요한 이유다. 뿌리를 알려면 『뿌리』를 읽고 쿤타킨테를 만나보라.

제566장. 누구나 눈을 감는다. 그러나 눈을 감기 전까지는 눈을 감는 일을 하면 안 된다.

누구나 눈을 감는 데는 동의하지만 눈을 감은 상태에서 일하는 건 동의할 수 없다. 그것은 마치 장님이 코끼리를 만지는 것과 같은 것이기에 그렇다. 코끼리 등에 올라탄 파리는 코끼리 등인지 산인지 구별하지 못한다. 그저 퉁방울 눈으로 두리번거릴 뿐이다. 그런 삶은 빈 들에 서 있는 허수아비와 다를 바 없다. 매사에 눈을 동그랗게 떠야지 눈을 감거나 감아주면 안 된다.

제567장. 삼 일 밤낮을 새도 지루하지 않다면 그것이 바로 자신이 좋아하는 일이다.

자신의 재능을 알아내는 가장 좋은 방법은 삼 일 밤낮을 쉬지 않고, 자지 않고 해보는 것이다. 지루하거나 싫증을 느끼지 않는다면 그것은 자신의 재능이다. 반대라면 그건 자신의 재능이 아닐 가능성이 크다. 바로 그 일을 평생 하는 것이다. 그 일은 자신과 사회에 큰 보탬이 되는 일이 된다.

제568장. 난 이제야 5%쯤 사람이 되었다.

5%도 후한 점수다. 난 정상적 인간이 아니라고 가끔 생각한다. 겉으로 드러난 모습은 인간의 모습을 하고 있지만 내면은 5%도 안 되는 인간이다. 남은 시간이 줄어들면서 미숙아라는 점이 점점 또렷해진다. 95%는 사람 아닌 미생물이나 벌레라는 생각에서 벗어날 수 없다. 어쩌면 5%쯤이라는 것도 과장됐을 가능성이 크다. 미숙의 상태가 오래 지속되면 미숙한 일들이 점점 더 많아질 뿐이다. 사라지는 것만이 미숙에서 벗어나는 길이다. 난 미완성, 미숙의 상태에서 여든 살 가까이 살았다. 잘못돼도 뭔가 한참 잘못됐다.

제569장. 명문은 만들어진 곳에 올라타는 것이 아니라 스스로 만드는 것이다.

명문이라고 일컬어지는 집안들을 들여다보면 다분히 권력을 먹고 자란다는 점이다. 권력은 힘을 가지고 있다. 그러나 힘에 기초한 명문은 명실상부한 명문으로의 실체는 아니다. 오히려 그 반대가 돼야 한다. 명문은 부드럽고 지적이며 인격을 갖추고 품격을 갖추며 다른 사람의 귀감이 되며 존경받는 인물이어야 한다. 자신은 아무것도 한 일이 없는데 어쩌다 권력자 또는 재벌의 후예로 태어나 명문의 허울을 쓴다면 얼마나 웃기는 일인가. 모름지기 명문은 자신이 만들어야 명문답다.

제570장. 배움은 주(酒)와 색(色)을 능가하는 다른 종류의 쾌락이다.

쾌락에는 다양한 종류가 있다. 몸을 이롭게 하는 쾌락도 있고 몸을 해롭게 하는 쾌락도 있다. 논 혼적은 없어도 공부한 혼적은 남는다고 했다. 배움의 즐거움은 공자의 논어 학이편 첫머리에도 나온다. '학이시습지불역열호'라 했다. 태공도 말했다. '인생불학이면 여명명야행이니라'라고. 몰라서 행하지 않는 것은 안타깝다. 알고 행하지 않는다면 더 안타깝다.

제571장. 일단 멈춤의 습관은 일보 전진의 습관이다.

그래야 충돌과 함정에서 벗어날 수 있다. 삶에 걸림돌과 가시는 무시로 나타난다. 그 모두를 해결해주는 것은 일단 멈춤이다. 숨과 발을 동시에 멈춰야 한다. 멈춤 후엔 숨과 발이 활기차게 나아간다.

제572장. 눈물에는 눈물샘에서 나오는 것과 가슴뼈에서 나오는 두 종류의 눈물이 있다.

하나는 흰색이고 다른 하나는 붉은색이다. 눈가나 눈썹 언저리엔 눈물주머니가 있다. 우리가 슬프거나 매운 걸 먹으면 얼굴을 찌푸리게 되고 그때 눈물주머니를 자극하여 눈물이 나온다. 그 눈물은 코로 연결되는 눈물길을 통하여 빠져나간다. 그러나 가슴뼈에서 나오는 눈물은 주머니나 눈물길 같은 어떤 장치가 없다. 그런데도 희한하게도 나온다. 당사자만 아는 눈물이며 색깔이다.

제573장. 자신의 몸은 자신의 편이 아니다.

착각하면 안 된다. 언제든 배반 가능성이 있음을 알아야 한다. 배반을 제압하는 법은 배반을 배반하는 것이다. 자신의 몸이라고 늘 자신의 충복이라 생각하면 오산이다. 자신에 대한 사랑이 부족하거나 소외된다 생각하면 예고 없이 돌아선다. 그렇다고 등을 돌리고 다른 편에 붙는 것은 아니다. 교묘한 방법으로 괴롭힌다. 1차는 경고성 괴롭힘이다. 그런데도 개과천선 없이 행동하면 경고는 점점 강도가 높아지고 막바지엔 생명을 위협하는 데까지 발전한다. 배반을 배반하고 빨리 제자리로 돌아와야 한다.

제574장. 건강한 몸을 가지려면 당신의 맥박을 60이하로 떨어뜨려라.

맥박을 60이하로 떨어뜨리는 데는 유산소운동이 그만이다. 달리기, 빨리 걷기, 자전거타기가 대표적이다. 하체가 단단해지고 심장근육이 좋아지면 맥박은 느려지며 숨이 차지 않고 컨디션 최고의 상태가 된다. 그렇게만 한다면 모든 성인병과 돌연사에서 벗어날 수 있다. 정말로 간단한데 꾸준하지 못한 작심삼일의 결과가 늘 말썽이다.

제575장. 사악한 마음은 변괴스런 마음으로 간악한 마음을 능가한다.

이런 사람의 특징은 눈동자가 흔들리며 잘 웃으며 감정기복이 심하여 종잡을 수 없다. 조심해야 할 대상이다.

제576장. 당신의 강점은 마음이 여린 것이다.

그것은 당신의 가장 큰 강점이다. 여린 마음이란 섬세하고 부드러운 감성의 마음이다. 여린 마음은 착한 마음이고 염치를 아는 마음이다. 마음이 여린 사람은 도대체 잘못이라고는 저지르지 않는다. 몰염치한 마음과 강팍(剛愎)한 마음은 늘 사회를 어지럽히고 다툼과 큰소리를 유발한다.

제577장. 할 수 있을 때 하지 않으면 할 수 없을 때 후회한다.

어떤 것이든 무엇이든 할 수 있을 때 해야 한다. 우물쭈물하거나 미루면 이미 내 것이 아니다. 기회는 단 한번으로 끝나기 때문이다.

제578장. 소크라테스의 외모를 보지 말고 그 사람의 내면을 보라.

알면서도 늘 속는 것은 외모라는 점이다. 외모는 힘들이지 않고 접근이 용이하기 때문이다. 관찰도 중요하지만 통찰이 위력을 발휘하는 이유다.

제579장. 보수적 직장에서는 침묵하는 자가, 창의적 직장에서는 자기 목소리를 내는 자가 유리하다.

보수적 직장은 안정적이고 조용하고 꼼꼼한 사람들에 맞는 세상이다. 자유분방하고 빈둥거리며 영혼이 자유로운 사람들은 쫓겨나기 좋은 분위기다. 대신 내성적이며 꼼꼼함을 자랑하는 사람들은 창의적 직장에서는 환영받지 못한다. 딱 질색하는 스타일이다. 하루도 못 견디고 쫓겨난다.

제580장. 좁쌀눈이 좁쌀을 만든다.

개 눈에는 똥만 보인다는 속담이 있다. 좁쌀눈의 소유자는 좁쌀만 센다. 옆에 수박이 있어도 안중에 없다. 가마솥으로는 접시를 만들어도 접시로는 가마솥을 만들 수 없다. 그건 그 사람의 그릇이다.

제581장. 최초의 차도 두 발이고 최후의 차도 두 발이다.

인간은 두 발이라는 바퀴로 굴러간다. 어쩌다 뜻하지 않은 사고로 또는 병으로 하나가 되면 불행하다. 반드시 두 발을 끝까지 유지해야 한다. 이 행복을 발이 둘이 아닐 때 느낀다면 늦어도 너무 늦다.

제582장. 토끼가 움직이면 사자도 움직인다.

변할 수 없는 진리다. 한 사람이 하늘을 유심히 본다. 지나가던 여러 사람도 하늘을 본다. 하늘을 보던 사람이 재채기를 하자 모든 사람이 흩어진다. 군중심리다. 동물도 마찬가지다. 군중심리건 먹이를 위한 사냥이건 대상이 움직이면 어쩔 수 없이 따라서 움직여야 목숨을 건지거나 노획물을 챙길 수 있다.

제583장. 겨울은 유니폼이지만 봄은 다양한 패션이다.

겨울 색조는 단순하다. 검은색 아니면 잿빛이다. 사회주의자들이 즐겨 입는 제복 색이다. 그러나 봄의 패션은 민주적이며 화사한 다양성 그 자체다.

제584장. 도끼질은 글을 쪼개고 톱질은 생각을 자른다.
농부로서의 일상은 모두가 격이 높은 문학 활동이다. 생각의 틈이 열리느냐 그렇지 않느냐는 문제만 존재한다.

제585장. 진정한 부자란 맑은 마음, 맑은 물, 맑은 공기를 많이 소유한 자다.
산에서는 열흘 입은 옷에도 때가 끼지 않는다. 열흘이 지나도 코딱지가 생기지 않는다. 먼지가 없어서다. 부자라도 오염을 먹고 마신다면 좋은 건강을 담보할 수 없다. 맑은 마음, 물, 공기가 그래서 중요하다.

제586장. 공부란 훗날 자신의 시간을 많이 갖기 위한 지금의 고된 수고다.
삶다운 삶은 결국 자신의 시간을 얼마나 소유하느냐의 문제와 맞닿아 있다. 시간에 쫓기거나 시간에 종속되거나 시간에 팔려나간다면 개인의 행복은 사라진다. 공부는 그 부자유에서 벗어나기 위한 고도의 행위다.

제587장. 하루는 23시간이다.
이 명제를 평생 붙들고 살아라. 이 1시간만큼은 무조건 자신만을 위한 운동으로 채워라. 하루 중 1시간의 희생은 나머지 23시간의 가치를 확대재생산한다. 23시간의 무게보다 무겁게 하는 것은 1시간의 희생으로 가능하다. 이것을 행한다면 길은 넓고 곧아진다. 23대 1, 결과는 뻔하다. 무엇으로도 설명이 되지 않는다. 설명을 한다면 궤변이 될 수밖에 없다. 그러나 하루 24시간 중 1시간의 운동으로 없어지는 시간은 예외다. 나머지 23시간을 누르고 제압한다. 모두들 이토록 유리한 싸움을 팽개치고 질질 끌려가는 삶을 산다. 건강한 삶, 행복한 삶은 어찌 보면 참 쉽다. 늘 게으름과 작심삼일에서 문제가 생긴다. 다 쓰고 난 다음에 저축하는 게 아니라 저축할 것을 미리 떼놓고 나머지 금액으로 생활하는 것과 같다.

제588장. 모든 생산은 모든 국민으로부터 나온다.

생산에 참여하는 자뿐 아니라 노숙자나 어린이도 생산자이다. 다만 그 역할에서 차이가 있을 뿐이다. 노동인구를 말할 때 우리는 15세 이상 노동의욕이 있는 건강한 참여자를 말한다. 그러나 노동에는 직접 참여하지 않더라도 노숙자나 어린이도 모두 참여시켜야 한다. 그들도 간접노동을 한다는 이유에서다. 다만 그 역할에서만 많고 적음이 있을 뿐이다.

제589장. 인생은 새만금방조제다.

한쪽은 평화요 다른 한쪽은 전쟁이다. 삶의 조화는 그 속에서 탄생한다. 어느 쪽을 택할 것인가. 세계에서 가장 긴 33.9㎞의 새만금방조제 위를 걸어보라. 얼마나 명징하게 평화와 전쟁이 존재하는 현장인가를 두 눈으로 확인하라. 인생도 이와 똑 닮았다. 선택은 자신의 몫이다. 문제도 해답도 그 방조제 위에 있다.

제590장. 너무 알아도 안 되고 너무 몰라도 안 되는 것은 돈이다.

너무 알아도 안 되고 너무 몰라도 안 된다. 죄 또한 그렇다. 돈이 조금 있으면 머리 돌 일이 조금 생기지만 돈이 많으면 머리 돌 일이 더 많이 생긴다는 점을 유념해야 한다.

제591장. 당나귀는 당나귀다.

왕을 태우고 궁궐에 들어간다 해도 왕은 왕이고 당나귀는 당나귀다. 왕을 태우고 궁궐로 들어간다 해도 당나귀는 궁궐인이 될 수 없고 더더구나 왕은 언감생심이다.

제592장. 고요는 나의 본질이며 친한 친구다.

시끌벅적함도 흥미롭지만 본질은 아니다. 고요만큼 좋은 친구는 없다. 필자에게 있어 고요는 그 무엇과도 바꿀 수 없는 보석 같은 친구다.

제593장. 잘라야 큰다.

역설적이게도 잘라내야 큰다는 사실이다. 주식에서의 손절매나 침몰된 배의 평형수를 빼내는 작업 또한 삶을 위한 역설이다. 나무의 병든 가지를 치고 멀쩡한 가지도 잘라내는 건 본질이 바뀌지 않는 한 그놈의 생명을 돕기 위한 행위다. 전정가위로 전정(剪定)해야 잘 큰다.

제594장. 효(孝)란 부모님께 죄를 짓거나 사망 후에야 비로소 깨달음이 오는 특이한 심리상태다.

자신이 울며불며 통곡을 하고 무릎을 치고 후회하는 것은 부모에 대한 고마움, 미안한 마음, 죄스런 마음들이 뒤섞인 심리상태의 발현이다.

제595장. 가장 위험한 도전은 도전하지 않는 것이다.

세상에서 가장 힘든 것은 자기를 이기는 것이다. 이른바 극기다. 세상에서 가장 위험한 것은 아무것에도 도전하지 않는 것이다. 이른바 멍한 상태, 안전을 바라는 마음의 지속이다.

제596장. 자신을 잊으면 주변도 잊는다.

내가 살아 있음이 인지될 때 모든 생명체에 사랑과 온기가 돈다.

제597장. 내가 만든 조어들

① 일미지미(一眉知美): 미인은 다 가려도 눈썹 하나만 보면 알 수 있다.

② 일봉과비(一蜂過飛): 인생은 한 마리 벌이 눈앞을 휙 날아가는 것과 같다.

③ 동해후파추전파일대신인환구인(東海後波推前波一代新人換舊人): 동해 바다의 뒤 파도는 앞 파도를 밀어내고 한 시대의 옛사람은 새사람으로 바뀐다.

④ 청춘욕(靑春浴): 삼림 속에서는 삼림욕을 하고 젊은이들 사이에서는 청춘욕을 한다.

⑤ 유우(乳雨): 봄비는 젖 비다.

⑥ 망우(亡雨): 여름비는 쓸데없이 홍수나 일으키는 망할 놈의 비다.

⑦ 수우(愁雨): 가을비는 시름, 슬픔, 우울함을 느끼게 하는 비다.

⑧ 박우(薄雨): 가을비는 아주 적게 내린다. 얇을 박을 써 박우라 한다.

⑨ 면우(眠雨): 겨울비는 만물이 잠을 자는 계절의 비다. 비도 내년 봄을 위해 잠을 잔다.

⑩ 밀우(蜜雨): 가뭄 끝에 오는 비, 모종을 하고 오는 비, 이름 하여 꿀비다.

⑪ 와사보생(臥死步生): 누우면 죽고 걸으면 산다.

⑫ 지잠(地潛): 해가 뜨는 일출(日出)의 현상이 아니라 지구가 나면서 일어나는 지잠이다.

⑬ 지몰(地沒): 해가 지는 일몰(日沒)의 현상이 아니라 지구가 들면서 일어나는 지몰이다.

⑭ 도도향향목목초초(都都鄕鄕木木草草): 도시는 도시다워야 하고 시골은 시골다워야 하며 나무는 나무답고 풀은 풀다워야 한다.

제598장. 진정한 자유는 자연의 자유이며 그 외 모든 자유는 제약된 자유다.

자유주의는 진정한 자유가 아니다. 제약된 자유다. 진정한 자유는 자연밖에 없다. 자연의 자유는 얼핏 흐트러진 자유처럼 보이나 그 안을 들여다보면 가장 정돈된 자유임을 알 수 있다.

제599장. 손자는 움직이는 꽃이다.

손자라는 꽃의 특징은 일반 꽃과 달리 움직인다는 점이다. 움직일 때마다 진한 향을 뿜는다. 라일락처럼, 야래향처럼 멀미나게 하는 꽃 향을 끊임없이 뿜어댄다. 할아버지는 날개 없는 호랑나비다. 할아버지는 열심히 꽃을 향하지만 이미 날개를 접어 없는 거나 마찬가지다. 날개는 접었지만 날개 근육은 살아 있어 끊임없이 움직여본다. 그러다 먼발치에서 바라만 볼 수밖에 없음을 안다.

제600장. 많은 첫 경험은 당신의 상상력을 맘껏 부풀린다.

첫 경험은 당신의 삶을 더없이 풍성하게 한다. 첫 경험이 하나씩 늘어날 때마다 상상력의 살이 붙는다. 삶은 어차피 100년간 하는 긴 여행이다. 여행은 새로운 마음과 새로운 사물과 늘 마주친다. 여행이 가장 우수한 선생님으로 칭송받는 건 첫 경험을 가장 많이 제공하기 때문이다. 첫 경험은 상상력의 바다다.

제601장. 세상에 보이는 것은 모두 상상력의 원천이다.

상상은 늘 구름을 탄다. 여행을 해야 하는 이유는 구름을 타고 다니기 때문이다.

제602장. 우리는 모두 가짜 자유의 인질이다.

진정한 자유는 자유를 의식하지 않는 자유다. 자연은 가짜처럼 보이는 진짜 자유이고 인간이 머무는 곳은 진짜 같은 가짜 자유가 있는 곳이다. 자유를 의식할 땐 이미 가짜 자유가 우리 주변에 들어와 있다는 반증이다.

제603장. 모든 아이디어는 지식과 경험의 깊이와 넓이에서 창출된다.

모든 아이디어는 발버둥치는 지식 캐기와 거칠 것 없는 경험의 넓이와 깊이에서 창출된다.

제604장. 돈이 없으면 불편하다. 그러나 불편이 인지되는 순간 문명의 독이 묻는다.

인체를 파고드는 문명의 독은 독으로 인지하기 쉽지 않다. 그것은 편리라는 가면을 쓰고 있어 그렇다. 문명에 맛 들고 길들여지면 인체는 불필요한 군더더기 기관으로 치장한 물체에 지나지 않는다. 용불용설론이 위력을 발휘하는 이유다.

제605장. 걷는다는 것은 꿈을 실현시키는 가장 중요한 원자재 중 하나다.

그런데 그걸 인지하지 못하는 데 문제가 있다. 직립인간이 걷지 못한다면 사자가 먹이를 앞에 놓고 달리지 못하는 것과 다를 바 없다. 꿈을 이룰 수 있는 가능성은 걸을 수 있을 때까지다. 어리석은 인간은 그 이유를 자꾸 다른 데서 찾는다.

제606장. 지금 당신의 건강은 지난날 당신의 건강관리의 결과다.

몸은 당신의 어리석은 생각에 끊임없이 경종을 울린다. 주인의 의지가 약한지 강한지 끊임없이 시험한다. 지금 당신이 좋은 습관을 갖고 건강관리를 시작하여도 결과는 내일 당장 나타나지 않는다. 결과는 최소한 15년 후쯤 나타나기 시작한다. 그러니 모두 결심을 하고 팽개치기를 반복한다. 신은 당신을 자꾸 넘어뜨린다. 그

것은 그때마다 일어서는 법을 가르쳐주기 위함이다. 건강에서의
실험도 예외가 아니다.

제607장. 당신의 초롱초롱한 기억력은 걷기에 그 답이 있다.

격화소양, 신발 위를 긁어봐야 시원할 리 없다. 기억력을 좋게 하
고 싶은데 약품을 빌리든가 엉뚱한 곳에서 답을 찾으려고 한다. 기
억력을 늘리는 데는 걷는 것만큼 좋은 것은 없다. 걸으면 BDNF라
고 하는 뇌 활성 단백질이 활발하게 작동하기 때문이다. 내일 당장
실험해보라. 일거양득, 일석이조를 실감할 것이다.

제608장. 현재의 자신은 지금까지 해온 모든 선택의 결과다.

인정하든 인정하지 않든 현재의 자신은 지금까지의 모든 선택의
결과이다. 당신은 허수아비가 아니다. 꼭두각시도 아니다. 다른 사
람에 의해 조종되거나 움직여지지 않는다. 지금 여기까지 온 당신
의 그 모든 것은 당신의 의지와 의사로 이루어졌다. 설령 다른 사
람의 도움과 의사가 개입된 적 있더라도 그마저도 당신이 한 선택
이다.

제609장. 인생은 살아도 허무고 죽어도 허무다.

인생 전체가 보람으로 꽉 찬 사람이든 아니든 행복하게 산 사람
이든 아니든 모두 허무의 삶이요 죽음이다. 삶은 백구과극(白駒過
隙), 인생은 너무 짧기 때문이다. 길어도 언젠가는 죽음과 맞닥뜨
린다.

제610장. 모든 사람은 돈 없어도 되는 척은 하지만 돈 없어도 되는 사람은 못 된다.

돈의 존재는 원래 그렇다. 예외 없이 모든 사람들은 안 그런 척, 멀쩡한 척, 인격적인 척하지만 속마음은 언제나 그러하지 않다.

제611장. 여린 마음이란 섬세하고 부드러운 감성의 마음이다.

여린 마음은 약한 마음이 아니다. 약한 마음의 반대는 강한 마음이지만 여린 마음의 반대는 센 마음이다. 여린 마음엔 감성이 묻어 있지만 약한 마음엔 감성이 묻어 있지 않다.

제612장. 여우는 같은 함정에 두 번 빠지지 않는다.

교토삼굴(狡兔三窟)이 말하듯 토끼, 여우, 너구리 같은 녀석들은 굴을 세 개 파놓는다. 보나마나 안전을 위한 대피호며 비상 탈출구로서의 기능이다. 그 정도의 인지능력을 가진 녀석들이 같은 함정에 두 번 빠질 리 없다. 그런 생존전략으로 오늘날까지 진화를 거듭하면서 생명을 이어왔다. 그런데 인간은 두 번 빠지는 것이 예사다. 평생을 함정에서 나오지 못하고 허우적대는 사람이 적지 않은 이 아이러니는 무엇으로 설명해야 하나.

제613장. 좋아하지 않는 일을 하기엔 인생은 너무 짧다.

『코스모스』의 저자 칼 세이건은 우주과학을 공부하기에 80년 인생은 너무 짧다고 한탄한 바 있다. 좋아하는 일만 하기에도 인생은 턱없이 부족하다. 하물며 좋아하지 않는 일을 함에서랴.

제614장. 이고 진 저 수많은 사람들은 무엇을 이고 지고 어디로 가는가.

돈, 출세, 야망이라는 짐에서 벗어나야 제대로 된 삶이 된다. 인간은 너무 빨리 늙고 너무 늦게 깨닫는다 하지 않는가. 모든 헛된 꿈, 욕심, 야심, 야욕에서 벗어날 때쯤이면 이미 몸은 늙을 대로 늙어 있다. 왜 일찍 깨닫지 못할까. 그것은 늙는 시간과 깨닫는 시간의 엄청난 차이 때문이다. 모두 어디로 가는지 의식도 않은 채 허둥대다 일몰을 맞는다.

제615장. 우울과 슬픔의 유일한 치료제는 걷기다.

걷기만한 유쾌 통쾌 바이러스는 없다. 와사보생(臥死步生), 눕지 않고 걸으면 당신은 놀라운 몸의 변화와 마주한다. 인간은 직립보행을 기본으로 걷고 달리는 존재로 진화했다. 문명의 이기가 이 본원적 진실을 왜곡시키고 있는 것이다. 인간은 직립보행 인간임을 수시로 느끼고 실천해나갈 때 본질 왜곡으로 인한 온갖 질병의 고통에서 해방된다.

제616장. 문명을 멈추지 않으면 파멸도 멈추지 않는다(2).

한 발짝씩 문명으로 나아가는 것은 파멸로 한 발짝씩 나아가는 것이다. 문명에 올라타기보다는 문명을 거부하는 지혜가 필요하다. 인간은 편리라는 마약에 취해 헤어나지 못한다. 단단한 껍질을 깨고 나오지 못하면 단물에 몸은 망가지고 병든다. 꿀을 탐하는 파리가 결국 꿀 병에 빠져 죽는 꼴이다. 선택적 문명을 지향하라. 그렇지 않으면 문명에 의한 패배자가 된다.

제617장. 성난 파도와 성난 불과 성난 사람은 같은 얼굴이다.

죽음의 대표적 현상은 움직임 없음, 즉 부동(不動)이다. 바람과 파도는 생명체다. 생명체이기에 한시도 멈춤, 부동, 고요가 없다. 화가 난 모습을 보면 더욱 실감난다. 인간이나 불이나 파도의 화난 모습은 같은 모양과 같은 성질을 띠며 공통적으로 무섭다는 점이다.

제618장. 싱싱한 젊음을 유지, 발산하는 것은 종아리와 대퇴부의 관리 여하에 달려 있다.

싱싱한 젊음을 자꾸 음식물이나 약품으로 해결하려는 경향이 있다. 물론 조금은 상관관계가 있지만 미미하다. 그러나 전적으로 의존하는 데는 문제가 있다. 장을 치료하지 않고 얼굴에 화장으로만 커버하려는 무지와 비슷하다. 종아리와 대퇴부를 키우는 운동을 하지 않고는 어떤 처방도 유효한 처방이 아니다.

제619장. 인생은 허무다. 다만 허무의 길고 짧은 문제만 존재한다.

설니홍조(雪泥鴻爪), 눈 위에 찍힌 기러기 발자국을 일컬음이다. 인생은 그런 것이다. 짧게 살았든 조금 길게 살았든 영겁에 비하면 찰나에 지나지 않는다. 허무의 일상일 뿐이다. 그러니 멋진 삶을 꿈꾸어라. 그나마 그게 허무에서 조금 비껴가는 것이다.

제620장. 인생은 수많은 헝겊 조각을 덧대고 꿰맨 모자이크다.

인생은 미래의 꿈을 좇는 행위들의 연속이다. 현실은 그 꿈을 위해 나아가는 작은 발자국의 모임이다. 그 꿈의 발자국들의 합이

한 사람의 인생이다.

제621장. 산책은 자아 채우는 잠깐의 출가다.

산책은 자아를 채우기도 하고 깨우기도 한다. 자아가 결여되면 헛된 삶이 된다. 산책이 필요한 것은 알맹이 있는 삶을 위해서다. 가출 아닌 출가를 자주 해야 하는 이유다.

제622장. 마라공화국의 청지기가 되지 말라.

우리 모두는 '~하지 마라' 세상에 갇혀 산다. 모두 폐쇄적이며 부정적이다. '~하라'의 긍정 세상이 될 때까지 힘을 쏟아야 한다. 개인이나 국가나 마라공화국의 청지기에서 벗어나 자유인으로 세상을 탐험하기 바란다.

제623장. 국민 행복을 갉아먹지 않는 정치가 가장 우수한 행복정치다.

정치의 궁극적 목적은 국가에 소속된 국민들의 안위와 행복이다. 그 안위와 행복이 정치하는 사람들의 전유물이 되고 국민은 뒷전이라면 그 정치는 빵점 정치다. 게다가 주어진 책무를 권력으로 둔갑시켜 휘두르고 이전투구의 싸움질만 한다면 국민의 행복은 꼬리명주나비 유충에게 갉아먹히는 연한 쥐방울덩굴잎이 되고 만다.

제624장. 한 생명이 다른 생명을 우습게 여기면 모든 생명이 공멸에 이른다.

자연선택이론은 약육강식이 지배하는 자연계 현상을 업고 태어났다. 인간세상에서도 예외는 아니지만 각종 규제와 법칙으로 묶은 것일 뿐이다. 약(弱)은 약(弱)을 탄생시킬 수 없어도 강(强)은 강(强)을 탄생시킨다. 결과는 보나마나다.

제625장. 위대한 단순은 위대한 복잡성에서 탄생한다.

모든 위대함은 단순성에서 탄생한다. 복잡하면 할수록 단순성의 위대함은 증가한다.

제626장. 파리가 앞발을 비빌 때 사과한다고 착각하면 안 된다.

파리는 잘못을 비는 게 아니라 빨아먹을 준비를 할 뿐이다. 착각을 하든 하지 않든 자유의 영역이다. 그러나 해도 되는 착각이 있고 하면 안 되는 착각이 있다는 사실을 알아야 한다. 파리가 앞발을 싹싹 비빌 때도 착각을 하면 안 되는 경우다.

제627장. 문명은 편리라는 단맛을 주는 끊기 어려운 마약이다.

단맛이 인체에 해악을 주듯 편리라는 문명의 단맛은 인간의 모든 기관의 부품을 쓸모없는 부품으로 만든다. 참으로 중요하지만 인지하지 못한다. 어쩌면 알면서 빠져나오지 못하는 올무에 이미 걸려들었다는 편이 맞으리라. 물론 장점과 단점이 공존한다. 장점이 더 많은 경우도 분명 있다. 그러나 훗날 악화가 양화를 구축하는 문제에 반드시 봉착한다는 데 그 심각성이 있다.

제628장. 지혜는 건강에서 솟는다.

우리는 지혜를 머리나 가슴의 영역으로 알지만 그건 어리석은 생각이다. 모든 지혜는 장딴지와 허벅지에 숨어 있다. 찾아 끄집어 내 쓰는 것은 자신의 몫이다. 글을 쓰든 그림을 그리든 공부를 하든 운동을 하든 체력이 뒷받침돼야 한다. 체력은 젊은 시절엔 엇비슷하지만 나이가 들면 잘 관리된 몸과 그렇지 못한 몸의 차이는 실로 크다. 그 몸 관리 중에 중요한 부분이 바로 장딴지와 허벅지다. 이 두 곳의 건강을 간과하면 어떤 건강도 담보할 수 없다. 어떤 공부나 야망도 의미 없다. 지혜는 장딴지와 허벅지의 튼실함에서 솟는다. 이것을 언제 깨닫느냐가 실로 중요하다. 비실비실하면서 지혜를 운운한다는 자체가 난센스며 해프닝이다.

제629장. 첫 경험은 상상의 바다다.

첫 경험은 피톤치드를 잔뜩 머금은 삶의 산소다. 첫 경험은 맛있는 음식의 재료다. 첫 경험은 클래식 음악의 피아노 반주다. 첫 경험은 뇌세포를 바삐 움직이게 하는 자극제다. 삶에서 첫 경험은 당신의 정신세계를 풍성하게 또 풍요롭게 할 것이다. 첫 경험은 많은 화젯거리를 제공한다. 당연히 삶이 풍요로워진다. 풍요로운 삶은 삶의 에너지원이다.

제630장. 얼음 뇌에서만이 진리의 사리가 나온다.

뇌의 상상력은 크고 무섭다. 그 강도는 뇌가 찰수록 또 추위가 심할수록 세진다는 점이다. 시골 오두막 산장엔 전기가 없다. 얼음 뇌를 경험하기 위해 겨울에도 가끔씩 내려간다. 영하 15도일 때도 잠을 잔다. 난방장치가 없어 뚱그레진 거머리처럼 몸을 말고 옷은 있는 대로 껴입고 잔다. 그런데 뇌는 잠을 자지 않는다. 무수히 많은 생각들이 춤을 춘다. 뇌가 찬 것을 좋아하는지 아니면 추워서 못 자는지 알 수 없다. 어쨌든 그 때마다 많은 말과 생각을 줍는다.

제631장. 도보여행가는 차를 좋아하지 않는다.

도보여행가는 걸어다니는 사람이다. 차를 타지 않는 건 아니지만 불가피한 경우에 한한다. 일부러 그런 삶을 살아보는 것이다. 속도로 보지 못하는 것을 보기 위함이기도 하다. 걷는 것이 우리 인체에 어떤 영향을 미치며 삶에는 어떤 결과를 가져올까를 실험해보고 싶은 것이다. 따라서 하루 만 보 걷기를 철저히 이행한다. 인생 후반부의 그 많은 시간을 어찌하면 행복하게 보낼 수 있을까. 그것은 보행이 자유로워야 한다는 것을 알기에 반드시 실천하고 모든 사람에게 알려주고 싶은 것이다. 나이 들어 보행의 어려움을 겪는 사람을 너무 많이 본다. 걷지 못하면 행복은 깨지고 인생은 그것으로 끝이다.

제632장. 보석을 탐하지 않아야 보석이 보인다.

삶의 보석도 그렇지만 특히 이슬 보석이 그렇다. 아침 이슬은 영롱하다. 일출과 함께 찬란하게 빛을 발하는 이슬 보석을 본 적 있는가. 정원을 만든다며 설쳐대는 내게 선물처럼 주어지는 새날 새 아침이면 만나는 신비로운 보석! 앞마당, 뒤뜰, 온 땅에 선물로 뒤덮인 찬란한 이슬 보석! 새벽이슬은 식물에겐 생명의 젖줄이며 인간에겐 값없는 은혜의 보석 선물이다. 이 보석 선물은 금붙이를 탐하는 자, 탐욕이라는 백내장이 낀 자에겐 보이지 않는다.

제633장. 고집은 고집으로 남지만 변화는 변화로 나아간다.

이것이 그 본래의 의미며 속성이며 본질이다. 고집의 장점은 부분이지만 변화의 장점은 전체를 아우른다.

제634장. 종교는 세상의 모든 제도와 그 제도 위에 있는 정신을 고양, 순화시키는 도구다.

종교의 다양한 이점 중에 으뜸은 정신을 순화시키는 일이다. 정신의 순화는 모든 것을 승화시킨다.

제635장. 자연의 정글과 원시는 세상의 정글과 원시를 가다듬는 가장 훌륭한 조건이다.

역설적이게도 세상의 정글과 원시의 치유는 자연의 정글과 원시가 가장 훌륭한 치유책이다. 돼지고기에 체했을 땐 돼지고기를 바짝 구워 분말로 먹는 게 가장 우수한 소화제임과 같다.

제636장. 실패는 성공의 먹이다.

다양한 먹이가 있지만 실패만큼 좋은 성공의 먹이는 없다. 실패를 얼마나 하느냐가 성공의 크기와 단단함의 바로미터다. 그렇지 않은 성공은 자칫 사상누각이 된다.

제637장. 고요의 태반은 어둠이다.

어둠은 가장 위대한 빛이다. 고요는 이 위대한 빛을 먹고 자란다. 좋은 것을 넣으면 좋은 것이 나오고 쓰레기를 넣으면 쓰레기가 나오는 컴퓨터도 이 원리를 적용받는다. 위대한 발명품은 고요가 탄생시킨다.

제638장. 울고 싶을 땐 낙동강으로 가라.

아기의 첫울음은 첫 호흡이다. 어떤 동물도 탄생 때는 울지 않는다. 생명의 위협을 받기 때문이다. 눈물은 태어날 땐 생명의 샘이지만 그 이후 눈물은 감정의 샘이다. 온갖 감정으로 버무려진 것이 눈물이다. 눈물을 흘리면 가슴이 뚫린다. 출렁이던 가슴은 평온을 찾는다. 그것이 눈물의 위대성이다. 그런데 눈물 흘리기가 쉽지 않다. 장소가 가장 큰 문제다. 그런데 낙동강 자전거길에 가면 이 모두가 해결된다. 그곳은 가없는 길이며 사람도 사물도 없다. 오직 길과 강과 산뿐이다. 그곳에 가면 '스와니강', '나그네 설움', '아 목동아'가 절로 나온다. 돌아가신 부모님을 만나고 소식 끊긴 친구도 만나고 헤어진 연인도 만난다. 울음이 폭포수처럼 쏟아지는 곳이다. 울기에 이보다 더 좋은 곳은 없다.

제639장. 혼자는 군중(群衆)이다.

군중 없이 혼자가 되지 않는다. 홀로 외로우려면 더 큰 군중의 무리로 들어가라. 외로움의 극대화는 군중의 극대화다. 외로움은 많은 것을 성장시키는 자양분이다. 외로움이 간절할수록 군중의 덩어리가 커야 한다. 그래야 극도의 외로움과 마주한다. 군중을 피하면 고립이 된다. 고립을 피하지 않으면 모든 것에서 고립된다.

제640장. 겁먹지 않은 개는 짖지 않는다.

동물들이 울고 짖고 화내고 독을 뿜는 것은 두려움과 놀라움의 본능의 반사행동이다. 노련한 큰 개들은 잘 짖지 않는다. 멋모르는 강아지들만 잇몸을 드러내고 컹컹댄다. 인간 세계도 그렇다.

제641장. 정직은 또 하나의 장수 요건이다.

'맞은 사람은 발 뻗고 자도 때린 사람은 발 뻗고 못 잔다'는 속담도 비슷한 맥락이다. 거짓을 하고 사기를 치면 가슴이 요동친다. 밥맛도 없고 잠도 못 잔다. 그런 사람이 장수할 수 있겠는가. 있다면 무녀리며 불량품인 경우에서만이다. 정직은 이래저래 삶의 중요한 덕목이다.

제642장. 걷는 것은 길에서 캐는 또 다른 금이다.

길을 걷는 것은 금광에서 캐는 금보다 더 값있는 금을 캐는 행위다. 두 다리로 왜 걸어야 하는지는 인간이 380만 년 전에 왜 직립인간이 되었는지를 떠올리면 답이 나온다. 왜 금을 캐는 행위인지 알 때까지 걷고 또 걸어야 한다.

제643장. 자유는 자유의 노예다.

자유는 자유를 침범하지 않는다. 자유는 무한한 마음속 웅크림이다. 웅크림은 폄을 전제로 한다. 웅크림은 자유의 태반이며 폄은 자유의 출산이다. 웅크림은 자유의 배태이긴 하지만 자유 자체는 아니다. 자유는 태반에서 떨어져나와야 자유다. 그래야 새 생명이 탄생하고 호흡을 한다. 호흡이 제대로 되는 자유가 진정한 자유다.

호흡이 안 되면 그 즉시 사망이다. 자유는 그렇다. 호흡이 되는 자유는 지구를 품을 수 있는 품을 갖지만 호흡이 제대로 되지 않으면 시름시름 앓다가 죽는다. 자유는 너그럽고 부드러워 모든 것을 품고 탄생시킨다. 자유가 없는 곳에서 진리는 숨는다. 나는 자유를 사랑한다. 자유가 곧 나고 내가 곧 자유기 때문이다.

제644장. 한 나라 리더의 낯 두께는 그 나라 역사 두께를 바꾼다.

뻔뻔하고 음흉하고 철면피의 지도자를 두면 그 나라의 국민은 불행하다. 한 나라의 운명과도 직결된다. 후흑(厚黑)은 한 국가를 좀먹는 좀벌레다. 좀벌레가 늘어나고 판을 치면 그 국가의 곳간, 그 국가의 건강, 그 국가의 격은 순식간에 망가진다. 좀벌레처럼 야금야금 먹어 들어가기에 전혀 눈치 채지 못한다. 고목을 쓰러뜨리는 건 작은 사슴벌레다. 눈치를 챌 때는 이미 늦다. 지도자는 얼굴이 얇아야 한다. 얼굴 붉힐 줄 아는 사람, 염치를 아는 사람이 지도자가 되어야 한다.

제645장. 국민건강수당으로 두 마리 토끼를 잡는다.

OECD 국가 중 노인 빈곤율은 우리가 8년째 꼴찌다. 노인 가난은 자살률 세계 1위라는 불명예와 맞닿아 있다. 국민건강수당지급으로 노후의 불안 해소와 국민 건강은 물론 건강보험과 국민연금 재정을 튼튼히 한다. 2년에 한 번씩 국민건강검진을 한다. 건강의 좋고 나쁨을 5등급으로 분류한다. 최상급부터 국민 건강수당을 차등 지급한다. 금액은 노후의 생활이 어느 정도 해결될 수 있도록 책정한다. 건강우수등급을 받은 사람은 유지를 위해 노력할 것이며 미흡한 사람은 상급으로의 진출을 위해 더욱 노력할 것이다. 결과적으로 국민 건강은 좋아질 것이고 최상급의 건강수당을 받음으로써 행복지수는 올라갈 것이다. 따라서 병원에 들락대는 횟수는 줄어들고 당연히 병원비 부담도 줄어들어 가정경제는 물론 건강보험재정도 튼튼해질 것이다. 따라서 국민연금기금 고갈에 대한 우려도 불식될 것이다. 건강보험료를 부담하는 젊은이의 불평도 줄어들 것이며 자신도 건강수당의 수혜자가 됨으로써 만족도는 높아진다. 또 미래에 대한 불안도 해소되어 개인생활의 만족도는 물론 가족의 행복지수도 높아질 것이다. 비슷한 이름을 가진 각종 수당을 통폐합하고 단순화시켜 행정의 용이성을 늘리며 충분한 건강수당의 재원 마련도 가능해질 것이다(참고서적: 『노인이 살아야 나라가 산다(이웅석)』 제2부 나라가 산다(336쪽)에 구체적 방법이 기록되어 있다).

제646장. 대한민국은 살찐 호랑이가 답이다.

코리아 타이거 프로젝트(KTP, Korea Tiger Project)! 남한의 면적을 현재보다 약 10,000㎢ 늘려 110,000㎢로 만들자. 미래를 내다보는 정치인은 이 정도쯤은 눈 떠야 한다. 핵심정책의 포커스를 여기에 맞춰라. 자연에서는 날렵한 호랑이만 살아남는다. 살찐 호랑이는 이미 호랑이가 아니다. 그러나 대한민국이라는 호랑이는 살이 쩌야 살아남는다. 쓸모없는 산을 허물어 바다를 메움으로써 쓸모 있는 나라 땅을 넓혀야 한다. 그렇게 되면 바다와 육지 동시에 30억 평 이상의 땅이 생긴다. 남해, 서해의 리아스식 해안을 동해처럼 만들어 배불뚝이, 하체비만의 호랑이를 만들어야 한다. 다이어트를 해야 살아남는 게 아니라 비만 호랑이를 만들어야 산다. 이것이 대한민국의 나아갈 길이며 숙명이다. 이 코리아 타이거 프로젝트는 100~200년 사업이다. 아니 더 긴 대역사(大役事)가 된다. 이 사업에 착수하게 되면 관련사업, 비관련사업 모두에서 일자리가 넘쳐나 모든 사람의 얼굴에 웃음꽃이 핀다. 땅값이 싸지니 쉽게 내 집 마련을 할 수 있다. 싸게 공장을 지을 수 있으니 굳이 해외로 나가 공장을 짓지 않아도 된다. 직장 있고 집 있으니 결혼을 기피할 이유도 없고 출산율 저하를 염려할 필요가 없다. 정치가는 최소한 이 정도의 미래관과 밝은 눈을 소유해야 한다. 정책은 없고 싸움질에다 상대방을 헐뜯는 일에만 열중한다. 상대방 약점을 들춰내 망신 주기에만 열중한다. 국민을 우습게 아는 행위들이다. 우스운 꼴 당하는 게 정말 싫다. 초등학교 반장선거보다 못한 저질의 이전투구를 더 이상 보고 싶지 않다. 제발 큰 눈을 소유한 국가지도자가 나타났으면 하는 바람이다. 큰 정치인을 이토록 보기 어려운가. 우린 이토록 큰 지도자 갈증을 겪어야만 하는 박복한 국민인가. 진흙탕 싸움을 멀리하고 정책과 비전을 또박또박 발표하라. 자료를 얹어 희망과 행복을 말하라. 그러면 가짜 정치꾼, 싸움꾼은 자동 파멸의 길로 들어선다.

제647장. 대한민국의 미래를 위해 독서복권을 만들어야 한다.

로또복권은 1등 당첨금이 평균 20억쯤 된다. 확률은 813만 대 1이다. 벼락에 맞을 확률보다 더 어렵다고 한다. 그래도 매년 매출이 증가하는 것을 보면 살림살이가 팍팍한 게 한몫하는 것 같다. 이젠 돈을 바라는 욕망의 로또보다 정신문화를 고양시키는 독서복권이 전성기를 맞아야 한다. 이것보다 더 큰 힘은 없다. 맞을 확률이 거의 없는 로또에 매달려 요행과 사행을 바라는 뒤틀린 심사에서 벗어나 로또 1등 당첨금의 몇 배가 될지 헤아리기조차 힘든 책 읽기에 매달려야 한다. 스스로 잘 읽지 않으니 독서복권이라도 만들어 시행하자. 갖가지 혜택을 부여하고 책 읽는 국민을 만들어야 한다. 정신이 자라야 국력이 자란다. 국력은 보이는 것만이 아니다. 진짜 중요한 것은 보이지 않는다. 우선 1년에 책 12권 읽기 운동부터 시작하자. 1년에 책 한 권 읽지 않는 사람이 30%다. 무슨 선진국 운운이며 국력 타령인가. 진정 무엇이 중한지를 아는 인물이 지도자가 돼야 한다.

3부
삶, 죽음

46장 수록

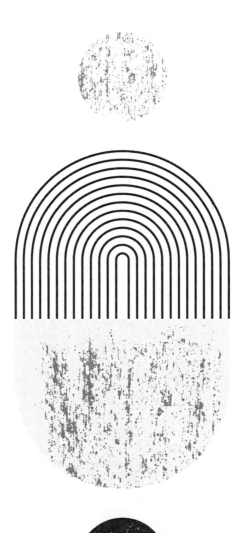

제1장. 삶은 탄생과 죽음 사이에 100년간 하는 긴 여행이다.

여행은 집을 나서는 순간부터 미지의 세계로 나아간다. 이 시간 이후 무엇이 나타날지 모른다. 음식점은 있는지, 잘 곳이 있는지 없는지 알지 못한다. 그래서 두렵기도 하고 흥미진진하기도 하다. 이런 것들이 여행의 매력들이다. 당일치기 여행도 나름대로의 준비물이 필요하다. 1박 2일은 당일치기보다 준비물이 조금은 더 필요할 것이다. 이런 여행이 100년간 이어지는 것이다. 무엇을 준비하고 무엇을 대비하고 무엇을 버리고 무엇을 단련시켜야 하며 무엇을 지니고 무엇을 버리며 무엇을 배워야 하는가를 잘 계획하고 대비해야만 100년간의 여행이 순조롭게 이루어질 수 있다. 어떤 형태의 고난과 역경이 닥칠지 모른다. 이 모두에 대한 대비를 어떻게 하느냐에 따라 인생이 달라진다. 당장 100년간의 여행을 계획하고 준비물을 챙겨보라. 이제 신비하고도 긴 여행길이 당신 앞에 놓여 있다.

제2장. 삶이란 죽음 바로 앞에 놓인 잠깐의 유희다.

'인간은 어디서부터 왔을까'란 질문부터 숨이 턱 막힌다. 나는 무엇이며 나 이전의 상태는 무엇인가. 나는 어디로 가고 있으며 나의 부모의 부모는 누구며 그 부모의 최초는 누구며 인간의 최초는 무엇인가. 무기물인가, 유기물인가. 어느 날 지구에 내동댕이쳐졌다. 그리고 죽음을 향하여 매일 한 발씩 나아간다. 우리의 모든 일상은 죽음 전에 하는 작은 몸짓의 모음이다. 그 작은 몸짓 하나하나가 생 전체의 행복과 불행의 연결고리다.

제3장. 새로운 탄생은 언제나 당신의 수고를 필요로 한다.

당신의 수고는 언제나 미지의 탄생을 예고한다. 그 수고로움은 언제나 탄생을 위하여 존재한다. 당신의 수고가 개입되지 않으면 어떤 탄생도 일어날 수 없다. 어떤 탄생을 의도한다면 당신의 수고를 백분 활용하라. 수고로움은 어떤 탄생이든 늘 자양분으로 존재한다.

제4장. 삶은 다양한 경험의 엮음이다.

경험이 중요한 이유가 된다. 같은 삶을 살아도 경험이 적은 사람과 많은 사람의 차이는 엄청나다. 경험은 한 개 한 개의 삶의 체험이다. 그 체험은 낟가리처럼 쌓여 커다란 삶의 탑이 된다. 경험은 살아 있는 지식이며 삶의 보석이다. 결국 삶은 그 경험들의 모음인 셈이다.

제5장. 삶은 파도다.

잠깐 왔다 흔적도 없이 사라진다. 앞 파도가 스러지면 뒤 파도가 그 자리를 메운다. 그렇게 반복되는 게 삶이다. 그게 지구며 우주다. 중국 명대의 격언집인 『증광현문(增廣賢文)』에는 '장강후랑추전랑일대신인환구인'이란 글이 있다. '장강의 뒷물은 앞 물을 밀어내고 한 시대의 새사람은 옛사람을 대신한다'라는 말이다. 장강뿐 아니라 파도를 보면 명쾌하다. 뒤 파도가 앞 파도를 밀어내고 모래톱에 와 닿으면 파도의 일생은 마감된다. 동해후파추전파일대신인환구인(東海後波推前波一代新人換舊人), 우리의 삶은 정확하게 파도의 일생과 일치한다. 참으로 신기한 우주의 법칙이다.

제6장. 탄생은 우주와 맺은 일방적 계약이다. 죽음은 그 일방의 계약을 파기하는 것이다.

의도된 탄생은 존재하지 않는다. 무조건적 탄생이다. 그런데 그것도 아주 일방적이다. 계약자의 갑과 을은 없다. 오직 갑이라는 우주만 존재한다. 탄생하는 자, '나'라는 을은 아예 안중에도 없다. 죽음 또한 을의 의사와는 무관하다. 일방적으로 우주라는 갑이 그 일방의 계약을 파기하고 데려간다. 불공평하지만 갑의 횡포를 막기엔 그 힘이 너무 크다.

제7장. 죽음은 탄생 이전으로 돌아가는 아주 자연스러운 현상이다.

늙어가는 모습은 죽어가는 모습을 미리 보는 훌륭한 증거다. 자신의 죽어가는 모습을 볼 수 있다는 것은 인간만의 능력이다. 자신이 살아 있다고 하는 것은 죽어가는 자신을 인지하지 못하기 때문이다. 큰 배가 움직이지 않는 것처럼 느껴지는 것과 같다. 그 인지하지 못하는 마음이 삶을 다양하고 풍성하게 하는 요소다. 이런 역설들이 삶의 매력이 되는 것이다. 죽어가는 모습을 관찰할 수 있다는 것은 엄청난 기쁨이다.

제8장. 자신의 존재 여부는 죽음으로써만 입증된다.

삶에 대한 집착이 무의미한 이유다. 사후에도 무엇인가 남기려고 애쓰는 것 또한 무의미하다. 죽은 자는 아무것도 모르기에 그렇다. 공연히 산 자들이 우쭐대는 용도로 사용할 확률만 높아진다. 때문에 죽음에 대한 두려움은커녕 오히려 기다려진다. 생과 사를 구분지으면 두려움이 따르기 마련이지만 낮이 밤이 되듯 죽음은 너무나 자연스러운 현상이라는 사실을 깨닫게 되면 두려움에서 벗어날 수 있다. 죽는 순간 아주 짧게 고통이 따르지만 잠시 후에는 그 고통을 인지할 수 없으므로 아무것도 아닌 것이 된다. 죽음으로써 자신의 존재 여부는 명확하게 가려진다.

제9장. 탄생은 죽음을 향한 첫 번째 단추를 꿴 것이며 죽음은 마지막 단추까지 꿴 것이다.

탄생 자체가 죽어가는 첫 번째 과정이다. 삶의 하루하루는 죽음을 향한 한 걸음 한 걸음이다. 그 발자국을 어떻게 떼냐에 따라 삶의 질은 달라진다. 한 발자국이 중요한 이유다. 그런데 인간은 미련하여 그 한 발자국이 죽음을 향해 가는 중요한 한 발자국임을 잘 인지하지 못한다는 데 문제가 있다. 마지막 단추까지 모두 꿰었을 때의 결과를 미리 상상해보는 훈련이 필요하다.

제10장. 인생은 뭔가 눈이 뜨일 때쯤 눈을 감는다.

허겁지겁 달리다 보면 어느덧 해가 뉘엿뉘엿 서산에 걸린다. 학교에서 선생님으로부터 뭔가 분명히 배웠다. 그 배움을 써먹으며 취직도 하고 사람들을 만나 잘난 체도 하고 아는 척도 하며 고래고래 소리도 지르며 산다. 그런데 잘 따져보면 그런 것은 아는 것도 아니다. 80 평생을 살며 까까머리 시절 포함하여 16년쯤 공부한 것, 평생 그것을 되새김질하며 지식인인 체 교양인인 체 교만과 거드름을 피운다. 학교에서 배우는 지식 나부랭이는 한낱 교만과 거드름을 피울 수 있는 불쏘시개 역할 정도밖에 안 된다는 점이다. 그 알량함마저도 끝까지 붙들고 늘어져 고집덩어리가 된다. 나머지 언사와 사설의 자료는 모두 귀와 눈으로 얻어 주운 것들이다. 그런 가짜에서 벗어나 '진짜는 이런 것인데'하며 눈이 뜨일 때쯤은 죽음을 코앞에 두었을 때이다. 참으로 허망하지만 우리 모두는 그 허망함 속을 헤매다 끝을 맞는다. 뭔가 알 듯 말 듯한 물음표를 줄여나가는 것이 참 앎임을 좀 일찍 알 수는 없을까.

제11장. 죽음은 미지의 세계를 개척하는 아름다운 도전이다.

죽음은 에베레스트나 극지를 탐험하는 것보다 훨씬 극적인 묘미를 안긴다. 세계의 5대 극지는 누군가에 의해 정복되었다. 미지의 죽음은 유일하게 아직 미개척지로 남아 있다. 이 미지에 대한 도전은 아마도 영원히 이어질 것이다. 도전하는 데 죽음 같은 것은 두려움의 대상이 아니다. 마지막을 죽음이라는 도전으로 마무리하라.

제12장. 죽음과 같은 외로움이 철학자 아닌 철학자를 만든다.

외로움의 결과와 두께가 철학적 사고와 인문학적 사고에 지대한 영향을 미친다. 이들은 밀가루 반죽의 물처럼 보이지는 않지만 매우 필요한 요소이다.

제13장. 빨리 죽고 싶다고 자기 최면을 걸어라. 그것이 바로 심리적 장수다.

줄이고 줄이면 엿이 되고 두부가 된다. 거품을 걷고 헛물은 버리고 줄여 알맹이만 남겨야 한다. 스스로 심리적 장수를 살아가는 방법이 된다. 빨리 죽고 싶다고 자기 최면을 걸면 쏜살같이 빨리

가던 시간은 그때부터 저단 기어로 변속하여 더디게 흘러간다. 또 기분이 좋은 것은 죽고 싶다고 하여 곧 죽는 것도 아니기 때문이다. 무드셀라처럼 살지 못할 바엔 심리적 장수를 시도해볼 수도 있다는 것이다. 또 한편 나이를 2~3년 아니면 4~5년 앞서가는 것도 하나의 방법이 된다. 잘 이용하면 든든한 하나의 심리적 방책이 된다. 모두가 마음먹기에 달려 있어 가능한 일들이다.

제14장. 죽음은 탄생 후 어떤 것으로도 대체할 수 없는 최고 최대의 피날레다.

지구에 어떤 인연과 계기로 존재하게 된 것도 대단하지만 지구를 떠나는 죽음 또한 보통 이상의 사건이다. 1세기도 채 안 되는 짧은 시간 동안 어떤 흔적을 남겨놓으면 좋을까를 늘 고민해야 하는 이유가 된다.

제15장. 죽음은 지구와 이혼하는 것이다.

탄생은 지구와의 결혼이며 죽음은 지구와 재결합 불가능한 영원의 이혼이다.

제16장. 죽음이 있어 삶이 빛나고 없음이 있어 있음이 빛난다.

못생김이 잘생김을 빛나게 하고 잘생김이 못생김을 기죽인다. 이 모든 것들은 흐린 눈과 흐린 마음이 있어 생기는 현상이기에 눈을 닦아 맑게 하고 마음을 닦아 고요하게 하면 전혀 일어나지 않는 현상들이다. 미인박명이라는 말에서 위안을 얻을 만하다. 젊어서 예쁜 사람이 나이 들어 더 추하게 늙는다는 것에서도 위안을 받을 만하다. 주변을 보면 젊은 시절에 그저 그렇던 사람들이 나이든 후에는 아주 중후한 멋을 자아내는 것은 모두 창조주의 위대한 조화다. 젊은 시절에 잘생긴 용모로 뽐내던 사람은 인생 후반기에 빛이 바래지고 그 반대인 경우는 나이 들어 빛나게 하여 보상을 주는 것은 보편성, 중립성, 평균성 측면에서 아름다운 균형의 추라고 할 수밖에 없다. 감탄사가 나오는 이유다.

제17장. 새싹은 세계를 향한 존재의 현상이다.

어린 새싹은 두꺼운 땅껍질을 뚫고 나온다. 나오면서 돌을 만나고 나무뿌리도 만난다. 장애물이 있으면 몸을 활처럼 비틀어 솟는다. 그러면서 지구에 자신의 존재를 당당히 알린다. 그리고 지구의 작은 구성요소로 존재한다. 그 구성요소는 자신을 위한 것이며 종(種)을 위한 것이며 생태계 전체를 위한 것이며 또 존재로서의 역할을 묵묵히 수행하며 한 생을 살아간다. 지구는 그것들을 일상으로 하여 존재와 사멸을 반복한다.

제18장. 세상의 삼 분의 삼이 등 돌릴 때도 세계와 세월을 탓하지 않아야 한다.

죽음 저편에 서 있으면 등 돌림은 시시한 것이 된다. 죽음 저편은 마음을 든든하게 한다. 세상의 모두가 등을 돌려도 의연하려면 죽음에 대한 두려움에서 벗어나야 한다. 그 두려움에서 벗어나는 것은 죽음에 대한 이해다. 죽음에 대한 이해가 완성되면 죽음은 두려운 대상에서 자연스러운 대상이 되는 것이다.

제19장. 아름다운 죽음을 목표로 삼아라. 그러면 아름다운 삶의 목표는 저절로 이루어진다.

아름다운 마무리는 그래서 중요하다. 웰빙도 중요하지만 우선순위에서 웰다잉이 앞서야 한다. 웰다잉에 잘 맞춰지면 웰빙은 그냥 따라온다. 어떤 죽음을 맞을 것인가는 어떤 삶을 살아야 하는지를 가르쳐주는 이정표다.

제20장. 죽음의 마지막을 염두에 두라. 그러면 어떤 것도 이룰 수 있다.

살다 보면 죽음보다 더 큰 고통이 따를 때가 있다. 죽음을 한 번씩 생각하지 않은 사람은 없을 것이다. 아무리 고통스러워도 이 세상이 낫다. 생명이 유한하기에 더욱 그렇다. 개똥밭에 굴러도 이승이 낫다는 속담은 그래서 만들어진 것이다.

제21장. 죽음을 향한 용기보다 더 큰 용기는 없다.

그 용기의 쓰임새는 언제나 자신의 몫이다. 죽을 결심, 죽음 용기를 현실에 적용해보자. 무엇을 이루지 못할 것인가. 용기에도 선택과 집중이 필요하다. 헛일에 헛힘을 쓰면 헛일이 된다. 헛일과 헛힘을 잘 구분할 줄 알아야 한다.

제22장. 탄생이 그러하듯 죽음 또한 매우 위대한 피날레다.

생명체는 언젠가는 죽음을 맞는다. 물론 불의의 사고로 죽는 경우는 예외이지만 자연스런 죽음은 위대한 피날레다. 죽음을 이해하게 되면 맹목적 두려움에서도 벗어날 수 있다.

제23장. 죽음 후에도 세상은 그대로 돌아간다.

내가 있어 돌아가는 게 아니다. 자신이 죽은 후에는 지구가 또 세계가 멈출 거라고 생각하면 안 된다. 자신은 이 세계에 아주 작은 하나의 존재였으며 지나가는 행인 1에 불과하다. 그 행인 1의 존재는 왔다 갔다는 어떤 흔적도 지구에 남지 않는다. 인위적으로 흔적을 만들어서도 안 되고 그럴 필요도 없다. 사라진 행인 1은 현재의 어떤 사실도 모른다. 모두 산 자의 욕심이 만든 잠깐의 허울일 뿐이다.

제24장. 죽음 후 묘를 만들고 비석을 세우는 것은 인간이 하는 행위 중 가장 어리석은 행위다.

그것은 남은 자들의 위선이며 과시욕의 하나일 뿐이다. 나무나 벌레처럼 그냥 놔두면 된다. 그것이 가장 자연스러운 것이다. 인간이 가식적이고 엉터리인 것은 자연을 자연스럽게 하지 않으려는 그 알량한 앎과 지혜가 있다고 착각하는 데 있다. 시간이 흐르면 자연적으로 나무나 벌레처럼 되는데 형식과 가식으로 그것을 뒤집으려 억지를 부린다. 나아가서는 그 억지와 형식이 뿔난 지구를 만드는 한 원인이 된다. 지금 지구의 심상치 않은 요동도 인간의 무모한 행위의 결과다.

제25장. 모든 인간은 나이 들면 완벽하리만큼 어린이가 되어간다.

죽음 또한 태어나기 직전의 상태로 돌아가는 것이다. 나이 들수록 아기 때의 모습과 말, 행동, 관습이 비슷해지는 것도 그 탄생 이전으로 한 발짝씩의 접근이다. 죽음은 탄생 전으로의 완벽한 회귀다. 노래방에서 처음엔 신나고 빠른 최근 곡들을 불러댄다. 그러다 어느 정도 시간이 흐르면 옛날 노래로 돌아간다. 이 모두가 바닥이 드러날 때쯤이면 초등학교에서 부르던 동요가 튀어나온다. 그다음은 옹알이 같은 것으로 끝을 맺는다. 이 노래가 나온다는 것은 노래방에서 노래가 끝날 때이며 집으로 돌아갈 때인 것이다. 삶도 비슷한 과정을 밟는다.

제26장. 당신이 죽었을 때 당신의 죽음을 애석해하며 조사를 읽을 수 있는 친구가 과연 몇 명이나 되나?

그 숫자가 당신의 진정한 친구의 숫자다. 그리고 당신이 어떤 삶을 살았는지를 가늠한다.

제27장. 죽음도 석양도 마지막 불꽃은 늘 찬란하다.

우주에 대한 마지막 항거다. 비록 마지막 숨이요 보잘것없는 쓰레기 잔영이지만 애잔한 본능의 마지막 모습이다. 죽음도 석양도 마지막 단 한 번의 몸부림을 여지없이 보여주고 사라진다. 그것은 이별의 불꽃이며 추억의 잔영으로 존재한다.

제28장. 죽음은 탄생 이전으로의 회귀며 최고 최대의 축제다.

연어가 모천으로 돌아와 알을 낳고 자신의 몸을 갈아 아낌없이 살라버리듯 인간 또한 돌아온 곳으로 돌아가는 것이다. 본향으로 돌아간다는 것은 큰 기쁨이요 축제다. 어머니 자궁을 본떠 만든 오키나와의 묘가 그 작은 예다.

제29장. 죽음은 영원의 동반자다.

죽음은 영원으로 가는 유일무이한 동반자다.

제30장. 삶은 존재의 존재다.

살아 있음은 있음에 대한 가장 확실한 증거인 셈이다. 존재에 대한 존재를 존재케 하는 것은 바로 살아 있음이기 때문이다.

제31장. 죽음은 안락으로 향하는 순간적 고통의 통과의례다.

죽음 후엔 고통, 불행이 없다. 죽는 순간의 짧은 고통은 고통이 없는 곳으로 가는 하나의 절차일 뿐이다. 고통의 순간을 두려워할 필요가 없는 것은 워낙 짧은 순간에 일어나는 일이기도 하지만 잠시 후에 올 긴 평화가 주는 위로 때문이다.

제32장. 늙음은 죽음을 하나씩 인지하는 것, 궁금증을 해소하는 것, 그래서 마음을 평온하게 하는 것이다.

늙음만큼 죽음을 하나씩 알 수 있는 것은 없다. 그래서 궁금증도 하나씩 풀리고 두려움도 서서히 줄어간다. 생자필멸이며 화무십일홍이요 달도 차면 기운다는 것을 자신에게 적용시키면 간단명료하다.

제33장. 삶과 죽음의 경계는 허술하기 짝이 없다.

그래서 모두들 쉽게 넘는다. 철조망도 있고 지뢰밭도 있어야 넘지 못하는 사람도 있을 게 아닌가. 누군가 이 허술한 경계를 부수고 넘지 못할 불가능의 담을 쌓을 자는 영원히 없는가.

제34장. 죽음은 두려움의 대상이 아니라 다만 궁금함의 대상일 뿐이다.

죽음 이후는 어느 누구도 알지도 못하고 알 수도 없는 미지의 세계다. 낯선 곳을 여행하는 여행자 입장이다. 두려움이 전혀 없을 수는 없지만 궁금함보다는 그 크기가 작다.

제35장. 죽음은 아름다운 휴식이다.

죽음은 모든 고통과 불행을 일순 위대하게 해결한다. 탄생은 어느 별에선가 없음에서 있음으로 현재화되었다. 죽음 또한 있음에서 없음으로의 사멸화다. 그럼으로써 모든 삶의 모습에서의 안녕이다. 따라서 아름다운 정지 상태로 돌아간다. 모든 영욕, 모든 고통, 불행을 한순간에 위대하게 해결한다. 이 얼마나 멋진 장치인가.

제36장. 탄생과 삶과 죽음은 한 묶음이다.

삶은 신비의 천지다. 무에서 유로 창조되는 과정 또한 미스터리다. 그 이후 지구에서 이 세계의 모두와 잠깐 조우한 후 다시 무로 돌아간다. 그 또한 미스터리다. 그렇다면 어디서 와 어디로 간단 말인가. 탄생과 삶과 죽음은 미스터리라는 하나의 단어로 묶을 수 있다. 아무도 알 수 없는 무지(無知)와 무(無)만 존재한다. 안다고 하는 것은 모른다는 것의 작은 점도 되지 않는다.

제37장. 고요는 고요를 낳고 고요의 끝은 곧 죽음이다.

작은 고요는 큰 고요를 낳고 고요의 팽창은 우주로 확대된다.

고요는 고요를 낳고 소음은 소음을 확대재생산한다. 한 사람의 침묵이 또 다른 침묵의 씨앗이 되고 한 사람의 소음은 또 다른 소음으로 이어진다. 소음은 전염이다. 고요의 끝은 죽음이라는 궁극에 이른다. 그 궁극은 결국 우주라는 곳으로 팽창되어 소멸된다. 그 소멸은 영원히 붙잡을 수 없는 소멸이다.

제38장. 새싹은 무심의 공간을 심심찮게 채우는 아름다운 보석이다.

의도되었든 그렇지 않든 새싹은 자신의 존재를 드러내도록 지음받았다. 공간이 전혀 없을 것 같지만 생과 사를 자연스럽게 반복하면서 공간을 확보한다. 만에 하나 그 공간이 빈 공간으로 존재한다면 지구는 형편없이 삭막할 것이다. 그러나 새싹은 그 공간을 아름답게 보석으로 채운다. 참으로 신비하고 기특한 자연의 질서다.

제39장. 사후 존재를 이야기하는 것은 살아 있는 자들의 잠깐의 위안이다.

나는 무엇인가. 나의 시작은 어디인가. 아버지인가, 어머니인가. 정자인가, 난자인가. 그 아버지의 아버지는 누구인가. 그 제일 끝, 있음과 없음의 경계는 어디며 무엇인가. 나의 끝은 정자의 끝인가. 숨의 멈춤인가. 숨의 멈춤 후는 어찌 되는가. 그것은 이미 숨을 멈춘 사람이 답이다. 사후가 있음을 아는 사람은 단 한 사람도 없다. 그렇다면 그 없음을 아는 것, 말하자면 있음을 아는 것이 없기에 사후는 존재하지 않는다고 단정지을 수 있다. 사후세계가 없음은 이미 죽은 자가 가장 확실한 답이다.

제40장. 죽음만이 삶을 빛나게 한다.

어떤 한 사람의 공과는 죽음 후에만 드러난다. 살아 있을 때의 공과는 진실과 거리가 있기 마련이다.

제41장. 인간의 생로병사 과정은 아기가 어머니 자궁 밖으로 나와 성장하는 과정의 완벽한 역순이다.

인간은 태어나면서부터 죽음을 향해 나아간다. 진행은 아주 더디게 나타난다. 젊은 시절엔 감지할 수 없을 만큼 느리고 조금씩 나타나다가 나이 들면 탄생 이전의 상태로 나아가는 속도가 붙는다. 그 모습과 행동이 완벽하리만큼 같아지는 시기가 탄생 직후의 아기 모습을 띠다가 탄생 이전의 모습으로 완벽하게 돌아가는 것이 곧 죽음이다. 그래서 장수촌 오키나와의 무덤은 난 곳으로 간다 하여 어머니 자궁 모습을 하고 있다.

제42장. 늙어가는 모습은 죽어가는 모습을 미리 보는 훌륭한 증거다.

나이 듦은 지혜를 얻는 기쁨을 누린다. 젊은 시절 전혀 눈치 채지 못한 것들을 알게 되면 마음의 평안함을 얻는다. 죽음을 모른 채 죽음을 맞는 것과 죽음을 알고 죽음을 맞는 것은 많은 차이가 있다. 죽음을 두려워하는 것은 결국 죽음을 몰라서다. 그러나 알게 모르게 기계부품의 성능이 떨어지고 낡고 허물어지는 모습을 보고 있으면 죽음으로 한 발짝씩 다가가고 있음을 인지한다. 그건 확실한 증거다. 모든 생명체가 똑같은 과정을 밟는다는 생각에 이르면 마음이 편하다. 물 흐르듯 순리에 따르면 된다는 것을 알게 된다.

제43장. 탄생이 먼 과거로부터 왔듯 죽음 또한 그 먼 과거로 회귀하는 것, 그 이상도 이하도 아니다.

탄생이라는 있음 전엔 우리 모두는 없음의 상태다. 그 원류를 캘수 없는 불가능의 영역으로부터 어렴풋하게 있음에 대한 짐작만 하고 있을 뿐이다. 죽음 이후엔 그 먼 과거의 없음의 상태로 돌아가는 것이다. 그 이상도 이하도 아님을 안다는 것 외에는 아는 것이라고는 없다.

제44장. 죽음은 긴 여행이다. 다만 삶에서의 여행과 그 내용이 다를 뿐이다.

여행은 떠난 곳으로 돌아온다는 역설이 존재한다. 그러나 죽음이라는 여행은 이 역설이 통하지 않는 유일무이한 여행이다. 이 생에서의 여행은 길어 봤자 100년 정도지만 죽음 이후엔 영원한 여행길이 된다. 굳이 차이를 말한다면 어떤 여행을 하고 있는지 서로 모른다는 점이다.

제45장. 모든 죽음은 모든 생명과 영원히 마감한다.

죽음은 가족, 친구, 식물, 동물, 태양, 별 같은 모든 삼라만상과의 영원한 이별이며 제사, 탈상, 49재, 삼우제 같은 죽음 후에 치르는 모든 제도나 관습 같은 행위도 어떤 유의미도 없다.

제46장. 삶과 죽음의 경계는 호흡이다.

날카로운 호흡은 끊어질 듯 이어지나 느리고 가는 호흡은 끊어짐만 있지 이어지지는 못한다. 죽음의 호흡은 언제나 느리고 가늘다.

4부
여자, 사랑

61장, 10절 수록

제1장. 사랑은 언제나 고독을 향해 가는 즐거운 괴로움이다.

사랑은 괴롭다, 즐겁다, 행복하다, 고독하다와 같은 말과 잘 어울린다. 얼핏 행복과 기쁨만 존재할 것 같지만 사랑은 그렇지 않다. 괴로움과 즐거움이 조화롭게 잘 엮여진 사랑은 아름다운 사랑이 되지만 그렇지 않은 경우엔 비극으로 마감하는 경우도 비일비재하다. 사랑은 일종의 기술이다. 적절한 밀당과 전진·후퇴가 잘 수놓아져야 한다. 그러면 아름다운 양탄자가 짜여지지만 그 반대면 올이 성긴 피륙이 만들어진다. 올이 성긴 피륙은 쉽게 찢어지고 쉬해진다. 일방적인 전진이나 후퇴만 있으면 그건 곧 함락을 의미한다. 탄생이 죽음을 향해 가는 첫 걸음마이듯 사랑은 고독으로 가는 길목에 막 들어선 것이다. 사랑의 끝은 언제나 고독이다. 웰다잉이 웰빙을 이끌듯 좋은 고독 훈련은 아름다운 사랑을 만드는 훌륭한 가치가 된다. 사랑 중의 으뜸은 우주에 대한 사랑이다. 그다음은 손자 사랑, 그다음은 자식 사랑, 그다음은 친구 사랑, 맨 마지막이 이성 간의 사랑이다. 우선순위 마지막이 늘 말썽이다.

제2장. 완전한 사랑은 두려움을 쫓아낸다.

완전한 사랑은 승리의 월계관이다. 두려움에서 벗어나지 못하면 월계관에서도 벗어나게 된다. 모든 공부와 모든 출세와 모든 성공은 완전한 사랑을 꿈꾸며 나아가는 절차며 과정이다.

제3장. 사랑은 식은 재를 향해 가는 활활 타오르는 불꽃이다.

사랑은 언제나 불이다. 큰 불이 되기도 하고 작은 불이 되기도 하지만 주로 작은 불이다. 그 불은 잘 꺼지고 잘 붙는다. 불이 꺼지면 싸늘한 재만 남는다. 사랑의 기술은 불을 꺼트리지 않는 것이다. 혹 꺼지더라도 재를 휘저어 불씨를 찾아내야 한다.

제4장. 아내가 강하면 남편이 위축되어 밖에서 큰일을 못하며 아내가 온유하면 남편은 밖에서 기개를 떨친다.

아내가 목소리가 크고 억세면 남편은 주눅이 들어 늘 기가 죽어 있다. 얼굴엔 생기가 없고 밖에서 큰일을 할 힘이 사라진다. 아내가 부드럽고 사근사근해야 하는 이유다. 남편의 힘으로 얻어진 열매는 자신이 취하는데도 그걸 모르는 우매함을 지니고 있다. 그런 여자는 팔자타령을 많이 한다. 팔자라는 어휘는 그런 여자를 위하여 탄생하였다. 팔자나 운은 없다. 모두 자신이 만들고 부순다.

제5장. 이 세상 여자는 두 종류다. 한 종류는 죽음보다 더 쓴 여자이고 또 한 종류는 아이스크림보다 더 달콤한 여자다.

이 두 종류 외엔 더 이상 없다. 만약에 있다면 그것은 본질을 한참 벗어난 것이다. 모든 것에서의 원활함은 본질 안에 있을 때이다.

제6장. 여자의 눈물은 가슴속에 마음의 방을 하나 더 만드는 것이다.

여자의 눈물은 단순하지 않다. 여자의 눈물은 매우 다의적이며 다중적이다. 그중 하나는 상황에 따라 마음의 집을 자유자재로 지을 수 있는 건축가라는 점이다.

제7장. 사랑은 창조의 에너지원이다.

자신의 가치를 고양시키는 에너지원으로 사랑만 한 것은 없다. 사랑은 생명 자체의 에너지원이다. 사랑은 생명의 있음과 없음에 직접적 관여를 한다. 사랑 에너지는 우주를 드는 힘을 가진다. 잘 못 사용하면 그 엄청난 무게에 압사당하지만 잘 활용하면 활화산처럼 분출하여 세상에 그 위용을 드러낸다. 사랑은 활화산의 용암 덩어리다.

제8장. 여성의 허리에서 엉덩이로 올라가는 가파른 선은 절대선(絶對線)이다.

어떤 선도 절대선에는 미치지 못한다.

제9장. 아내 사랑은 가장 확실한 노후 펀드다.

비익조(比翼鳥)가 있다. 암컷과 수컷이 각각 눈과 날개가 하나씩이어서 짝을 짓지 않으면 날지 못한다는 상상의 새를 일컬음이다. 자동차 앞 타이어가 서로 공기압이 다르다면 똑바로 나아가기 어렵다. 가정이라는 차도 아내와 남편이 건강하게 존재하여야 잘 굴러갈 수 있다. 특히 노년엔 아내만큼 확실한 펀드는 찾기 어렵다. 어떤 펀드도 아내라는 펀드만큼의 수익률을 낼 수 없다. 배우자 특히 아내의 부재는 한쪽 날개가 없는 새며 비행기다.

제10장. 악처의 남편은 강하게 되지만 그 힘은 지속적인 힘이 아니며 유순한 처의 남편은 약한 듯하나 그 힘이 오래 지속된다.

악처의 남편은 강하게 되지만 일시적 강함이며 좋은 강함이 아닐 가능성이 훨씬 많다. 그러나 유순한 처의 남편은 좋은 강함이

은근하면서도 끈질기게 나타나 선순환을 이룬다.

제11장. 여성의 매력은 스스로 당기는 게 아니라 자체 발산에 있다.

여성은 꽃과 같아 그 아름다움과 매력의 발산은 여성 그 자체이지 매력을 위한 것은 아니다. 매력은 아름다움이라는 자체 발산의 뒤에 따라오는 부산물이다.

제12장. 우주에서 가장 아름다운 피조물은 여자다.

우주와 이 세계의 삼라만상은 헤아릴 수조차 없는 많은 피조물로 구성되어 있다. 그 속에서 아름다움의 으뜸은 여자다.

제13장. 미인은 눈썹 하나만 내놓아도 마치 자루 속 송곳처럼 드러난다.

낭중지추(囊中之錐)는 그냥 나온 얘기가 아니다. 미인은 다 가려도 다 보인다. 미인의 본성은 단 한 곳이라도 보이고 싶어 한다. 그곳을 보지 못하는 사람을 안타까워한다.

제14장. 여자에겐 추녀가 없다. 설령 있다 할지라도 예쁜 꽃보다 더 예쁜 존재다.

여자란 창조주가 만든 가장 아름다운 피조물이다. 나머지 모든 피조물은 여자가 얼마나 아름다운 존재인지 비교할 수 있도록 만들어놓은 소품일 뿐이다.

제15장. 사랑은 인간에게 있어 삶의 근원이다.

이 본질을 제외하면 나머지는 모두 껍질이며 다른 문제만 야기한다. 이 본질은 자아를 극대화시키고 세계를 움직이는 힘을 지닌다. 이 힘의 극대화를 위해 모든 공부, 노동, 수고가 존재한다. 나머지는 사랑의 본질을 위한 한낱 덧대기에 불과하다. 힘의 극대화가 이루어지지 않는다면 사랑의 본질 밖에서 맴도는 것이다. 본질 안으로 들어와야 가늠할 수 없는 힘이 솟는다.

제16장. 여자의 몸과 생각은 약하고 부드럽다. 여자가 강한 것은 바로 그 약(弱)함과 부드러움(柔) 때문이다.

노자의 스승 상용(商用)은 죽음을 앞두고 노자를 불렀다. 노자에게 물었다. '내 입안에 무엇이 보이느냐.' '혀가 보입니다.' '이는 보이지 않느냐.' '예, 보이지 않습니다.' '바로 그렇다. 이 세상에 강한 것은 모두 사라지고 부드럽고 약한 것만 존재한다'며 '유약승강강'의 지혜를 알려주고 눈을 감았다. 여자가 그렇지 않은 경우는 여자의 본질에서 벗어나는 경우이다.

제17장. 사랑은 인간의 삶을 빛나게도 하고 머드축제 참가자처럼 진흙을 뒤집어쓰게도 한다.

어떤 길이든 절제의 문제다. 사랑은 본능이며 아름다운 것이다. 본능의 제어가 제대로 작동하지 않으면 추해진다. 그 경계선은 늘 애매하다. 그러기에 사랑 문제는 동서고금을 막론하고 이슈가 된다. 자기의 주관이 주로 개입하지만 객관도 믿음이 떨어지는 것 또한 어찌해볼 수 없는 본능의 영역이어서 그렇다.

제18장. 여체의 부드러움은 하늘이 내린 지방과 에스트로겐 호르몬의 절묘한 비율 때문이다.

여체는 남성과 달리 출산이라는 숙명을 띠고 있다. 그 임무를 수행하려면 당연히 부드러워야 하고 신축성과 탄력성이 있어야 한다. 창조주는 그 임무를 위해 지방과 에스트로겐을 절묘한 비율로 배합해놓았다. 그 비율의 미세한 차이만으로도 출산을 불가능하게 한다. 에스트로겐 호르몬이 줄어드는 시기에 임신과 출산이 어려운 것은 그런 이유 때문이다. 이 얼마나 위대한가.

제19장. 아내가 지혜로우면 남편이 화를 적게 내고 아내가 부드러우면 남편을 큰 인물로 만든다.

선한 아내, 지혜로운 아내가 남편을 선하고 크게 키운다. 강하고 무지한 아내는 남편을 무기력하게 만들며 무능으로 인도한다. 그 무능에 대한 열매도 아내의 몫이다.

제20장. 악처는 자기의 부족분을 감추려고 하지만 양처는 자기 부족분을 드러내려 한다.

악처는 천성적으로 옹졸하며 간교하다. 악처는 임기응변과 잔머리에 능하며 자신의 과오나 실수를 인정하지 않는다. 때문에 자신의 약점이나 부족분을 절대로 외부에 나타내지 않으려 한다. 악처는 자신의 취약한 부분에 대해서는 철저히 드러나지 않게 온갖 수단을 동원하여 호도하며 감춘다. 반면에 양처는 천성적으로 마음이 온유하고 부드러워 아량이 넓고 자신의 약점과 부족분을 당당하게 드러내 용서를 구하고 미래의 발전을 위해 노력한다.

제21장. 악처는 교활한 마음을 갖고 있어 잔머리가 빠르며 그것을 유능으로 포장한다.

악처는 선천적으로 교활하며 간사하다. 잔머리 굴리는 것을 좋아하며 그것을 유능이라고 스스로 평가하기 때문에 계속적으로 반복한다.

제22장. 여자란 외줄타기 하는 어름사니광대다.

그것을 가능케 하는 것은 밑에서 흥에 겨워 바라보는 여러 개의 눈이다. 여자란 절벽 위에 핀 연분홍 진달래꽃이다. 다가가서 보아도 아름답지만 멀리서 바라보아도 아름답다. 저 공중의 흔들거리는 외줄 위에서 낭창낭창 뛰며 걸으며 묘기 부리는 어름사니다. 눈을 뗄 수도 안 뗄 수도 없는 그런 존재다.

제23장. 부부싸움은 부싯돌이다.

어떻게 부딪치느냐에 따라 밥을 짓기도 하고 집을 태우기도 한다. 이마저 없다면 화로의 식은 재다. 식은 재에선 재점화가 이루어지지 않는다.

제24장. 동성이든 이성이든 가장 훌륭한 사랑의 대상은 일심(一心)을 가진 성품이다.

인간이기에 때로는 변심(變心)도 존재하지만 복원력 강한 변심은 문제되지 않는다.

제25장. 사랑은 사랑을 향해 달리는 폭주기관차다.

모든 말과 행동은 폭주기관차의 사랑의 연료다. 사랑은 원래 그렇게 태어나고 그렇게 죽는다. 다른 이치를 들이대면 그것은 모순이고 궤변이다.

제26장. 사랑은 다양한 종류의 기름이다.

기름을 넣는 기계에 따라 가치는 달라진다. 그 가치는 각자의 몫이다. 사랑에 울고 웃는 것은 바로 가치의 빗나감 때문이다. 그 가치는 각자의 의식 속에 들어 있다.

제27장. 사랑은 가장 위대한 창조 기능이다.

창조는 결국 창조다. 사랑은 모든 창조의 에너지며 원동력이다.

제28장. 사랑은 공간 크기와 반비례한다.

공간이 넓으면 사랑의 밀도는 엷어지기 마련이다. 물리적 공간과 심리적 공간 모두 해당된다. 작은 차엔 올망졸망 다섯 명이 타고 있고 큰 차엔 무채색 표정의 남녀 두 명이 타고 있다. 큰 집엔 횅뎅그렇하게 두 명이 살고 있고 작은 집엔 복작복작 8명이 살고 있다. 어떤 공간이 사랑 공간인가.

제29장. 사랑은 머리에 인 물동이다.

빨리 걸으면 물이 쏟아져 자신의 옷을 적신다. 살살 속도를 조절하며 물이 쏟아지지 않도록 정성을 다하는 게 사랑의 요체다.

제30장. 인간의 사랑, 평화, 전쟁 등 모든 존재와 현상은 여자에게서

그 근원을 찾아야 한다.

인간의 사랑, 행복, 평화, 전쟁, 살인 등의 행위는 예외가 없을 만큼 그 뿌리가 여자다. 그만큼 여자는 위대한 존재다.

제31장. 사랑은 서로의 마음을 뺏기 위하여 평생 벌이는 줄다리기다.

빼앗은 자는 힘이 빠지게 되어 있고 빼앗긴 자는 힘을 비축하여 다시 빼앗는다. 사랑은 평생 이길 수도 질 수도 없는 승부 없는 줄다리기 게임이다.

제32장. 사랑은 보이지 않는 질긴 끈이다.

사랑은 생명 끈, 인연 끈, 자신감 끈, 건강 끈, 자존감 끈, 연결 끈, 자살 끈, 죽음 끈과 두루 관련된다. 보이는 끈은 칼이나 가위로 얼마든지 자를 수 있지만 사랑처럼 보이지 않는 끈은 아무리 예리한 칼이 있어도 자를 수 없다. 보이지 않는 사랑의 끈을 자를 수 있는 것은 오직 의지라는 칼이다.

제33장. 사랑은 천사의 길과 악마의 길을 오가는 줄타기 게임이다.

사랑은 늘 그렇다. 어떤 길을 가는가, 어떤 줄을 타는가에 따라 천당과 지옥을 오간다. 그 줄타기 게임은 평생 승부가 나지 않는다. 설령 승부가 난 것처럼 보이는 한쪽의 굴복은 승부에 의한 결과가 아니라 어떤 한쪽의 패망을 뜻한다.

제34장. 여자는 천국과 지옥을 가늠해주는 지구의 요령(搖鈴)이다.

여자는 죽어도 해부되지 않는다. 물리적 해부는 있을 수 있어도 영혼 해부는 불가능이다. 그처럼 여자는 신묘막측하다. 신비에 싸인 은하계의 무량대수 별 같은 존재, 영원히 알 수도 없고 알아서도 안 되는 영구미제 대상이다.

제35장. 아내가 양처면 남자의 실천력, 행동력, 즉시적 언어가 증가하고 아내가 악처면 남자는 깊은 사상, 침잠, 인간의 탄생과 죽음 같은 철학적 사고가 발달한다.

말하자면 고뇌의 산물이다. 일반적인 학문과 철학적 학문의 상태를 떠올리면 금방 이해할 수 있다.

제36장. 모든 철학과 사상은 악처의 남편이 이끈다.

양처의 남편은 얕은 물을 건너는 것과 흡사하며 악처 남편의 뒤를 따른다. 행복, 건강, 평온, 양처, 기쁨이 있는 곳엔 철학이 움트기 쉽지 않다. 철학은 고통, 슬픔, 악처, 가난, 외로움, 질병 같은 환경에서 주로 뿌리를 내린다. 쉽지 않은 것은 자연발생적 이어야지 인위적으로는 어렵다는 점이다.

제37장. 아름다움과 향기는 여자에 한한다.

세계에 존재하는 모든 것 중에서 여자는 그 아름다움과 향기에서 으뜸이다. 꽃에도 아름다움과 향기가 있다. 그러나 그 아름다움과 향기는 여자를 따를 수도 없고 비교해서도 안 된다.

제38장. 사랑은 참사랑으로 채워지지 않는 한 언제나 목마르다.

참사랑, 플라토닉 사랑은 아무리 퍼내도 마르지 않는 깊은 산골

옹달샘이다. 에로스 사랑은 아직 고이지 않은 샘에 마지막 한 바가지의 물이 필요한 갈급의 상태다. 참사랑이어야 그 갈급의 상태를 벗어난다.

제39장. 남자의 바람은 용서가 최고의 치유책이다.

용서를 해도 안 되면 다시 한 번 용서를 하는 것이다. 그래도 안 되면 그땐 버리는 게 최고의 방책이다. 미련을 가지고 지속하다간 두 사람 모두 치명상을 입는다. 바람피우지 않은 쪽에서 상처는 감수해야 하고 그다음으로 베푸는 아량이 최고의 치유책이다. 유리한 고지에 있다고 상대방 자존심은 생각 않고 일방적으로 밀어붙이고 아픈 곳을 파내고 찌르면 상처는 더 커질 뿐 해결책은 아니다. 바람피운 쪽은 자신이 무슨 잘못을 했는지 알고 있기에 상대의 너그러움이 도덕적 흠결을 가진 그 사람을 더욱 괴롭혀 개과천선의 기회가 더 많이 주어진다.

제40장. 인생은 결국 사랑의 싸움이다.

인생은 아름다운 사랑을 추구하는 싸움의 결전장이다. 우리가 잘 인지하지 못하는 것은 그것을 표면에 드러내고 싶어 하지 않는 인간들의 이중적 심리 때문이다.

제41장. 여자의 향기는 언제나 라일락을 뛰어넘는다.

라일락이 제아무리 뛰어난 향을 가지고 있다 하더라도 여자의 향취를 따를 수 없다.

제42장. 부부 사이의 침묵은 전쟁보다 큰 두려움이다.

부부 사이의 침묵, 즉 냉전은 포탄이 비 오듯 쏟아지는 전쟁보다 더 무섭다.

제43장. 사랑은 선락(先樂) 후애(後哀)다.

사랑의 출발은 언제나 즐거움이다. 사랑은 필연적으로 비애를 잉태하고 있다. 그래서 사랑이 귀하고 아름답다.

제44장. 물이 마르면 사랑도 마른다.

사랑이란 결과적으로 물이다. 물은 곧 생명이다. 사랑하면 모든 것이 열린다. 이것이 사랑의 으뜸 원칙이다. 사랑이라는 것을 쪼개고 쪼개면 물이라는 결론이 도출된다. 물의 유무가 사랑의 유무와 직결되기 때문이다.

제45장. 가장 이상적인 사랑은 호저의 지혜를 닮은 사랑이다.

너무 가까이 가면 가시에 찔리고 너무 멀어지면 추워서 죽는다. 그 멀지도 가깝지도 않은 절묘한 거리를 지혜롭게 유지하는 것이다.

제46장. 이 세상 모든 어머니는 눈물이라는 재료로 빚어진 숨 쉬는 조각품이다.

모든 어머니는 눈물 연기의 대가다. 울다 웃는 건 일도 아니다. 웃다 우는 것 또한 일도 아니다. 그것은 고장난 눈물 문(門) 때문이기도 하지만 눈물이라는 재료로 만들어졌기 때문이다. 신은 애당초 모든 어머니에게 고장난 문짝을 달아주었다. 그런데 그 고장난 문짝이 지상에서 가장 아름다운 문짝이다.

제47장. 가장 아름다운 사랑 노래는 처참하게 부서진 가슴에서 나온다.

사랑의 본질 자체가 가슴을 찢고, 또 찢어진 가슴을 치유하는 것이어서 그렇다.

제48장. 하나의 가정은 하나의 여자가 그 모두다.

어떤 여자가 어떤 가정에 어떻게 작용하느냐에 따라 한 집안의 영광과 패망, 성공과 쇠락이 달려 있다.

제49장. 여자는 향기라는 재료로 만들어졌다.

향기는 비에 젖지 않는다. 바람이 불면 불수록 더 멀리 퍼진다. 여자는 향기 그 자체다. 여자는 얼핏 물리적 존재 같지만 화학적 존재다. 향기라는 보이지 않는 물질로 만들어졌다. 샤넬No.5는 세상에서 가장 아름다운 꽃향기 72가지를 섞어 만들었다. 제아무리 그래도 여자의 향기를 따를 수 없다. 그래서 분석이 불가하다. 심리학자, 철학자가 어떤 변설을 늘어놓아도 그건 궤변일 뿐이다. 이 세상 여자만큼 무궁무진한 궁금증 뭉치는 없다.

제50장. 사랑은 사랑을 위해 태어나고 사랑을 위해 기꺼이 죽는다.

사랑의 속성이며 원래 그런 위대함을 품고 있다.

제51장. 사랑은 밀물과 썰물이다.

사랑은 언제나 바다처럼 깡충깡충 뛰며 점프하며 출렁대지 않는다. 밀물일 땐 한없이 충만하고 넘쳐 약점과 단점이 묻히지만 썰물일 땐 언제 그랬느냐는 듯 싸늘하게 토라져 떠나간다. 그 땐 물 빠진 개펄처럼 사랑의 온갖 추한 파편들이 여지없이 드러난다. 그러다 다시 밀물이 되고 썰물이 되기를 반복한다. 서로 좋은 감정을 가질 때는 밀물이 되고 나쁠 때는 썰물이 된다. 그것은 사랑 법칙이며 인생은 그것의 반복이다.

제52장. 미인은 마스크 쓴 미인과 벗은 미인 두 종류다.

마스크는 가면이다. 마스크는 송곳을 자루 속에 잠깐 넣어두는 기능을 한다. 그러나 자루 속의 송곳은 이내 드러난다. 아무리 마스크로 가려도 미인은 눈썹 하나만 봐도 안다. 마스크로 가려진 입, 치아, 코 부분이 못생기면 미인이 될 수 없다. 마스크는 그 부분을 완벽히 가려준다. 코로나19의 아주 작은 긍정적 측면이다.

제53장. 남녀 간의 언쟁에서 승리자는 99%가 여자다. 그 99%의 여자는 남자의 보이지 않는 손이다.

남녀 간의 다툼에서 남자가 이기려고 하는 것은 부질없는 짓이다. 그러나 그 부질없는 짓을 하는 남자가 세상의 리더다. 그 리더의 뒤에는 아내의 보이지 않는 손이 있다.

제54장. 남자에 대한 여자의 승리는 본성이지 힘에 의해서가 아니다.

본성은 완력을 제압한다. 완력으로 본성을 제압하는 것은 가장 저급한 승리로, 제대로 된 승리가 아니다. 승패를 따지는 것 자체가 무의미하다. 남자는 그 한참 위에 존재해야 한다. 그래야 세상의 승리자가 될 수 있다.

제55장. 사랑, 그것은 씨가 든 잘 익은 곶감이다.

달지만 늘 조심해서 씹어야 한다. 단맛이나 허기를 느끼면 자기도 몰래 속도를 내게 된다. 또 잘못하여 씨를 씹으면 치아가 망가질 수 있다. 살얼음 위를 걷듯 늘 조심하고 또 조심해야 되는 이유다.

제56장. 날선 지성미는 함께 늙어가는 여심을 흔들기에 좋은 재료다.

날선 지성미는 그냥 나오지도 않고 얻어지지도 않는다. 오직 공부와 자기 노력으로 얻어진다. 자기를 발전시키는 노력은 특히 나이 들어서 빛을 발한다. 그러나 현실에서는 노인은 공부할 필요가 없다는 둥 건망증이 심해 공부가 되지 않는다는 둥 핑계를 댄다. 전문가들은 뇌는 사용하면 할수록 뇌세포가 위축되지 않고 젊은이처럼 살아 움직인다고 한다. 용불용설론은 나이가 들면 더욱 탄력을 받는다.

제57장. 사랑은 늙지 않는다.

사랑은 불로초다. 사랑은 언제나 젊고 싱싱하며 푸르다. 젊은이의 사랑이건 늙은이의 사랑이건 사랑만큼 평등한 건 없다. 사랑엔 주름이나 검버섯이 생기지 않는다. 심박동은 빠르며 힘차다. 사랑하며 사는 사람들의 혈색이 좋고 활력이 넘치며 얼굴이 고운 것은 빠른 심박동 때문이다.

제58장. 서로 사랑하되 서로의 족쇄가 되는 사랑은 안 된다.

사랑은 자유가 전제되지 않으면 참사랑으로 나아갈 수 없다. 사랑이 인위적이거나 조건이 붙으면 참사랑이 될 수 없다. 사랑에는 경계가 없는 너른 공간이 필요하다. 그래서 참사랑은 편안하고 행복한 것이다. 물질이 풍요롭고 환경이 좋아도 편안함과 행복이 없다면 그것은 참사랑이 아니다. 참사랑은 따뜻한 마음이 만들지 물질이 만들지 않는다. 사랑을 하면 간섭과 독점적 소유욕이 생기지만 그것을 뛰어넘는 격조 있고 고급스런 정신이 따라야 한다.

제59장. 여자는 아름다운 보랏빛 꽃과 향을 지닌 청초한 붓꽃이다.

제59장 1절. 소녀는 한 가닥 늘어진 이슬 머금은 청초한 붓꽃 줄기다.

제59장 2절. 20대 여자는 붓꽃의 제일 가장자리의 여리고 작은 붓꽃 줄기다.

제59장 3절. 30대 여자는 립스틱 같은 붓꽃 꽃망울이다.

제59장 4절. 40대 여자는 막 피어난 붓꽃의 보랏빛 꽃이다.

제59장 5절. 50대 여자는 활짝 핀 붓꽃의 보랏빛 꽃이다.

제59장 6절. 60대 여자는 보랏빛 꽃피운 자리에 세운 연둣빛 씨앗 대다.

제59장 7절. 70대 여자는 붓꽃 씨앗을 품은 엷은 연둣빛 씨앗 대다.

제59장 8절. 80대 여자는 붓꽃 씨앗 대에 담긴 동글동글한 감색 씨앗이다.

제59장 9절. 90대 여자는 대지에 흩뿌리는 동글동글한 흑감색 붓꽃 씨앗이다.

제59장 10절. 100세 여자는 대지에 만물과 섞여 함께 자라는 싱그러운 진초록 붓꽃이다.

모든 꽃은 시들고 초라한 시기를 맞는다. 모두 저승꽃이 피고 하염없이 애잔하고 눈물겹다. 그러나 붓꽃은 예외다. 붓꽃은 화려하지 않다. 검소하고 청초하다. 그러면서 은은한 매력을 뿜어낸다. 함부로 범접할 수 없는 정절의 콧대를 느낀다. 붓꽃 씨앗 대는 여느 씨앗처럼 내보이지 않는다. 그러다 검은 씨방을 열어 대지에 흩뿌린다. 마지막 꽃이 지고 씨앗을 맺을 때까지 초라하거나 처량하지 않다. 끝까지 검은 씨앗 대를 곧추세우고 고고하다. 내가 붓꽃을 한없이 사랑하는 이유다. 마지막까지 청청함을 유지하고 맞이하는 것은 붓꽃이 유일하다. 아름다운 마무리를 본받고 싶다.

제60장. 여자는 숨 쉬는 빛이다. 늘 눈부심으로 정신을 혼미케 한다.

여자는 아름다운 빛이다. 늘 눈부시다. 언제 어디서 어떻게 보아도 그 찬란한 빛에 매료된다. 정신을 쏙 빼놓는다. 정신을 혼미케 하고 아득하게 한다.

제61장. 여자가 해부되면 우주도 해부된다.

여자는 불가해한 대상이다. 우주가 해부되어도 여자는 해부되지 않는다. 여자의 해부는 불가능의 접근이다. 해부해서도 안 되지만 해부되어서도 안 되는, 지난하면서도 절대불가침의 존재다. 여자는 우주 그 이상의 무엇이다.